体育职业技术学院系列教材

体育场馆经营管理实务

tiyu changguan jingying guanli shiwu

主　编　谈群林
副主编　顾　铭　卢海滨

华南理工大学出版社
·广州·

内 容 简 介

本书从理论与实践出发，对体育场馆的经营与管理进行了探讨。全文分为基础篇和实务篇两大部分，基础篇主要介绍了场馆经营管理的基本概念和原理；实务篇通过大量的案例及广州体育馆等场馆的经营实践，介绍了场馆人力资源管理、设备设施管理、安全管理等的流程和方法。每章都列出了实训环节，具有较强的实用性和可操作性。

图书在版编目（CIP）数据

体育场馆经营管理实务/谈群林主编．—广州：华南理工大学出版社，2011.4（2024.1重印）

体育职业技术学院系列教材

ISBN 978-7-5623-3418-7

Ⅰ.①体…　Ⅱ.①谈…　Ⅲ.①体育场-经营管理-高等职业教育-教材　②体育馆-经营管理-高等职业教育-教材　Ⅳ.①C818

中国版本图书馆 CIP 数据核字（2011）第 042490 号

总 发 行：华南理工大学出版社（广州五山华南理工大学 17 号楼，邮编 510640）

营销部电话：020-87113487　87110964　22236386　87111048（传真）

E-mail：scutc13@scut.edu.cn　　http：//hg.cb.scut.edu.cn

责任编辑：毛润政

印　刷　者：广州小明数码印刷有限公司

开　　本：787mm×960mm　1/16　印张：16.5　字数：361 千

版　　次：2011 年 3 月第 1 版　2024 年 1 月第 11 次印刷

定　　价：27.00 元

版权所有　盗版必究

"体育职业技术学院系列教材"
编写委员会

主　任：刘江南

副主任：胡树森　邹联清　潘少敏

总主编：文　超

委　员：杨新芳　张　桦　徐昌豹　张月芳
　　　　容仕霖　孙伯庆　徐　莉

总 序

在我国全面推进素质教育、深化职业教育教学改革的形势下，广州体育职业技术学院为改变几年来借用全国体育院校通用教材的状况，根据学院的办学方向，结合职业教育实践及面向社会服务的宗旨，于2008年8月组织编写了适合于体育职业技术学院使用的"体育职业技术学院系列教材"（第一批）：第一批系列教材包括：《运动人体科学基础教程》、《田径》、《游泳》、《足球》、《羽毛球》、《乒乓球》共6门课程教材。

《运动人体科学基础教程》集全国体育院校通用教材《运动解剖学》、《运动生理学》、《体育保健学》于一体，在力求全面、系统的基础上，删繁就简，避免3门课程教材中的大量重复，重点突出运动人体科学基础理论的基本知识及基本操作技能，结合体育运动实践，重在学生实际应用。

另外5门术科课程教材，旨在学生学习和掌握各运动项目的技术、教学和训练的基本理论和基本技能，及其运动竞赛的常用知识。对术科课程教材中共性的和一般性的理论内容，如教学原则、训练原则、科研方法、一般选材理论等不再编写，由《教育学》、《运动训练学》、《体育科研方法》和《选材学》、等课程教材中统一进行编写和讲授。这样，避免了术科课程教材中的大量重复，有利于提高教材质量和教学质量，并可以减少人力、物力和时间的浪费及学生购买教材的经济负担。

羽毛球、乒乓球是广州市开展得比较好的运动项目，它们的普及程度与水平在全国居前列。因此，为面向广州市的社会实践需求，把《羽毛球》、《乒乓球》两门术科课程教材也列为学生学习的主要课程教材。

以上6门课程教材经过一年来教学训练的使用和科学总结，师生反映较好，认为它们的特点是"新、全、不重复、实用"。2009年，我们又组织编写了《排球》、《跆拳道》、《武术》等3门课程教材作为系列教材的第二批。根据培养目标和教学计划，我们还将逐步完善系列教材体系，并继续编写和出版符合体育职业技术教育教学特点和需要的各门课程教材。

这些教材的编写，以本院中青年骨干教师为主体，同时聘请一些经验丰富的教授进行指导，并协助完成编写。

文 超
2009年9月10日

前 言

《体育场馆经营管理实务》写作完成之际，正值第16届广州亚运会和第10届广州亚残运会圆满落幕之时。随着2008年北京奥运会和2010年广州亚运会的成功举办，我国体育产业进入了快速发展期。体育场馆作为体育事业和体育产业发展的物质基础，其建设和运营受到人们的格外关注。近年来，我国体育场馆的经营内容体现了"以体为主、多种经营并存"的特点，经营结构逐步完善。体育竞赛表演、健身、培训等体育本体产业蓬勃发展，体检、康复、餐饮等配套服务项目不断增加，场馆冠名权、广告、连锁经营等无形资产开发项目也不断拓展，形成了对场馆资源全面开发利用的新局面。有的地方以体为核心，带动多种经营的发展，形成了以体为主的集运动、娱乐为一体的健身休闲圈。但仍有众多新建或扩建的场馆在赛后运营中面临着盈利考验。2005年，占地面积近80万平方米的南京国际赛马场作为第10届全运会的马术比赛场馆投入使用。然而，此后至今的6年内，其大部分时间都是"门前冷落鞍马稀"，每年亏损近千万元。广州市亚运赛后留下了53个比赛场馆、17个独立训练场馆，其中包括12座总投资近170亿元、总建筑面积超过40万平方米的新建场馆，也将在赛后运营中面临着盈利考验。"赛时体育竞技用、赛后企业公众用"似乎成了国内体育场馆赛后运营的现实选择，广州亚运场馆建设便充分践行这一思路，但后续经营成效究竟如何，还有待赛后长时间的检验。同样，为举办2011年第26届大运会，深圳新建了22座体育场馆，维修改造了36座体育场馆，大运会场馆赛后也将面临同样的问题。

在体育场馆的建设和运营中，需要既懂体育运动规律，又懂场馆建设和运营规律的专业人才，需要具备策划、组织、管理等综合素质的管理人才。既要能够根据当地群众的年龄、性别、爱好策划服务项目，以保证场馆正常运营的经济效益；又要满足大多数群众的健身需求，以体现场馆的公益性。另外，还需维持场馆的安全使用寿命。但是目前这类人才还比较缺乏，人才队伍不稳定，直接影响了体育场馆建设和运营的质量，场馆经营管理人才培养迫在眉睫。

为了适应体育场馆经营管理专业人才培养的需要，广州体育职业技术学院与合作企业——广州体育馆（广州珠江体育文化发展有限公司）共同组织编写了《体育场馆经营管理实务》。广州体育职业技术学院是中国体育场馆协会会员、广州市优秀体育人才培养基地、广州市全民健身服务基地，拥有先进的场馆资源，其田径场、风雨球场、游泳馆、综合力量训练馆、摔跤馆、击剑馆、体操馆、羽毛球馆、柔道馆、蹦床馆等10个运动场馆是第十六届广州亚运会和第十届广州亚残运会的重要训练基地。教材参编者均为从事与体育场馆有关的教学、科研、管理及实训指导等工作的教师以及具有多年体育场馆管理与经营工作的一线管理者。广州体育馆（广州珠江体育文化发展有限公司）也是中国体育场馆协会会员，是九运会的主赛场，通过文化、体育、商业等产业的紧密结合，在九运会结束三年后，就实现了馆内运营的基本平衡，成为中国体育场馆经营中的成功典范。教材编写团队从理论与实践相结合出发，紧扣体育场馆的经营管理，并融入现代科学管理理念。

教材内容注重课程教学与岗位需求的紧密结合，理论知识以"适用、够用"为原则，突出课内外实践教学环节，指导学生与实际岗位学习接轨，强化学生实践能力和职业技能的培养，以保证学生认知易、上手快。本教材分为基础篇和实务篇两个部分，基础篇主要介绍了场馆经营管理的基本概念和原理；实务篇通过大量的案例及广州体育馆的经营实践经验，介绍了场馆人力资源管理、设备设施管理、经营管理等流程和方法，每章都列出实训环节，与同类教材相比较，更具实用性和操作性。

本书整体思路和框架由谈群林、顾铭、卢海滨确定；谈群林、陈秋霞、杨戟编写第一章；张琳、张朝晖编写第二章及附录部分；张艳瑾、任剑丹编写第三章；丁双凤、张国华、利建敏编写第四章；张艳美、任剑丹编写第五章；邱健、徐竞成、邵劲松编写第六章；黄炜、徐竞成编写第七章；赵晓瑜、吴玮、张朝晖编写第八章。谈群林对全书进行了统稿，顾铭、卢海滨、杨戟对重要章节进行了修订。

本教材在编写过程中，得到了广州体育职业技术学院和广州体育馆的大力支持，并为教材编写工作提供了必要的条件和保证。本书的编写参阅了大量国内外书籍和资料，参考引用了众多专家学者的研究成果。为了保证教材质量，我们还请有关专家进行了指导，在此一并表示诚挚的感谢！

由于编写经验不足，问题和缺陷在所难免，恳请广大读者在使用中提出宝贵批评意见，以便不断改进和完善。

编者
2011年1月

目 录

基础篇

第一章 体育场馆经营管理的基本概念 (3)
  第一节 体育场馆的性质和分类 (3)
  第二节 体育场馆经营管理的概念及目的、任务 (5)
  第三节 体育场馆市场营销的基本概念 (8)

第二章 体育场馆的经营管理模式 (14)
  第一节 体育场馆经营模式的概念 (16)
  第二节 国内外体育场馆经营模式的现状 (17)
  第三节 体育场馆经营管理模式类型 (18)

实务篇

第三章 体育场馆的人力资源管理 (33)
  第一节 体育场馆经营管理组织机构 (34)
  第二节 体育场馆员工的人事管理 (37)

第四章 体育场馆的财务管理 (51)
  第一节 财务管理基础理论 (52)
  第二节 体育场馆营业收入管理 (54)
  第三节 体育场馆费用开支管理 (60)
  第四节 体育场馆固定资产管理 (63)

第五章 体育场馆的物业管理 (76)
  第一节 体育场馆物业管理的概念及特点 (77)
  第二节 体育场馆物业管理的内容与目标 (87)

第六章 体育场馆的设备设施管理 (102)
  第一节 体育场馆设备设施管理概述 (106)
  第二节 体育场馆设备设施的维护 (126)

第七章 体育场馆的安全管理 (157)
第一节 体育场馆社会治安管理 (158)
第二节 体育场馆消防安全管理 (161)
第三节 体育场馆卫生安全管理 (169)

第八章 体育场馆的经营 (176)
第一节 体育场馆经营内容概述 (177)
第二节 体育场馆商业物业经营 (179)
第三节 体育场馆大型活动场地租赁经营 (190)
第四节 体育场馆群众体育活动的开展 (206)
第五节 体育场馆的无形资产经营 (212)
第六节 体育场馆的其他经营 (221)

附录 体育场馆服务与保障经典案例集 (233)
案例一：大型体育赛事活动案例 (233)
案例二：大型活动项目投资案例 (238)
案例三：大型商业演出活动案例 (243)
案例四：大型会展活动案例 (248)

参考文献 (253)

基础篇

基础篇

第一章 体育场馆经营管理的基本概念

> **知识目标**

通过本章的学习，应了解以下知识概念：什么是体育场馆、体育场馆的类别、体育场馆经营管理概念、市场营销概念、体育场馆市场营销概念。

第一节 体育场馆的性质和分类

一、体育场馆的性质

体育场馆是体育竞赛、训练以及健身娱乐活动的载体，为体育运动的发展提供了重要的物质基础和保障。体育场馆的性质取决于其产权属性。在我国，由于长时期的计划经济体制及其影响下的体育体制，体育被视为国家事业而由政府统一管理，统收统支、统调统配，行政成为资源配置的主要手段。这样的行政管理模式自然也作用于体育场馆方面，特别是较大规模的体育场馆主要属于国有资产。

据2004年全国体育场地普查结果显示，在体育场地的经济成分方面，国有经济及集体经济各占所有场地经济成分的79.38%和15.49%，其总和将近95%，其他经济成分包括国内私有经济、港澳台经济和外商经济等，比例总和约占5%。

随着我国社会主义市场经济向纵深方向发展，人们生活水平的提高和社会体育消费需求的扩张，社会投资兴办体育的兴趣正在不断提高，体育场馆中的多种经济成分不断介入，许多健身娱乐性强和受到大众喜爱的体育项目成为社会投资的热点，如乒乓球、羽毛球、网球、高尔夫球等项目的体育场馆在全国普遍可见。

二、体育场馆的分类

（一）按功能、用途进行划分

（1）竞赛场馆。承接正式比赛。如广州体育馆，承接第49届世界乒乓球锦标赛；北京工业大学体育馆，承接北京奥运会羽毛球及艺术体操比赛。

（2）训练场馆。为各运动队提供赛前训练场地和相关服务。如北京奥运会期间，五棵松棒球场既是正式比赛场馆也是训练场馆。在一些情况下，训练场馆设立在竞赛场馆之外，形成独立的训练场馆。如2008年北京奥运会中，北京体育大学承担排球、足球、艺术体操、现代五项等项目的训练服务任务，其所运行的由9个场馆构成的北体大场馆群，是北京奥运会最大的独立训练场馆群。

（3）大众体育场馆。供大众健身娱乐活动，如广州天河体育中心田径副场，常年供市民进行体育锻炼。

（二）按管理者的不同进行划分

按管理者的不同可以分为公共体育场馆、单位体育场馆、私人体育场馆。公共体育场馆属于公益性质，大多属于国有；单位体育场馆，即学校及各类企事业单位所属的场馆，此类场馆主要用于学校师生、单位内部的体育教学和群体活动；私人体育场馆，是指以营利为目的的商业性体育场馆，包括单独经营的场馆，宾馆、饭店等附设的体育场馆等。

（三）按聚散程度不同进行划分

（1）独立场馆。有独立的安保封闭线，只有持这个场馆有效证件、门票的人员和车辆才能进入，同时外围保障工作自成一体，集中为这一个场馆提供服务。比如广州体育馆、北京大学体育馆等就属于独立场馆。

（2）体育中心。由多个场馆集聚而成，有共用的安保封闭线，持证件及门票经二次查验才能进入各个场馆。比如广州天河体育中心（含天河体育馆、天河体育场、天河游泳馆、网球场、棒球场等），国家奥林匹克体育中心（建有田径场、游泳馆、综合体育馆、曲棍球场、网球场和垒球场等大中型场馆，以及两座室内练习馆、田径练习场、足球练习场、投掷场和检录处等辅助设施）。

（3）体育公园。以体育运动为主题，集健身、休闲、娱乐、文化、生态功能于一体的城市综合性公园。

（4）体育产业园区。如北京龙潭湖体育产业园区（见图1-1），成为继成都、深圳、晋江之后的第四个国家级体育产业基地。

（四）按运动项目不同进行划分

按运动项目不同可以分为专项体育场馆（如自行车、马术、棒球场馆等）、综合性体育场馆（即能进行多项运动竞赛的体育场馆）。

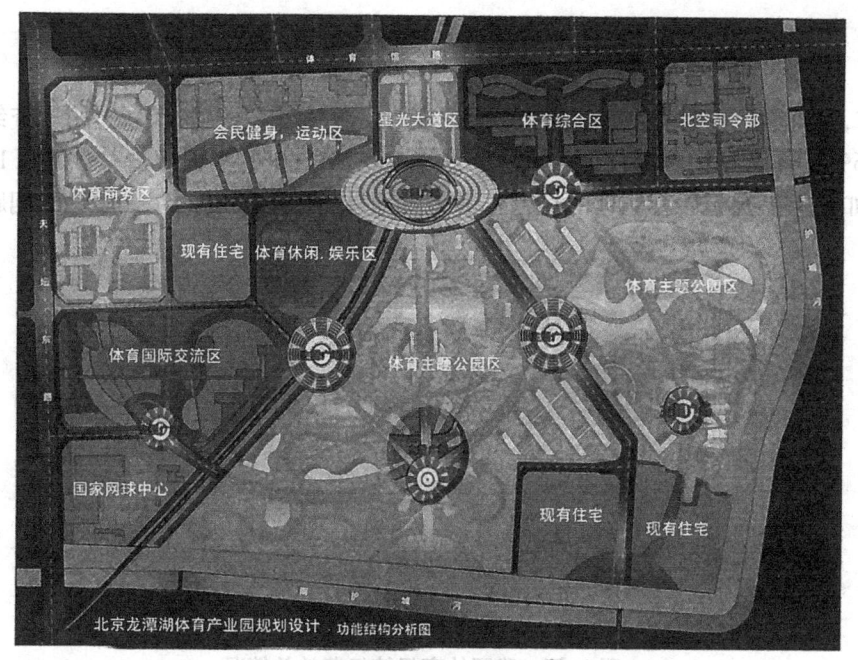

图1-1 北京龙潭湖体育产业园功能结构分布图

第二节 体育场馆经营管理的概念及目的任务

一、体育场馆经营管理概念

经营管理，从字面上看，有"经营"和"管理"两层意思。经营，在市场经济条件下，一般以追求经济效益为主，关乎企业等经营主体的盈亏和生存，涉及市场、顾客、行业、环境、投资等问题，应该是对外的、积极的市场活动行为。而管理则是针对组织内部制度、人、财、物等进行优化配置，理顺关系，发现问题，为管理主体提高效率的活动过程。

综合这些分析，我们认为，经营管理是在特定的环境下，为使企业等组织的各种业务能按经营目的顺利地实行、有效地调整而进行的系列活动。

体育场馆管理，即体育场馆领域里的经营管理活动。体育场馆管理应具有经营管理的基本含义、特征和性质。对体育场馆管理的定义可作如下概述：体育场馆管理是对体育场馆所拥有的资源进行优化配置，对质量、服务、业务等进行提高、完善与创新，以追求效益（或利润）为目标的企业化的管理活动。

二、体育场馆经营管理的目的

目前,我国体育场馆的经营情况不太乐观。从2004年全国体育场地的普查结果可知,我国96.6%的体育场馆没有任何收入,50万元以上年收入的场馆仅占总数的0.1%(见图1-2)。如何提高我国体育场馆的经营水平是我国体育事业面临的一个严峻的问题。

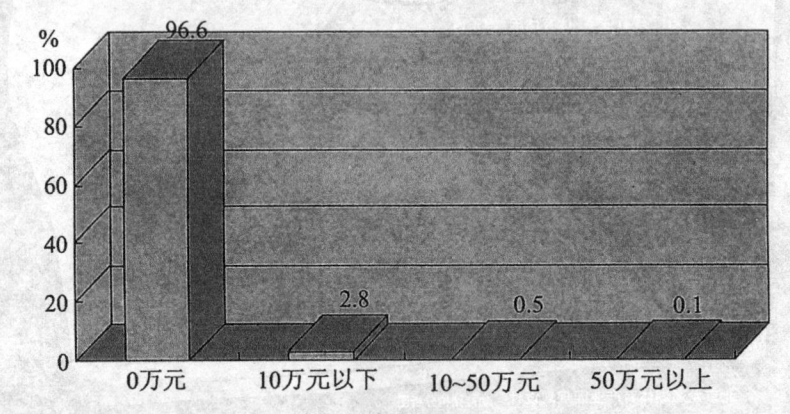

图1-2 我国体育场馆经营效益情况

对外开放情况方面,对外开放率不足27%(见图1-3),严重制约了我国体育场馆的使用以及效率的提升,造成了大量的资源浪费。

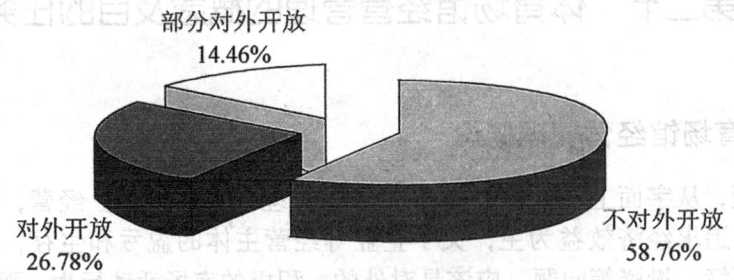

图1-3 我国体育场馆对外开放情况

体育场馆经营管理的目的在于以下几个方面:

(1)以人为本,满足大众不断增长的健身娱乐需求。当前,体育事业在我国是一项公共事业,也是一项公益性事业,体育场馆多属国有资产,由此体育场馆也理应用之于民。在大众体育健身娱乐活动日益普及与社会化发展进程的推动下,健身娱乐市场已成为世界上许多国家体育产业中的支柱行业,而体育场馆作为健身娱乐市场最重要的载体,其提供的产品质量与服务将直接影响健身娱乐市场的质量、水平、品牌等。

(2)更好地为运动训练、竞赛组织服务,促进竞技体育水平及比赛质量的提高。

毫无疑问，体育场馆为我国竞技体育的飞速发展提供了硬件条件。而在竞赛组织方面，以体育场馆为载体的场馆运行涉及的业务领域众多，各项业务与保障工作相互交错、关联紧密，空间布置和工作流程要求同时满足竞赛、转播、观赛等多方面需求。一流的体育场馆经营管理应具备完善的配套设施和设计科学的运行计划等。如果没有一流的体育场馆经营管理，将难以担当集复杂性、专业性、规范性于一体的赛事任务，也将难以提供高质量、具竞争力的赛事产品和服务。

（3）进一步汇聚商机，实现经营创收，促进体育产业迅速发展。坚持"以体为本，多种经营"的方针，在确保体育业务指标完成的前提下，充分利用自身的人力和闲置的场地设施，广泛开展健身、娱乐、休闲、餐饮、培训等服务，同时大力挖掘体育场馆的无形资产，增加收入，逐步提高体育场馆自身补偿、自我更新的能力。

（4）促进城市功能完善。体育场馆不仅是对城市的名片宣传和形象提升，其经营管理的高质量更是对城市功能的完善和补充。优秀的体育场馆经营管理可以更大程度地丰富社会文化活动，通过自身积极的造血功能减轻政府财政负担，扩大社会就业，增加旅游业创汇收入，等等，有助于城市发挥和提升政治、经济、文化功能。

三、体育场馆经营管理的任务

（1）改革体制，转变运行机制，逐步提高自我发展能力。目前我国大多数体育场馆都属于行政事业单位性质，原则上不应该从事自负盈亏的企业化经营行为，但是这些体育场馆还是国有资产，承担着国有资产保值增值的任务。这种双重体制上的矛盾导致体育场馆职责不明，内部运行机制不灵，从而造成体育场馆低效运转。

（2）合理布局，完善配套设施，促进其功能多样化。长期以来，体育场馆作为公益性体育设施，一直由国家出资建设。设备老化、设施水平低、功能单一的情况越来越难以适应日益增长的全民健身和文化娱乐的需要。要解决这类问题，最好在项目规划的可行性研究阶段，充分考虑赛后的休闲、娱乐、健身等使用功能和对外经营需要，提高其利用率，协调竞技体育与社会体育并行发展的问题，使之不仅用于比赛、训练，而且能向广大群众开放，充分发挥其社会效益和经济效益。

（3）更新经营理念，创新手段，加大无形资产开发。树立"资产"及市场观念，扩大宣传力度，全面组织现代化营销。面对越来越激烈的体育竞争市场，体育场馆要打破旧的体制，改变传统观念，利用各种机会和手段来宣传和扩大自己的知名度，采用多元化、现代化的营销手段来提高场馆的经济附加值。

四、体育场馆经营管理的对象

（1）人力资源。包括组织机构、人事管理等相关内容。
（2）财务。包括营业收入、费用开支、票据管理、材料物资管理等。

（3）物业。包括综合体育馆、游泳馆、足球场及相应配套的训练场馆及相应配套的商业网点，如酒店、超市、餐饮等。

　　（4）设施设备。包括体育场馆设施设备的概述和管理方法等。即供电、给排水、空调、电梯等常规设备及专门配置有智能化的中央控制系统、无线上网系统、广播扩音系统、照明系统、草坪加热系统、制票检票系统及门禁身份识别系统等设施设备的管理。

　　（5）安全。包括治安、消防、生产、卫生安全管理的有关内容和方法。

　　（6）商业物业经营。包括业态分布规划、物业租金价格的制定、招商推广、租赁合同等。

　　（7）大型活动场地租赁经营。包括承接大型活动的项目设置，大型活动场地租赁价格的制定与推广、租赁合同、保障流程，以及体育赛事、文艺演出、会展的场地服务与保障。

　　（8）群众体育活动的开展。包括项目设置、价格制定、会员卡设置、培训等。

　　（9）无形资产经营。包括场馆广告、场馆冠名权开发等。

　　（10）其他经营。包括超市与体育用品商店、餐饮、停车场、场馆器材租赁、体育场馆活动项目投资、体育场馆管理输出服务等。

第三节　体育场馆市场营销的基本概念

一、市场营销的基本概念

（一）市场的概念

　　市场概念不是一成不变的，它随着商品经济的发展而变化，是商品经济的产物。在交换尚不发达的时代，市场仅仅指交换的具体场所，即买者与卖者于一定时间聚集在一起进行交换的场所。现代社会，由于金融信贷和通讯交通事业的发展，使商品交换打破了时间和空间的限制，交换关系日益复杂，交换不一定都需要固定地点。这时市场就不仅是指具体的交易场所，而是指所有卖者和买者实现商品过渡的交换关系的总和，即市场是所有商品交换关系的总和。此时市场是一个抽象概念，不是一个具体的场所。营销学里给予市场新的含义，市场意味着购买者、顾客，市场专指买方而不包括卖方，专指需求而不包括供给，因为站在卖方（企业）营销立场上，同行及其他卖方（企业）都是"竞争者"。行业由卖方组成，市场由买方组成，因此在市场营销学范畴里，"市场"等同于"需求"。

（二）市场营销概念

市场营销作为现代企业管理的一项重要职能，已经有近百年的历史。随着市场营销理念与方式的变化与发展，理论和企业界对市场营销的认识、理解也经历了一个提升的过程。

第一个有关市场营销的正式定义是于1935年提出的。AMA（美国市场营销协会American Marketing Association 的简称）的前身——美国市场营销教师协会（Nationalciation of Marketing Teachers）提出了市场营销的正式定义："市场营销是一种引导产品和服务从制造商流向消费者的商业行为。"该定义明确了市场营销衔接生产与消费的功能。1948年，AMA成立后仍然继续使用这个定义，直到1984年AMA才修订了新的市场营销定义："市场营销是为创造达到个人和机构目标的交换，而规划和实施理念、产品和服务的构思、定价、促销和配销的过程。"多年来，尽管营销理论界对市场营销的内涵提出了各种不同的见解，这个定义在国内外市场营销理论界和企业界一直具有很大的影响，在国际各类市场营销著作中被广泛引用或借鉴。自20世纪80年代以来，在市场营销学理论的引进和研究过程中，随着菲利普·科特勒等人的经典营销著作的翻译出版，AMA的这个定义也为我国市场营销界所熟悉。但是，市场营销定义的更新却远远落后于这个领域的变化、发展速度。2003年，由罗伯特·卢斯（Robert Lusch）教授牵头的一些市场营销专家经授权，对原有的市场营销定义进行了修改，他们收集并总结了来自世界各地的学术与实践方面的反馈信息。2004年8月，AMA于波士顿举办的"夏季教育者国际会议"上发布了新的市场营销定义："市场营销是一项组织功能，是一系列创造、交流和传递价值给顾客并通过满足组织和其他利益相关者的利益来建立良好的客户关系的过程。"新的定义反映了当代市场营销理念与方式的变化趋势，引起了国际市场营销理论和企业界的广泛关注。强调以顾客为中心而不是以品牌为中心，这是近几年市场营销发展的新特点。顾客是企业产品的最终消费者，因而决定着市场营销的目标与方法。

二、体育场馆市场营销的概念

（一）体育市场的概念

广义的体育市场是指因体育而产生的多项商业活动。狭义的体育市场是指进行体育商品交换的场所，体育市场是一种专业市场，是指以体育服务为宗旨，以体育经营为手段，以体育产品（含有形与无形产品）交换为内容的专门交易的活动场所。从市场营销学的角度来看，所谓体育市场是指为了满足体育需求而购买或准备购买体育物质产品和服务产品的消费者群体。

（二）体育市场营销的概念

体育市场营销实际上也包括两方面的含义，除了把体育作为产品销售外，还有一层含义就是企业通过体育来进行市场营销。体育营销是一种战略，在20世纪90年代初期，首先在美国出现了"体育营销"的提法，是依托于体育活动进行的企业营销活动，打造企业品牌。体育营销既包括体育产业的体育产品营销，还包括其他行业的企业通过体育来进行的非体育产品的市场营销。体育营销具有长期性、系统性和文化性的特点。

体育市场营销（Sports Marketing）是为了满足消费者的需求，实现体育组织的目标，对产品、价格、分销和促销所进行的一系列活动计划、实施和控制过程。

（三）体育场馆市场营销概念

体育场馆的特点决定了其主要向社会提供服务和劳务产品。体育场馆市场营销是指运用科学的管理和营销方法，利用作为体育教学、训练、竞赛、锻炼和体育娱乐等活动场所的体育建筑、场地及室外设施与体育器材，根据市场的需要和所在地区的消费水平，开展场地租赁、健身指导等活动。

面对越来越激烈的体育竞争市场，体育场馆的市场营销越来越受到重视，各个体育场馆都在利用各种机会和手段来宣传和扩大自己的知名度，采用多元化、现代化的营销手段来提高场馆的经济附加值。处理好与政府、社区、媒体、消费者等公众的关系，开拓多种渠道与他们进行沟通，以吸引现实和潜在的消费者，通过满足顾客的需求和实现顾客的价值，提高顾客忠诚度，而实现自身的经营目标。

三、体育场馆的营销创新

（一）营销观念创新

营销观念创新是体育场馆营销创新的核心和前提。体育场馆营销观念创新，需要从满足顾客需求的传统营销观念，转变为既要满足顾客当前需要，又要不断创造顾客需求的新营销观念。其一，社会营销观念。即建立消费者需求、场馆优势和社会责任三位一体的社会营销新模式，使营销对消费者和社会利益双重有益；其二，整合营销观念。即体育场馆要以消费者为核心，重组经营行为和市场行为，综合协调使用各种形式的传播方式；其三，情感营销观念。即体育场馆在营销过程中，通过与消费者建立一种新型的亲情关系，使消费者得到超值的服务和温馨的关怀，进而提高消费者的满意度和忠诚度；其四，全员营销观念。体育场馆全体员工以营销部门为核心，以顾客需求为导向，进行营销管理。

（二）营销服务创新

体育场馆服务创新奉行"以体育消费为核心，提供全方位服务"的营销理念，要求其在服务方式、项目、态度、服务时间、服务效果及质量等方面为消费者提供更多更好的附加利益，灵活运用体验营销、服务营销、主体营销、关系营销、文化营销及其组合营销，提供全方位营销服务，以创造体育场馆的经营特色，引起消费者的偏爱。可以通过广告、旅游、餐饮、场地出租、房地产等多种途径开展经营、服务创新。

（三）营销组织创新

体育场馆营销组织创新为其他营销创新提供组织保障。首先，要构建顾客导向型的组织体制。在当今市场经济条件下，体育场馆的经营活动应以满足顾客需要，实现顾客满意为中心，体育场馆的目标在于使顾客满意，因而，体育场馆组织结构应按这一要求进行设计。其次，要建立学习型的营销组织。只有学习型的企业才能保持持久的竞争优势。体育场馆要不断发展，就需要审时度势，经常重新评价自己，使自己处于不断思考、不断学习、不断进步的良性循环状态。体育场馆只有建立这样一种管理体制和运行机制，主动探索外部环境的变化趋势，事先预见市场将会出现的机会，不断挑战自我，并提前做出相应的调整，真正防患于未然，才能在市场竞争中保持持续的竞争力。

（四）营销策略创新

在以顾客需求为中心的思想指导下，加强市场环境分析和市场调研工作，明确场馆的功能和市场定位。积极开拓市场，不断创新营销手段和营销内容，增强市场竞争意识，有效实施以消费者为导向的产品策略、以满足消费者需要所付出的成本为导向的价格策略、以提高消费者购物便利性为导向的渠道策略、以沟通力为导向的促销策略等，是体育场馆走向市场化、走向成功的关键因素之一。

（五）营销管理创新

体育场馆营销管理创新是指体育场馆营销组织机构，管理制度、方法、手段的改进与提高，以及管理科学发展的最新成果的运用等。这里主要是指优化组织机构，推进营销协作，培育组织文化，完善管理制度，提高管理效率等。体育场馆营销管理创新，应特别注重体育场馆营销过程管理和营销效果管理，对营销人员的管理、评估与激励等要不断适应外部环境和内部条件的变化，以提高管理效率。

【案例分析】

体育场馆如何创造效益

气势恢弘的珠海市体育中心终于摆脱了前几年"门前冷落鞍马稀"的尴尬局面，不仅作为各类专业运动员的竞技场，而且开始成为珠海和澳门地区市民、学生运动健身的中心场馆。记者几次在早晚的黄金时段和节假日来到这里，看到羽毛球馆、游泳馆、乒乓球馆、网球馆、保龄球馆爆满的喜人景象，感受到珠海民众日益高涨的健身热潮。

珠海市体育中心是国内地级市中少有的现代化体育场馆，是珠海市区的标志性建筑之一，总面积达70万平方米，体育设施占地面积42万平方米，这样大规模的体育中心，建成以来却由于使用租金高、场馆利用率低等原因，市政府因此背上了场馆维修保养的沉重包袱，财政不堪重负。既造成了资源浪费，也无法适应市民运动健身的需要，被群众讥讽为"聋子的耳朵"。

如何使现代化体育设施真正发挥出应有的社会效益和经济效益？珠海市政府作出决定：转变观念，降低门槛，面向市民，开拓体育项目，强化服务与管理，走市场化经营的路子。

自从去年年初以来，珠海市体育中心各个场馆都对市民敞开大门，场馆经营与市场全面接轨，在保证各类体校运动员训练和正规比赛的前提下，着眼于提高场馆的社会效益和经济效益。他们抓住珠海市民近年来兴起的羽毛球热这个契机，将体育馆附属的训练馆开辟成羽毛球馆，使羽毛球场地从最初的4块扩展到29块。即使这样，羽毛球场地在每天的18时至22时及节假日的黄金时段仍然供不应求，场馆的利用率处于饱和状态。珠海市体育中心改变过去等客上门的"官办"作风，经营人员走出去，与企事业单位的工会等团体合作，举办各种球类、田径等赛事。珠海市国税局、地税局、市移动通信公司、市牛奶公司、市电力局和公汽公司的篮球队长期在体育馆训练和比赛。体育中心还为大型企业厂庆和联欢活动提供场地，像格力集团、佳能公司等企业都是他们的长期合作伙伴。

去年才通过验收的游泳馆，在不到一年的时间里，就呈现出了崭新的经营局面。他们紧紧抓住夏秋天气炎热和学生暑期放假的黄金时段，将游泳业务做强做大。今年夏天游泳馆光是少儿初级培训班就举办了3期共12个班，培训人数达到300人。少儿游泳班既让学生学会了游泳的技能，增强了锻炼的意识，也解决了不少家长的后顾之忧，取得了社会效益和经济效益的双赢。节假日到游泳馆游泳的市民每天近800人次，基本达到饱和状态。游泳馆附属的健美中心也很红火，每天有百余人到这里来锻炼。他们开设的专业艺术体操、武术散打、少儿形体等健美健身班也很受市民的欢迎。

投资达1.6亿元、可容纳4万观众的体育场是珠海体育中心的主体建筑，既能适应举办国际、国内重大赛事的需要，也能满足珠海市举办大型运动会、庆典和联谊活动的需要。体育场拥有塑胶跑道、天然草皮等体育设施和新闻、会议、消防、医务等辅助设施。正在筹备组建的珠海市少儿足球俱乐部成为体育场的主角，现在每天轮番开展的青少年足球培训使偌大的体育场也热闹起来。

体育馆馆长张庆祥向记者介绍说："在文艺演出方面，体育馆也有着得天独厚的优越性。2000年承办了16场文艺演出，2001年由于要承办九运会的女子手球比赛，体育馆进行了维修和地板翻新，在经营方面受到一定影响，但估计也能达到10场左右，下半年的日程已排满。体育中心射击馆、露天篮球场、露天舞场、溜冰场、高尔夫球练习场和全民健身路径等设施也为市民们提供了全方位的服务，每天早上主要由中老年人组成的晨练大军也是体育中心的一道风景。"张馆长透露，2000年体育中心的经营收入达到330多万元，今年会取得更大的丰收。

（杨连成．体育场馆如何创造效益．光明日报2001年10月7日第4版）

体育场馆经营管理实务

本章小结

本章主要介绍了什么是体育场馆、体育场馆经营管理概念、市场营销概念、体育营销的概念、体育场馆市场营销概念。阐述了体育场馆分类的基本方法，体育场馆的经营目的及任务。掌握这些基本理论可以帮助我们提高认识，把握体育场馆行业的特点，为以后各章的学习打下基础。

复习思考题

1. 什么是体育场馆？
2. 体育场馆是如何进行分类的？
3. 什么是市场？市场营销？
4. 什么是体育场馆市场营销？

第二章 体育场馆的经营管理模式

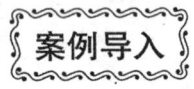

1. 掌握体育场馆经营模式的概念。
2. 熟悉体育场馆经营模式的类型和特点。

【案例导入】

广州体育馆运营模式

一、广州体育馆概况

广州体育馆是广州市政府为举办第九届全国运动会而建设的一项综合性多功能体育设施。由世界著名的法国建筑师保罗·安德鲁先生担纲设计，广州珠江实业集团有限公司总承包建设，1999年2月奠基，2001年6月30日落成，2003年荣获"中国建筑工程鲁班奖"。九运会在这里举办了体操比赛和盛大的闭幕式。

广州体育馆坐落在风景秀丽的白云山下，采用下沉式设计，使得人文建筑和自然景观融为一体，交相辉映，相得益彰。形似树叶的钢梁架屋顶结构，洁白如玉的透光屋面材料，灵活多样的座椅组合形式，自然舒适的空调系统，多功能的场地资源整合，凝聚了现代建筑艺术的匠心。电子化、智能化、数字化等高科技成果的广泛应用，赋予了场馆强烈的时代气息。广州体育馆占地24万平方米，总建筑面积近10万平方米，拥有世界一流的文化体育场地设施，主要包括主场馆、训练馆、大众活动中心、行政办公楼能源中心和停车场。广州体育馆地理位置优越，道路通畅，距新、老中心城区均不足10公里，有十几条公交线路设置站场和途经场馆，地铁二号线专设此站，于2010年亚运会前开通。

主场馆：建筑面积为39635平方米，活动座椅收缩后场地面积达5000平方米，可容纳标准的室内田径场，配有1500平方米符合国际标准的活动木地板，汽车通道直入馆内。观众席和比赛场地均为椭圆形环状设计。观众最大容量11874人，其中主席台座位21个，固定座位6063个，电动座位3790个，比赛场地可摆放临时座位2000个，观众区设有24个包厢，首层环廊宽敞通畅，设有商业铺面、售票网点和安保监控中心。功能区分别设有贵宾室、记者室、会议室、化妆室、休息室、急救室，可为举办各种活动提供周到的服务。

训练馆：首层面积为6400平方米，宽阔的实木地板场地和高大的拱形屋架，为运动健身、专业展览和团体活动提供了广阔的空间。根据不同需要，可设置为比赛馆、宴会厅和演艺厅。负一层设有184个座位的阶梯会议报告厅。负二层分别设有50米×22米的室内游泳池和篮球场。

大众活动中心：首层面积为2300平方米，目前用于广州市广州体育馆业余体校的训练。负二、三层目前为听云轩锦忆会馆，设有桑拿、KTV、养生等服务项目。

二、运营模式

广州体育馆的运营模式是广州市政府对城市公共产品和服务进行社会化的尝试，也是国内首次对大型体育设施进行社会化运营和实行企业管理。目前，广州市众多新建城市公共服务项目都不同程度地进行社会化运营，如机场、展览中心、地铁、歌剧院等。近几年，随着经济的快速发展，城市化步伐的加快，以及体育产业的蓬勃发展，国内新建体育场馆如雨后春笋般涌现，一些城市结合自身经济、社会的发展特性，也积极尝试体育场馆的社会化运营，如南京江宁体育中心、佛山体育馆等。

广州市政府在广州体育馆建设之前就将其工程总承包和30年的经营权一起打包向广州市几家大型市政综合开发公司进行邀标，广州珠江实业集团公司最终中标。

广州体育馆工程造价约10亿元人民币，投资按政府与珠江实业9：1的比例，以政府投资为主，其中广州体育馆的大众活动中心（三号馆）约1亿元人民币由珠江实业集团投资，产权归珠江实业集团所有。考虑到大型体育场馆的经营难度，单靠场馆自身运营难以维持30年，市政府将12.5万平方米的土地划入广州体育馆用地，珠江实业集团自行进行地产开发，用于补贴体育馆运营的亏损。为了保证体育馆在30年内设备设施的正常运行，珠江实业集团必须每年拿出1000万元上缴财政，成立专户，用于广州体育馆的维护保养。由于最终划入珠江实业集团的开发土地仅为7.5万平方米，目前，珠江实业集团与市政府重新签订委托经营协议。明确每年拿出500万元上缴财政，市财政局成立专户，用于广州体育馆的维护保养，同时市政府每年可免费使用广州体育馆10天用于政府大型活动，每年可以成本价（水电人工等费用）使用广州体育馆20天。

珠江实业集团为了运营广州体育馆，于2001年成立了广州珠江体育文化发展有限公司，负责对广州体育馆进行经营管理。经过8年的管理实践，珠江体育文化公司以"敢为人先"的精神，在国内探索出了一条企业经营管理大型体育场馆的路子，在社会效益和经济效益两方面均取得了不错的成绩。一是建立了企业管理大型体育设施的行业标准。借鉴酒店管理的方式，建立健全了场馆管理的各种规范化的规章制度、工作标准、工作流程、考核体系、培训制度等，为提高管理、服务水平打下了坚实的基础。国家公共体育场馆协会对广州体育馆的这种企业管理方式非常重视，专门组织考察，并将广州体育馆的做法推向全国，可为全国的体育场提供管理服务标准。二是提升服务水平，出色保障了国内外重大体育、文化、政府接待等活动，赢得了政府和各主办方的肯定。三是积极开拓市场，确保全民健身活动的开展，发挥企业管理在体制和机制方面的优势，在较短的时间内实现了运营收支的平衡，并略有盈余。四是积极探索体育场馆规模化经营。随着国内新建体育场馆的增多，普遍存在建成后的经营管理难题，珠江体育文化公司凭借丰富的场馆管理经验和优质的服务，在国内首次实现了场馆管理的输出，于2005年第十届全运会前受邀管理南京江宁体育中心，历时四年，为江宁体育中心的发展作出了重要贡献，当地政府和市民也非常满意。

总之，通过珠江体育文化公司近几年对广州体育馆经营管理的实践与探索，做到了政府、企业和广大市民的共赢。政府通过社会化管理，实现了政企分离，理顺了公共产品产权、管理权和经营权的关系，减轻了财政负担，提高了公共服务水平，实现了专业化管理下的国有资产保值增值；企业通过服务公共产品，树立了企业品牌，得到了一定的实惠，促进了企业的发展，广大市民则享受到优质的服务和丰富的体育文化产品。

通过阅读上述案例，我们可以体会到体育场馆经营模式的重要性和艰巨性。体育场馆正常运作离不开体育场馆经营模式，请同学们结合自己的体会，探讨一下体育场馆经营模式的特点和内容。

第一节　体育场馆经营模式的概念

经营模式是企业根据企业的经营宗旨，为实现企业所确认的价值定位所采取的某一类方式方法的总称。其中包括企业为实现价值定位所规定的业务范围、企业在产业链的位置以及在这样的定位下实现价值的方式和方法。

根据经营模式的定义，企业首先有企业的价值定位。在现有的技术条件下，企业实现价值是通过直接交换，还是通过间接交易；是直接面对消费者，还是间接面对消费者。处在产业链中的不同的位置，实现价值的方式也不同。

由定义可以看出，经营模式的内涵包含三方面的内容：一是确定企业实现什么样的价值，也就是在产业链中的位置；二是企业的业务范围；三是企业如何来实现价值，采取什么样的手段。

体育场馆经营模式就是体育场馆根据市场的经营状况和自身的管理资源情况采取的一种方式方法。

第二节　国内外体育场馆经营模式的现状

　　学术界对体育场馆的建设也表现出极大的关注，研究主要集中在体育场馆的经营现状、经营管理模式、融资方式、赛后利用、建筑及配套设施等方面。

　　对于体育场馆的经营、管理模式的研究，有些学者从管理体制、管理模式入手，分析、研究我国体育场馆的管理理念、管理模式，探讨场馆发展的建设与发展趋势。如张大超、彭金洲、张瑞江撰写的《中外现代大型体育场馆管理体制的比较》一文中，提出国外体育场馆在管理思想上表现为以下几个方面：

　　（1）体育场馆经营的非营利性思想。

　　体育事业是公益事业，体育场馆是非经营实体，是体育发达国家体育场馆管理反复强调的思想。他们认为，不论是政府或是企业、个人，投资场馆是为了更好地满足人民群众日益增长的体育需求，而不是为了赚钱，至少说其直接目的不是为了赚钱。

　　（2）体育场馆经营的"专业化、细微化"思想。

　　在场馆建设与管理发展上有如下趋势：体育场馆设施功能多样化，呈现"运动、公园、旅游、休闲、办公"一体化趋势；竞技体育场馆的经营走向社会化服务和大众体育服务的灵活化趋势；体育场馆建设将突出"大、中、小"相结合，以社区体育场馆为主，以简易、便捷场馆设施为主的趋势；体育场馆管理将以"私人化"管理模式为主的趋势，等等。陈明的《公共体育场馆经营管理的模式》，提出了休闲式公共体育场馆的经营管理、竞技式（商业性）公共体育场馆的经营管理、混合式体育场馆的经营管理3种模式。陈明等人认为我国公共体育场馆在建设发展上有如下特点：大型场馆由分散化向集中化发展，中小型体育场馆向社区方向发展，经营管理必须走产业化道路。在经营管理模式上，要以管理体制改革为切入点，以体育场馆经营为核心，以市场为导向进行资源配置，以集约化经济为经营内容，以大型专业物业公司为管理实体，实现体育场馆的区域化和整体性综合经营管理，使场馆发挥最大的使用价值和经济效益。

　　① 委托代理模式。现代市场经济的发展，带来了所有权与经营权的分离，资产所有者将资产委托经营者管理，获得所有者收益；资产经营者受托管理所有者资产，获取经营收益。由此形成了两者的委托代理关系。委托代理（委托授权）又称部分民营化，在公共体育场馆民营化过程中主要包括合同承包和特许经营两种。合同承包主要适用于政府投资大的公共体育场馆，如德国、西班牙、意大利三国注重体育场馆所有权、经营权、使用权分离，产权清晰，责任、权力、义务清楚。特许经营则进一步包含了民间投资者在某一特定区域被授予提供服务的独家权利，一家餐饮服务的厂商获得运动场全部经营权的独家权利，就是其中一例。浙江省宁波游泳健身中心虽在这种模式的尝试上取

得了一定的成功，但问题还是凸显出来。由市财政局和体育局共同投资近1亿元新建的宁波游泳健身中心，经宁波市体育局公开招标，最终委托给经济实力较强、经营理念较为先进的美国西格集团经营。美国西格集团自负盈亏，且带资600万元经营，中心所需的人员经费、运转费、维护费均由西格集团承担，并且以100万元为基数，每年以15%的增幅向国家上缴管理费，从而实现了国有资产的保值和增值。但是在这层委托代理关系中，委托人（体育局）和代理人（西格集团）同为怀有利己主义动机的经济人，其委托行为和代理行为的目的都是为了实现自己效用的最大化，因此两者的目标函数是不一致的，据此，在体育局和西格集团这层委托代理关系中产生了一种非协作、非效率的现象，这种现象即"道德风险"和"逆向选择"。

②事业单位企业化运作模式。公共体育场馆的经营管理毕竟不是纯粹的公益事业。发达国家的经验证明：公共体育场馆经营的产业化与其社会公益性质并不矛盾，如果处理得好，两者是可以相得益彰的。因此，这种模式在我国市场经济条件下有其存在的合理性。

宁波北仑体艺中心在该模式的运用中取得了一定的成功。该中心实行"用人社会化、管理企业化、运作市场化"模式。在三大赛事中，中心通过赛事冠名、主场标志权、吉祥物使用和广告招租等市场化运作，共筹集到资金近1500万元（其中冠名权出让及广告开发700多万元，票务700多万元），不仅确保了赛事的顺利进行，也充分调动了社会和市场的积极性，取得了良好的经济效益和社会效益，为今后体育产业的发展积累了较为成功的经验。但这种模式的施行要具备相应的条件，如：当地的经济发展水平；市民健康意识的发达程度；场馆所处的地理位置、硬件设施设计、规划的合理程度；以及政府相关部门政策支持力度和市场经营者的经营能力都应处于较高发展水平等。

第三节 体育场馆经营管理模式类型

一、事业单位企业化运作模式

事业单位企业化运作模式是指体育场馆作为事业单位，体育场馆的经营管理人员直接进行场馆的日常经营管理活动。

其优点是：第一，由于直接进行体育经营项目的开发和经营，可以对体育场馆的各种设施、资源进行有机整合，因而能够实现经营效益的最大化以及社会效益的最优化。第二，直接经营能避免或者减缓各种矛盾，比如对外开放和封闭训练或者承办赛事的矛盾、所有者和经营者的矛盾等。第三，目前，我国公共体育场馆的经营管理人员大多从事过体育工作，体育场馆的直接经营可以培养他们的经营管理能力，为我国体育事业的发展造就一批既懂体育又懂经营管理的急需人才。

二、"BOT"模式

BOT（Build—Operate—Transfer）意即"建设—经营—转让"，其实质上是一种融资方式，多运用于大型基础设施和公共工程的建设和管理。该模式是指政府与私营机构的项目公司签订合同，由该项目公司承担基础设施或公共工程项目的筹资、建设，项目建成后，在双方协议商定的期限内，由该项目公司通过经营收回投资和获取合理的利润。协议期满，该设施所有权无偿转让给政府。该模式有利于减轻政府的财政负担和避让风险，有利于引进先进的技术与管理方法，促使场馆资源的合理配置和提高场馆的利用率。如2001年世界大学生运动会场馆建设曾对BOT模式作了有益尝试。

2002—2003年，北京奥组委通过国际招标，确定了8个奥运会及附属设施的业主，由业主负责项目的投融资、设计、建设和运营。

（一）BOT的核心内容

BOT模式产生于20世纪80年代初，指私营机构（本国和外国的公司）参与国家项目（一般是基础设施或公共工程项目）的开发和运营。政府同私营部门的项目公司签订合同，由该项目公司筹资设计并承建一个具体项目，并在双方协定的一段时间内，由该项目公司通过经营该项目获得的资金偿还债务、收回投资、取得盈利。政府机构与私营公司之间形成一种"伙伴关系"，以此在互惠互利、商业化、社会化的基础上分配与项目计划有关的资源、风险和利益。起初，BOT产生的目的在于吸收国外资金投资本国基础设施建设，现在许多亚洲国家已经将BOT方式的项目公司的范围扩展到国内私人投资领域，以吸收民间资本参与基础设施和公共工程。

BOT经营的特点：

BOT作为项目融资方式的一种，具有与一般融资方式明显不同的特征：

一是项目导向性。项目融资的典型特征就是以项目为主体的融资安排，贷款银行在项目融资中的注意力主要放在项目在贷款期间能够产生多少现金流量用于还款上面，贷款的数量、融资的成本以及融资结构的设计都是与项目的未来现金流量和资产价值直接联系在一起的。鉴于这种特点，可以使投资者得到较好的担保条件，以提高贷款比例。一般说来，BOT可以获得较高的贷款比例，根据项目经济力度的状况，通常可以为项目筹集60%～75%的贷款，有些项目甚至可以得到90%以上的贷款资本。

二是债务有限追索和风险分担。债务追索是指借款人未按约定偿还债务，贷款人可以拥有要求借款人用除抵押资产之外的其他资产偿还债务的权利。为了实现BOT项目的有限追索，对与项目有关的各种风险要素，需要以某种形式在项目投资者、与项目开发有直接或间接利益关系的其他参与者和贷款人之间进行分担。

三是非公司负债型融资。这里指的是项目的债务不表现在项目投资者公司资产负债表中的融资形式，或是这种债务只以某种说明的形式反映在公司资产负债表的注释中，从而使得项目投资者有机会从事超过自身资产规模的项目投资，或是同时进行几个较大的项目开发。

（二）体育馆采用BOT经营模式的适用性分析

体育场馆建设属于部分具有竞争性的，为了弥补政府投资的不足，应当大力吸引国外资金和民间资本进入这一领域。在国外，一些体育健身娱乐场所大部分为民间资本投资。在英国，个人对体育健身娱乐场所的投资是政府公共投资的5.3倍；在西班牙，这一数字是6倍多。我国目前居民储蓄存款高达84000千多亿元，保险基金、社保基金等机构投资者队伍也在不断壮大，如果政策上为民间资本通过BOT方式提供了制度保障，我国民间资本完全具备投资体育场馆的资金实力和物质条件。下面我们从可行性的角度来分析这一融资模式。

一般说来，一个投资项目的可行与否是从其收益性、风险性和流动性的角度来分析的。因此，我们就具体的BOT项目对体育场馆建设筹资的可行度进行探讨。首先，由于体育场馆经营可以场馆经营权转移收取租金、场馆广告摊位出租、场馆冠名权出售、门票收入实现经济利益。在这一方面，奥运场馆具有相当的商业投资价值，符合收益性的要求。根据北京申奥委的预测，仅2008年北京奥运会期间的门票收入就可能达到1.4亿元。其次，与任何项目的投资一样，奥运场馆的投资也面临市场的、政策的风险。体育场馆建设是一项有利于全民发展的事业，可以得到政府的支持，因此其政策风险会比一般的重大投资相对较低。而且，BOT项目可以取得来自工程承包商、场馆使用方、场馆设施供应商及经营商的担保，从而降低BOT项目的经营风险。最后，从流动性的角度看，虽然体育场馆投资的资金是以固定资产的形式存在的，但是由于BOT项目以项目为导向，单个项目资产的低流动性不会影响投资方的其他资产的流动速度。

由以上（一）、（二）分析可知，在奥运体育场馆建设中，运用BOT融资方式具有可能的基础和可行的条件。并且，从实施意义的角度看，采用BOT方式具有以下几个优势：一是解决我国当前面临的体育场馆滞后和体育场馆建设资金不足的矛盾，可以加速奥运场馆的发展；二是改善我国利用外资结构，拓宽外资来源，突破原有利用外资的固定模式，减少国家外债比重；三是促使政府加强对重大项目的宏观管理，提高体育场馆设施建设的营运效率；四是逐步培养体育场馆使用者有偿使用的新观念，建立体育场馆投资的良性循环；五是在不影响国家所有权的前提下，分散奥运大型场馆投资建设的风险；六是有利于在融资建设及营运管理中引进国外先进技术和管理经验。

（三）体育场馆BOT经营的基本模式

在BOT体育场馆经营中，一般政府的体育行政部门代表政府行使投资人的权益，以体育场馆的投资为股份成立独资或股份制的法人公司，专门经营管理体育场馆。特别是在我国，体育行政部门作为职能部门，从场馆的论证、招标、建设等一系列环节都直接参与，加之熟悉体育领域的业务，这种管理方式可以较好地弥补政府管理的不足。由政府组织将场馆的经营权在一定时间内移交或委托给经营性公司、盈利性社团进行管理。该方式的不足之处在于：它容易滋生短期行为，难以保证体育场馆的公益性和社会效益。比如香港温响莱有限管理公司管理香港大球场期间，因唯利是图，最后被港府收回管理权；再比如，八运会建成的上海体育馆，原归东亚集团所属的上海体育公司负责经营和管理，后因各种原因又移交上海市体委管理。

1. BOT经营模式的主要内容

（1）由发起人发起设立的项目公司以同政府签订的"特许权协议"作为项目建设开发和安排融资的基础形式。

（2）项目公司将特许权协议等权益转让给贷款银行作为抵押，并提供其他信用担保，安排融资。

（3）工程承包商与项目公司签订承包合同进行项目建设，并提供完工担保。

（4）经营公司根据经营协议负责项目运行、维护，获得投资收益并支付项目融资的贷款本金和利息。

2. BOT经营的程序

在与政府初步达成项目投资意向或签订特许经营权合同后，项目公司发起人便可以展开筹资活动，组建成立项目公司来支付项目的投入资金并实施项目的管理。一般来讲，国外BOT项目下的70%～90%的资金都可以通过有限追索权的贷款或发行债券的形式筹集，而发起人及其他投资者只需给项目公司投入BOT项下的10%～30%的资金。在中国由于没有对BOT项目的优惠贷款措施，企业债券发行市场尚不成熟，因而BOT方式下投资者投入的资金是占大部分的，一般要达到50%左右。

BOT项目的融资程序一般为：

第一步：由公司发起人募集资金发起组成项目公司，项目公司的组成资本一般为BOT项目所需资金的50%～60%，项目发起人在项目公司中可以占5%～10%的股份。项目公司负责项目的日常管理、财务监督工作，并取得项目的收益，年终按投资比例给各个投资人分红。

第二步：项目公司以自身的名义借贷或发行债券，使公司负债比率达到公司资产的40%～50%，从而利用财务杠杆效应提高各投资者的投资回报率。其中，一方面，项目公司经项目当地人民银行批准，发行一部分地方中长期债券；另一方面，可以利用国家的鼓励措施，向项目所在地的商业银行申请商业贷款，在适当情况下，可以由项目发起人或其他股东作担保。需要指出的是，使用负债筹资在现阶段我国利率水平普遍较低的经济形势下，更有利于项目公司的股东获得高额的投资回报。

以上是以项目公司为中心，对项目融资过程进行简要的说明。实际上，一个完整的

BOT项目融资除了有以上谈及的公司和投资股东的股东协议、贷款银行的贷款协议，还要牵涉到项目公司和政府之间的特许权协议和最低收入担保协议、项目公司和工程承包集团的工程承包合同、项目公司和材料供应商之间的材料采购合同、项目公司和最终客户之间的产品销售合同。如果项目公司股权中外资占主要份额，则还会涉及贷款银行和政府出口信贷机构以及国际金融机构的贷款合同。

3. BOT经营中要注意的问题

（1）宏观管理问题。

BOT项目要求有配套的管理方式。目前，我国有关法规、管理方法不能涵盖BOT投资方式的全部，需要政府对其管理程序等尽快作出明确的规定。东南亚有关国家成立了专门机构负责BOT项目的审批，其管理经验是值得借鉴的。

目前，我国缺乏对BOT项目进行全国统一集中管理的机构，对BOT项目的引进缺乏总体性的宏观规划，BOT项目的引进仍然处于地区分割的状态，在信息及运作经验方面得不到有效流动；对待BOT项目的政策也无法在短期内实现统一；有可能出现各自为政、布局混乱的状况。应当成立全国统一性的集中管理机构，集中规划BOT项目的引进，组织有经验的咨询评估机构对BOT项目的可行性方案进行研究评估，做出合理的风险划分方案，确定公开招标项目公司的资格规定，制定外汇管理计划等宏观决策管理。与此同时，需要配备项目所在地方政府在微观运行环境中的协调监督体系。

（2）运营和产权转移的监管问题。

在规定运营期限届满时，BOT项目产权发生转移，对于这个确定的结局，BOT项目投资方可能在场馆运营的后期过度使用场馆设施和相关设备，造成届满转移时，某些资源（如机器设备、技术条件）的不可再生性（过度老化）；同时，这些项目在运行过程中，可能造成对周围环境的影响或对自然资源一定程度的破坏。因此，政府必须对这些项目进行监管。

（3）隐含机会成本问题。

BOT的融资特征之一是：BOT融资成本低，金额大，期限长，项目公司承担还本付息的同时享有投资的回报，不需要融资方的投资，不会增加财政负担，等等。事实上，在基础设施建设特别是大型场馆建设方面，会牵涉到使用土地的价值。若某个场馆建设需要占用价值200万元的土地，特许经营期为30年，假设市场投资回报率为20%，那么融资方，也就是政府在土地这一项上投入的隐含机会成本为 $200 \times (1 + 20\%) \times 30 = 4747$（万元）。这就是该BOT项目融资方付出的隐含机会成本，随着融资期限的延长和市场一般投资回报率的提高，付出的机会成本额也越高，相应的隐含收益损失也越大。

（4）掠夺性经营问题。

BOT融资特征之三是：项目公司为早日收回投资并获取利润，就必须在项目的建设和经营中采用合理的运营方式，提高生产效率和经营业绩。这就使得在使用BOT方式进行体育场馆建设中，项目公司在较长的经营期限中，可能忽视对场馆的基本维护和适当的资本性支出，加速场馆设施的折旧，这势必会降低项目公司经营期满后所回收的体育设施的价值。因此，需要对项目合同文本中的相应条款作出适当的规定，采取逐步分阶段回收方式，逐步参与项目的内部经营管理。

（5）价格水平监控问题。

基础设施项目由民间资本或外商建设和经营，打破长期以来由国家单独出资进行的体育场馆建设的局面，可以提高运作效率，保证建设和服务的质量，但是，这又会产生新的问题。虽然BOT融资中政府可以在项目公司运营期间对其经营价格进行必要的监控，以维护本国消费者的利益，但是在市场经济条件下，对价格水平的监控绝非易事。而事实上，这些体育场馆的收费和价格水平直接影响到人民群众文化体育生活的质量和国家精神文明建设水平的高低。因此，融资方政府必须拥有对BOT项目营销服务收费及产品价格的监控权，并事先在BOT合同中对收费及产品价格确定一个基准价格和相应的浮动幅度。

三、PPP模式

PPP是英文"Public-Private Partnerships"的简写，中文直译为"公私合伙制"，简言之，指公共部门通过与私人部门建立伙伴关系，提供公共产品或服务的一种方式。

广义的PPP泛指公共部门与私人部门为提供公共产品或服务而建立的各种合作关系，而狭义的PPP可以理解为一系列项目融资模式的总称，包含BOT、TOT、DBFO等多种模式。狭义的PPP更加强调合作过程中的风险分担机制和项目的衡工量值（Value For Money）原则。

（一）PPP的各种模式及其含义

广义PPP可以分为外包、特许经营和私有化三大类。其中：

外包类PPP项目一般由政府投资，私人部门承包整个项目中的一项或几项职能，例如只负责工程建设，或者受政府之托代为管理维护设施或提供部分公共服务，并通过政府付费实现收益。在外包类PPP项目中，私人部门承担的风险相对较小。

特许经营类项目需要私人参与部分或全部投资，并通过一定的合作机制与公共部门分担项目风险、共享项目收益。根据项目的实际收益情况，公共部门可能会向特许经营公司收取一定的特许经营费或给予一定的补偿，这就需要公共部门协调好私人部门的利润和项目的公益性两者之间的平衡关系，因而特许经营类项目能否成功，在很大程度上取决于政府相关部门的管理水平。通过建立有效的监管机制，特许经营类项目能充分发挥双方各自的优势，节约整个项目的建设和经营成本，同时还能提高公共服务的质量。项目的资产最终归公共部门保留，因此一般存在使用权和所有权的移交过程，即合同结束后要求私人部门将项目的使用权或所有权移交给公共部门。

私有化类PPP项目则需要私人部门负责项目的全部投资，在政府的监管下，通过向用户收费收回投资实现利润。由于私有化类PPP项目的所有权永久归私人拥有，并且不具备有限追索的特性，因此私人部门在这类PPP项目中承担的风险最大。

在发达国家，PPP的应用范围很广泛，既可以用于基础设施的投资建设（如水厂、电厂），也可以用于很多非盈利设施的建设（如监狱、学校等）。北京正在准备通过法人招标方式建设六个奥运场馆，我们认为PPP是一种极好的方式。奥运场馆很难靠自身平衡资金，需要政府以适当的方式进行投入，以使项目可以进行商业运作。同样，北京正准备大规模建设城市铁路，PPP同样是最有效的方式之一。

（二）PPP方式的优点在于将市场机制引进了基础设施的投融资

不是所有城市基础设施项目都是可以商业化的，应该说大多数基础设施是不能商业化的。政府不能认为，通过市场机制运作基础设施项目就等于政府全部退出投资领域。在基础设施市场化过程中，政府将不得不继续向基础设施投入一定的资金。对政府来说，在PPP项目中的投入要小于传统方式的投入，两者之间的差值是政府采用PPP方式的收益。

（三）成功运作PPP模式的必要条件

从国外近年来的经验看，以下几个因素是成功运作PPP模式的必要条件：

（1）政府部门的有力支持。

在PPP模式中，公共民营合作双方的角色和责任会随项目的不同而有所差异，但政府的总体角色和责任——为大众提供最优质的公共设施和服务——却是始终不变的。PPP模式是提供公共设施或服务的一种比较有效的方式，但并不是对政府有效治理和决策的替代。在任何情况下，政府均应从保护和促进公共利益的立场出发，负责项目的总体策划，组织招标，理顺各参与机构之间的权限和关系，降低项目总体风险等。

（2）健全的法律法规制度。

PPP项目的运作需要在法律层面上，对政府部门与企业部门在项目中需要承担的责任、义务和风险进行明确界定，保护双方利益。在PPP模式下，项目设计、融资、运营、管理和维护等各个阶段都可以采纳公共民营合作，通过完善的法律法规对参与双方进行有效约束，是最大限度发挥优势和弥补不足的有力保证。

（3）专业化机构和人才的支持。

PPP模式的运作广泛采用项目特许经营权的方式，进行结构融资，这需要比较复杂的法律、金融和财务等方面的知识。一方面要求政策制定参与方制定规范化、标准化的PPP交易流程，对项目的运作提供技术指导和相关政策支持；另一方面需要专业化的中介机构提供具体专业化的服务。

四、委托经营管理模式

委托经营就是在不改变体育场馆产权性质和功能定位的前提下，委托其他企业组织进行经营管理的一种形式。现代市场经济的发展，带来了所有权与经营权的分离，资产所有者将资产委托经营者管理，获得所有者收益，资产经营者受托管理所有者资产，获取经营者收益，由此形成了两者的委托代理关系。

这是大型体育场馆所有权与经营权分离程度较小的一种经营方式，即场馆所有者通过一定的方式，选派经营者作为大型体育场馆的负责人，代替所有者经营大型体育场馆，所有者不直接参与经营管理。经济发达国家较多地采用这种经营方式管理大型体育场馆。

在经费管理上，经营者与所有者签订合同协议，规定全部收入要上交，经营者没有支出经费的权力。所有者不仅核定场馆的年度支出预算，也下达收入预算项目和收入指标，以加强经费预算管理的计划性和约束力。

委托管理方式并不改变大型体育场馆为大众体育健身和运动训练、竞赛提供场地服务的性质，仅是变换了大型体育场馆的经营主体，其结果是把新的经营理念和管理方式带进体育场馆的经营活动之中，提高了管理效率，也提高了社会效益和经济效益。委托经营管理是目前大型体育场馆管理体制改革较为现实的选择方式，宁波市游泳健身中心的委托管理具有典型意义和一定的代表性。

这种由政府建造体育场馆委托企业经营和管理的"托管模式"，在欧美国家被普遍采用，它既发挥了体育场馆的各种体育功能，同时又解决了体育场馆（特别是一些专业性比较强的场馆）由于使用率不高而造成的场馆日常运作经费不足的困难。例如上海浦东棒垒球场实施"托管"，由日本康贝公司负责经营管理，为期16年。康贝公司除了自我平衡日常管理维护费用以外，每年还要上交浦东新区社会发展局一定数额的资金，用于支持新区体育事业的发展，为新区的全民健身活动出力。

委托代理（委托授权）又称部分民营化，在公共体育场馆民营化过程中主要包括合同承包和特许经营两种。合同承包主要适用于政府投资大的公共体育场馆。特许经营则进一步包含了民间投资者在某一特定区域被授予提供服务的独家权利，一家餐饮服务的厂商获得运动场全部经营权的独家权利，就是其中一例。

> 案例分析

案例一：

南京江宁体育中心经营管理情况概述

一、江宁体育中心概况

江宁体育中心是南京市江宁区政府为了迎接2005年第十届全运会在江苏举办而建设的一座综合性多功能体育设施，是江宁区一项重要的社会公益性项目。工程于2003年3月奠基开工，2005年8月底竣工交付使用，它是江宁区的城市标志性建筑之一。

江宁体育中心建设地点位于南京市江宁区大学城资源共享区中心地带，方山脚下，项目占地面积约31.24公顷，其中水景绿化面积11.2公顷。项目总投资约8亿元人民币。建设项目包括：主体育场、体育馆、训练馆、商业区、宾馆、停车场等，项目总建筑面积为85540平方米，它是一个以体育比赛为主，兼顾文艺表演、会议展览的多功能综合性体育设施。

主体育场：

占地面积39150平方米，总建筑面积47287平方米，体育场座位29942个。东、西看台的三层设有23个包厢。比赛场地由足球场、400米跑道及其他各项田径场地组成。场地面积23812平方米，南北向（长轴）为190米，东西向（短轴）为153米。田径场地均为塑胶面层，可进行跳远、跳高、铅球、铁饼、链球及标枪等项目的比赛。足球场设置在跑道内侧，采用天然草皮，正南北向，长度为105米，宽度为68米，能满足国际比赛要求。

体育馆：

占地面积5609平方米，建筑面积为14481平方米，观众座位数5160个，其中活动座位408个。位于体育场南部，东面入口为大圆形主广场，空间宽阔，方便人流集散。馆内设有体育项目练习区、运动员热身室、健身室、检录室、裁判员休息室、运动员休息室等功能房，可进行手球、室内足球、篮球、排球、拳击和体操等项目的比赛，并可满足举办文艺表演、会议、展览等大型活动的要求。

训练馆及商业区：

建筑面积18000平方米，馆内功能设置主要包括训练场地及商业区。训练场地约8000平方米，包括篮球场、网球场、羽毛球场、乒乓球室、室内泳池及健身房等训练配套用房。商业区约9000平方米，可用于餐饮、商业及娱乐项目，目前正在招商。

宾馆：

为完善江宁体育中心的配套，提升体育中心在江宁新城区的中心影响力，江宁科学园开发区拟在体育中心内按五星级标准建造一座宾馆，2009年下半年开工建设。届时将有力地增强体育中心在会展、会议、大型活动等方面的综合服务能力，带动中心周边商贸的发展。

江宁体育中心把"以人为本"与"天人合一"的设计理念巧妙融合，结合体育中心的总体规划，在空间形态上注重整体设计，主体突出、层次分明，使人、自然、建筑得到共生，勾画出一个完整的具有江南水乡特色的体育建筑群体构图。体育场、游泳馆、体育馆均采用了膜结构建筑形态，运用仿生学的手法，使建筑更贴近自然。整体布局结合特殊的基地形状，设计了以水面、大片绿化为主的生态环境，水与绿相接、绿与建筑相连，令建筑群置于若隐若现和充满诗情画意的自然之中，与毗邻的优美生态环境融为一体，形成了建筑与环境巧妙结合，并具有江南灵巧通透的水乡特色的开放式空间特征。在造型设计上，采用新颖轻巧的结构形式，天际轮廓线有强烈的动感和曲线美，粗犷有力，极具现代感。整个建筑融会了许多种新技术与设计的匠心，它包括：新颖舒适的空调设计、智能化的数码跟踪摄像及全彩弧形屏幕显示系统、新颖灵活的足球场草皮自动喷灌系统、动感美观的屋盖结构。

二、运营模式

江宁体育中心的建设运营采用了由政府投资建设，企业运营管理的模式。江宁区政府委托江宁开发区科学园管委会开发建设江宁体育中心，建成后由园区内企业——江宁大学城高校产业有限公司承担江宁体育中心"十运会"保障及之后的运营管理任务，园区对高校产业集团进行差额补贴，逐步实现收支平衡。

高校产业集团于2005年初在考察了北京、上海、广州等地的国内大型体育场馆后，对广州珠江体育文化发展公司所运营管理的广州体育馆的运营模式和运营能力表示满意，邀请珠江体育文化公司以管理顾问的方式对江宁体育中心进行管理。珠江体育文化公司于2005年4月22日开始正式参与江宁体育中心的管理，历时四年。珠江体育文化公司凭借自身多年管理广州体育馆的成功经验，以"精品所长，专业优质"的服务理念，借鉴酒店管理的方式，打造出江宁体育中心"优质服务、一流管理"的品牌，成功地保障了第十届全国运动会的女子足球和摔跤比赛的顺利进行，成为十运会的最佳赛场；为园区组建了一支高素质的专业体育场馆管理团队，按照现代企业的要求建立健全各种规章制度、工作流程、工作标准及富有场馆特色的考核体系，在历次大型活动保障、政府接待服务、场馆日常管理、市场开发等方面得到各级领导和客户的高度表扬，2006年获得"南京市最佳体育服务设施"称号；积极开发文化体育市场，策划并形成了江宁区丰富的职工及群众体育文化赛事活动。

案例二：

鸟巢，中国首尝PPP经营模式的体育馆

国家体育场位于北京奥林匹克公园中心区南部，为2008年第29届奥林匹克运动会的主体育场。工程总占地面积21公顷，建筑面积258000平方米。场内观众坐席约为91000个，其中临时坐席约11000个。奥运会、残奥会开闭幕式、田径比赛及足球比赛决赛在这里举行。奥运会后这里成为文化体育、健身购物、餐饮娱乐、旅游展览等综合性的大型场所，并成为具有地标性的体育建筑和奥运遗产。

国家体育场工程为特级体育建筑，主体结构设计使用年限100年，耐火等级为一级，抗震设防烈度8度，地下工程防水等级1级。工程主体建筑呈空间马鞍椭圆形，南北长333米、东西宽298米，高68米。主体钢结构形成整体的巨型空间马鞍形钢桁架编织式"鸟巢"结构，钢结构总用钢量为4.2万吨，混凝土看台分为上、中、下三层，看台混凝土结构为地下1层，地上7层的钢筋混凝土框架－剪力墙结构体系。钢结构与混凝土看台上部完全脱开，互不相连，形式上呈相互围合，基础则"坐"在一个相连的基础底板上。国家体育场屋顶钢结构上覆盖了双层膜结构，即固定于钢结构上弦之间的透明的上层ETFE膜和固定于钢结构下弦之下及内环侧壁的半透明的下层PTFE声学吊顶。

国家体育场工程按PPP模式建设，中国中信集团联合体（以下简称"中信联合体"）负责国家体育场的投融资、建设、运营和管理。中信联合体出资42%，北京市政府给予58%的资金支持。中信联合体拥有赛后30年的特许经营权。2003年，中信集团、北京城建集团和美国金州控股集团组成的联合体中标鸟巢项目后，当年12月17日就与政府出资人代表——北京市国有资产经营有限责任公司共同组建了国家体育场有限公司。估算鸟巢的投资是34.65亿元人民币。联合体中，中信、城建、金州的股份分别是65%、30%和5%。

国家体育场有限责任公司负责国家体育场的投融资和建设工作，中信联合体体育场运营有限公司负责30年特许经营期内的国家体育场赛后运营维护工作。作为奥运比赛的主要场地，北京共建设了37座奥运场馆中的31座，其中新建场馆12座，改扩建11座，临时场馆8座。

北京市政府对于场馆的经营早有考虑，因此，部分体育馆在建设之初就安排在了人口密集地区和大学校园，赛后可发挥全民健身的功能；而部分临时场馆将被拆掉，有些则根据整个区域的建设规划，进行新用途改造，而其他重要的体育场馆都是以业主方式投资、建设、管理，奥运会后将投入商业化运营。

最大限度实施市场化运营是北京奥运会各项投融资工作的基本准则，在奥运场馆项目上也如是，在"鸟巢"、"水立方"、奥运村、国家会议中心、奥林匹克篮球馆、奥林匹克水上公园这6个项目中，政府只是在成本高、盈利难的"鸟巢"项目上投入了近20亿，其余约190亿的投资均来自中标企业的自愿投资或社会捐赠，"鸟巢"是投资最多的奥运场馆项目，也是中国首例实行PPP经营模式的体育馆。赛后体育馆实现商业化运营，商用面积是8万到9万平方米，"鸟巢"整体面积是25.8万平方米，有些比赛设施与商用功能冲突，日后要拆除，在施工前设计好了拆卸设施的接口。

早在建设期，"鸟巢"就获得了1亿元商业赞助，其中，中石化希望赛后使用场馆进行商业宣传活动，为此它提供了赛道所用的沥青以及除VIP座位外的所有座椅，价值差不多有3000万元。现在国家体育馆有限公司的网站上，已经能看到科勒卫浴、中国网通、搜狐、拜尔医药等赞助商的名字。奥运后，公司还计划至少投入3亿元实施改造，通过公开招商的方式搭建综合体育文化Mall（一站式购物、就餐、娱乐的业态），获得商业地产收入。

本章小结

通过本章的学习，了解体育场馆作为城市公共基础设施常见的经营管理模式，了解不同经营管理模式的异同；通过案例的学习，了解不同的体育场馆的经营管理模式的运用。

复习思考题

1. 体育场馆的经营模式有哪些？
2. 什么是PPP模式？
3. 什么是BOT模式？
4. 委托经营模式的特点是什么？

实务篇

实务篇

第三章 体育场馆的人力资源管理

> **知识目标**

1. 组织机构的设置原则。
2. 体育场馆岗位编制方法。
3. 人员招聘与培训。
4. 人员薪酬福利管理。
5. 人员绩效考核管理。
6. 人员劳动关系管理。

> **能力目标**

1. 具备人力资源战略规划的能力。
2. 制订招聘工作流程，协调及办理员工招聘、入职、离职、调任、升职等手续。
3. 能够进行体育场馆的薪酬体系设计。
4. 具备绩效考核管理能力。
5. 具备建立培训体系能力。
6. 能够负责日常的人力资源管理。
7. 编制人力资源管理规章制度。

> **案例导入**

"北京奥林匹克篮球馆"（五棵松体育馆）、首都体育馆及"国家体育馆"等场馆，每年都会举办各类大型活动，例如，"艾薇儿"演唱会、"NBA中国赛"、"SONY产品发布会"及国家体育馆的"慈善嘉年华"和"郎朗新年音乐会"等。因此，这些体育场馆需要大量领位、检票、通行控制等岗位的工作人员。但是，在这些场馆却并不常设这些工作岗位，而是由北京歌华时代桥人力资源管理有限公司为这些场馆提供兼职的场馆工作人员。此外，该公司刚刚成为"北京市志愿者联合会"的会员，成立了"歌华时代桥志愿者协会",针对以上岗位,同时招募志愿工作人员,工作内容相同,但属于纯志愿者形式。

第一节 体育场馆经营管理组织机构

一、组织机构的设置原则

公司组织机构设置的原则,是指在公司法和公司框架下构造公司的组织机构,明确其各自的职权范围,协调相互动作关系,以期望实现良好的公司治理时所应贯彻的基本精神和规则性要求。

(1) 股东会是公司的最高权力机构。

在公司财产上,虽然从法律角度看,公司作为法人财产的合法所有人,而股东只享有对公司的股权。尽管在法律上股东已经丧失了所有权,但在实质上,他们仍是公司财产的所有者,这不仅因为股东仍通过股东会和行使股东权对公司财产施加着间接的控制,也不仅因为股东仍是公司一切经营利益的受益者,最重要的是当公司解体时,股东将是公司剩余财产的分配者或享有者。由此出发,公司组织设置原则首要的就是确定股东对公司事务的最终决定权,即股东会是公司的最高权力机构。

(2) 权力制衡原则。

公司股东、董事、经理之间利益并非完全一致,为了避免公司的各种利益主体在追求自己利益最大化时损害股东及利益相关者的权利,就必须对其进行约束以达到权力的平衡。我们在进行制度设置时,必须将所有的人都考虑为理性的"经济人",其行为目的都是为了追求自身利益的最大化。然而,权力失衡将导致股东利益受到损害,从而产生法律风险。比照"阳光政府"的说法,在公司组织系统中,也应该实现信息的透明可监督,从而使由于组织系统导致的法律风险在造成企业致命损害之前得以发现,避免损害。完全的约束和监督并不能保障相关人员积极履行职责,为实现各主体之间付出与收益的相对均衡,建立必要的激励机制不可或缺。

(3) 信息透明原则。

公司治理的一个难点就是信息不对称,董事、经理负责公司的经营管理,对公司的有关信息了解较为充分,而股东可能无法获得董事、经理行为的充分信息,从而无法有效评价和监督。这就需要信息的透明,这种信息透明并非单指上市公司依照法律规定所承担的信息披露义务,也包括非公众公司内部的信息透明度。通过制度设立,保障公司治理中需要了解的信息能够及时、准确发布,是公司组织机构有效运行的基本前提。而对此问题,法律规范过于原则和笼统,缺乏实际操作价值,公司自行设计行之有效的制度就显得十分必要，尤其在有限责任公司里，对于建立保障信息透明度的制度有着内在需求。

信息缺乏透明，则董事、经理的道德危机产生的损害无法估量，而法律风险则因为董事、经理属代理人，危机也潜伏其中。信息透明有利于监督防范，从而减少风险爆发的几率。

（4）利益与成果相结合的原则。

在设置公司组织机构的时候，必须将公司组织机构成员的利益同公司经营管理的好坏紧密地结合起来。在这当中尤其要注意将公司领导人的利益与公司的命运联系起来。

（5）素质第一的原则。

公司组织机构各类人员的配备，应当坚持素质第一的原则。作为公司的领导人员，他们必须具备下列一些知识：关于公司产品的生产技术方面的知识；关于领导对象所构成的系统知识，如组织行为学、管理心理学等；关于在解决问题的过程中，对必须与之发生联系的外部环境的知识。

（6）效益原则。

减少组织运营成本，提高工作效率，正是企业追求效益的必然表现。在组织结构的设置上，也要越来越做到精而有效。例如，广州体育馆根据工作需要，将人力资源部与行政部合并为一个行政部就是一个提高效益的典型例子。

二、体育场馆岗位编制方法

（一）岗位编制

岗位编制主要是指在组织结构框架内进行的岗位设置和人员配置，以适当的人员充实组织结构所规定的岗位，从而保证部门的正常运行。在岗位编制中要遵循关于管理幅度、管理层次和人员总数控制等普遍的规律性。在岗位编制的实施过程中，要全面掌握岗位设置管理的基本精神和主要内容，按照先入轨、后完善的原则，抓住重点环节，严格程序，规范操作，切实保证岗位设置管理的各项政策规定落实到位。要重点抓好以下五个环节：

（1）认真制定岗位设置方案。

（2）严格按规定程序审核。

（3）科学合理地设置岗位。

（4）规范岗位聘用。

（5）做到岗位设置的审核认定。

（二）编制和应用步骤

在定编之前需要定岗，定岗过程中需要进行岗位工作结构与工作量分析。这个环节是一个衔接定岗与定编的环节，也是定编前的一个必要的分析环节。

岗位定编可分为微观定编和宏观定编两种。微观定编指各部门、各岗位具体的人员数量，主要应用于各部门确定具体岗位人员的数量与结构。宏观定编指公司几大类队伍的人员数量和比例关系，如管理人员、业务人员、操作人员、行政人员等，主要应用于企业人力资源规划、人工成本分析等宏观层面。在岗位编制管理上，宏观监控与自主调整要相结合。人力资源部作为公司岗位定编的管理部门，要承担宏观监控的职责；考虑到业务变动会引起人员需求的动态变化，业务部门要有一定的自主调整权限。

基于上述定编分析流程，逐步展开岗位编制设置的分析。在定编分析流程中，定岗定编是体现企业个性化特点的工作，因此，定岗定编流程中加入了部门影响因素分析这个环节，也设计了定编分析的因素分析法。同时，公司最好是在整体编制各部门的定编分析之后再来分析确定设置原则，即从微观定编到宏观定编。

首先是微观定编分析，即对部门的编制设置分析。其次，是宏观定编分析，对公司的整体编制设置情况以及人工效率情况进行分析。此部分内容将在后面的"总体编制设置与人工效率分析"、"动态定编管理与预测"中具体描述。

在定编分析流程中，从微观分析到宏观分析的过程中，通过各部门影响因素的分析，提炼总结公司总体的主要定编影响因素；通过确定影响部门定编的关键因素，整体分析公司人员编制与人工成本，确定公司整体定编原则；并结合实际人员情况，进行公司定编目的与效果的分析，以及通过长期动态定编管理，确定分阶段达成的定编目标。

在编制设置的分析判定中，编制设置原则可以参照一般性的原则以及企业自身设定的原则。一般性定编原则为：

（1）以企业经营目标为中心，科学、合理地进行定编；

（2）企业各类人员的比例关系要协调；

（3）进行定编工作时，以专家为主，走专业化道路的原则；

（4）考虑人才储备；

（5）不限于定编方法，关注定编的有效性。

在编制设置的分析判定时，因素分析是一种重要而有效的方法，从影响岗位定编的因素分析，排除非定编驱动因素，寻找定编的关键动因，并进行定编方法的设计或进行编制设置，使定编工作有的放矢。如，很多岗位说忙，需要深入了解原因，是人不够的问题（工作量过大），还是工作方式、流程、制度规定（工作依据）等问题。其他问题需要首先对症解决问题，如工作方式改进，流程、制度改进，人员素质提升等，再考虑编制设置。以最终达到提高效率，精简机构，减少人员等定编目标与效果。

影响定编的因素分析可以通过以下四个步骤来进行：

（1）影响定编的因素分析。

定编因素分析在岗位调研过程中进行分析与诊断，在定编前对部门工作进行考察。如：工作流程或制度是否健全，目前人员工作绩效情况是否达到基本要求。

定编的前提因素应该是在基于部门工作人员工作绩效正常的基础上，而不是不做事。如果部门现有人员工作开展不好，应考虑是否继续挖潜，而不是简单地增加人员。

因此，定编时可结合部门的工作绩效、工作开展状况，了解分析岗位人员的绩效情况并判断工作完成的充分或到位程度，总结影响绩效的因素。同时，还要考虑公司或部门发展目标与计划对部门工作方式、工作量等是否会带来影响。

（2）排除非正常影响因素。

在影响定编的各因素中，排除非正常定编因素的影响。在确定影响定编的因素时，可以先提出初步影响定编的因素诊断与建议，然后进一步与企业内部的专家与高层进行讨论。

（3）定编的关键动因分析。

筛选确定影响定编的关键因素，设计相应的编制分析方法。定编过程的因素分析与关键动因分析应该是一个基本方法，对于基于因素分析之后再选择其他定编方法有直接的指导作用。如进行工作量分析时，需要找到影响工作量的价值量指标。影响编制的因素通常可以从影响"效率"与"工作量"两个方面进行分析判定。

（4）针对定编影响因素分析过程中发现的问题，进行工作改进与提升。

针对在影响定编的因素分析中发现的问题进行分析，提出各部门工作改进方案。如工作流程、工作管理方式改进；增强培训，提高人员素质；调整现有人员的岗位，增加人岗匹配度等，通过这些工作的改进来确定合理的编制。定编影响因素分析尤其对一些缺少定编方法、难以定编的岗位的编制设置有很大的帮助。人力资源管理本质上是为了使企业的运作更畅通，为企业提供合理的人力资源队伍，保障企业目标的实现。然而从现实中看，人力资源部门要在企业中得到其他部门的尊重，还必须在技术上加强学习，为各部门提供一套有效解决问题的方法。比如定编定员、工时安排、人力资源配置与调度、人力资源结构优化、如何精简人员并发挥最大的功效，等等，这些问题都是企业经营中经常碰到的问题。如何利用科学的方法简单明了地分析这些问题，并提出切实可行的方案，是摆在人力资源部门面前的一道难题。定编定员是企业人力资源管理的基础，它为企业制订生产计划和进行人事调配提供依据，有效防止企业在人员招聘方面的盲目性，促进企业不断改善劳动人事组织，克服机构臃肿、人浮于事、效率低下的现象，提高劳动生产率。

第二节 体育场馆员工的人事管理

一、人员招聘

（一）制定人才招聘计划

首先要对场馆目前的岗位需求情况进行分析，要经过以下三个步骤：

（1）运用员工调查表，全面收集员工个人和分布情况的信息。

(2) 根据不同岗位进行简单的汇总，从而得出人员分布情况，同时结合历史数据，初步确立人力资源配置方案。

(3) 依据掌握的信息进行分析、汇总，拟定人员需求清单。

(二) 制订招聘信息发布计划

信息发布由两部分组成：一部分是制订招聘时间计划（参见表3-1），一部分是发布渠道计划（参见表3-2）。

表3-1 企业招聘信息计划表

顺序	招聘的阶段	时间（天）
1	发布信息——预约面试	6
2	预约面试——面试结束	6
3	背景调查——录取审批	6
4	通知——人员报到	13
5	组织新员工培训	15
总天数		46

表3-2 常用的招聘信息发布渠道

渠道	说明	注意事项
校园招聘	企业在各大院校开展招聘活动，为企业招收具有培养价值与提升潜力的员工	由于学生没有工作经验，需要进行一定的培训，并容易对工作和企业产生不满，因此工作的稳定性差，这就需要企业在进行校园招聘时要经过系统的策划，在组织方面需要付出较大的努力
现场招聘会	是指由人才中介机构组织的多家单位参加的招聘会	必须使自己在众多企业中引人瞩目，在招聘会之前做好充分的准备，如选择一个具有吸引力的展位、与有关单位进行协商、准备好会上所用资料和相关设备；参与招聘的人员应将应聘时可能提出的问题以及企业、职位、待遇方面等情况熟记于心，以便应对应聘者的询问
员工介绍	指本企业员工引荐适合的亲友来公司来应聘	这种方式节约招聘成本，而且目标较为明确，企业与人才亦能够迅速相互了解
猎头公司	指专门为企业招聘中高级管理人才和重要的专门人才的机构	猎头公司可以帮助企业做好甄选人才的第一步，同样节省了企业的时间和人力，但是费用较高
广告	指通过报纸、杂志、网络等各种媒体向公众发送企业招聘信息	这是影响范围最广的一种方式。但是费用高，需要企业消耗大量的人力、物力和时间

（三）组织、实施高效的面试

面试一般由三个阶段构成。笔试阶段、人力资源经理初试阶段、面试部门负责人复试阶段。

笔试阶段，主要考量应聘者的文化素质（IQ 等），诸如对体育行业的基本了解、对企业的了解以及逻辑分析能力、中英文表达能力等，有标准答案。通过笔试，筛选成绩合格者进入初试阶段。

初试阶段，主要考察心理素质、社交能力（EQ 等），考官通过之前精心准备的问题，测量应聘者的人格属性、心理状态、仪态仪表等，为人才需求部门筛选适合的人选。进入复试的人与最终录取人数的比例一般为（2～3）:1。

复试阶段，一般是人才需求部门领导、重要职位甚至是企业总负责人进行面试。主要以交谈的方式，考量应聘者对应聘岗位的适应度及与领导的适合度。

表3-3 为面试记录表。

表3-3 面试记录表

应聘人		性别		年龄	
最高学历		户籍		联系电话	
应聘岗位		面试人		面试时间	
评分项目	极佳（5分）	佳（4分）	一般（3分）	略差（2分）	极差（1分）
仪态、表情					
衣着、仪表					
举止言谈					
健康状况					
领悟、反应					
知识面					
来本企业服务意志					
对企业了解程度					
体育行业经历或相关岗位经历					
教育背景					
社会背景					
口头表达					
生活阅历					

续上表

评分项目	极佳（5分）	佳（4分）	一般（3分）	略差（2分）	极差（1分）
家庭情况					
忠诚度					
执行力					
决策力					
稳定性					
自信心					
发展潜力					
总体评价					
现行工资			期望工资		
岗位工资			确认工资		
拟受聘岗位		拟确定级别		拟聘用时间	
人力资源部意见					
部门经理意见					
领导意见					

另外，因为在场馆中很多岗位属于技术操作型岗位，所以，到场地中实地操作也应作为重要的考核项目，以操作的正确、规范、技术熟练度等为标准，重点考核实际操作能力。

最后，列举一些面试中常问的问题。

（1）工作兴趣：

你为什么想做这份工作？

你对待遇有什么要求？

你怎么知道我们企业的？

（2）目前的工作状况：

你什么时候可以来上班？

你为什么要换工作？

你目前的职位是什么？待遇如何？主要做哪些工作？

谈一谈你的工作经历，包括职位、工作内容、主要的成绩以及薪金待遇。

（3）教育背景：

谈一谈你主要的教育背景，是否获得过奖学金、担任过学生干部。

你接受过哪些培训？有什么证书？

你掌握哪些语言？计算机操作如何？办公设备是否会使用？

（4）工作适应度：

你能出差吗？你接受出差的最长时间是多少？

你能加班吗？周末可以上班吗？

（5）你认为上一个工作中的重要成绩是什么？

（6）你对你上一个工作满意的地方在哪里？还有哪些不满？

（7）你与你的上、下级及同事的关系怎样描述？

（8）你认为你有哪些有利的条件来胜任将来的职位？

（9）你对我们企业的印象怎样？

（10）你对申请的职位的最大兴趣是什么？

（11）你的家庭状况如何？

（12）对你的工作能产生激励作用的因素有哪些？

（13）你更喜欢独自工作还是协作工作？

（14）如果你与你的领导意见不一致，你将怎么办？

（15）你最大的优点与缺点是什么？

（四）甄选与录用

通过笔试、初试、面试最终确定人选，还不能直接入职，因为一个人面试时的表现也许与实际情况有所出入，这样就必须进行拟定录用人员的背景调查。另外，由于体育场馆很多岗位都属于服务型岗位，所以，还需要在入职前对员工的健康状况进行全面的检查。

首先对拟定录用者的背景调查。背景调查的主要方法是电话或者直接去访问应聘者原单位的领导、人力资源部人员、同事，或是访问应聘者毕业学校的老师。主要调查面试阶段应聘者的应答是否与实际情况相符、是否受到过奖励或处分、人际关系如何、品德如何、职业操守如何等。

之后，对背景调查通过者进行全面的身体检查。但是，近年来，对拒绝各种肝炎病毒携带者入职的报道越来越多，在体检中如果检查出携带肝炎病毒应聘者，一定要慎重处理。根据岗位的特征、病症程度决定是否淘汰，并做好解释工作，避免出现公共危机，使企业陷入舆论的漩涡。

二、人员培训

（一）制订培训计划

所谓培训计划是指从组织的整体战略出发，在全面、客观的培训需求分析基础上作出对培训时间、培训地点、培训者、培训对象、培训方式和培训内容等的预先设定。如表3-4、表3-5所示。

表3-4 新进员工的培训计划

内 容	说 明
公司概括	既包括有形的物质条件，如有多少个场馆、什么设施设备等；也包括无形的条件，如公司背景、公司架构、经营理念、企业文化、前景规划、服务内容、场地收费标准、主要业务等
岗位说明及必备知识	向新员工详细说明本职位说明书上的有关条款，包括工作范围、工作程序、直属领导情况、同事负责职能等
规章制度与法律法规	向新员工说明公司的行政制度、考勤制度、薪金构成、福利制度、保密制度等等

表3-5 在职员工的培训

对 象	培训内容与目的
高层领导	学习、了解国内外体育场馆行业最先进的经营管理理念，安排境内外参观考察、行业专家培训、研讨，参加专题讲座、行业内论坛。每年不少于20天的学习交流
中层管理干部	主要以参加行业内培训、研讨为主，以到各地参观交流为辅。每年时间以不少于10天为宜
全体营销人员	会员卡的销售及场地出租是场馆主要的利润来源，其员工的素质直接关系到企业的发展。因此，对营销人员的培训特别重要，主要以掌握最新的营销理论、销售技巧为主。以内部经验分享、营销大师的面授为主。这种培训也可以是跨行业的，因为销售理念与方法贯通各行各业，其他行业的精英传授的经验同样适用于场馆行业
专业技术人员	这部分人员主要有场地工、电工、器材维护工、财务人员等。这部分专业技术人员通过知识的不断积累和更新，可以确保场馆的高效营运，提高服务质量和器材使用寿命。另外，每一种新器材的引进，都需要维护人员接受培训
其他员工的培训	如，前台服务人员、安全保障人员、行政人员等员工同样需要知识的更新换代，接受全新的服务理念、保安理念、管理方法等的培训，才能保障企业的高效运营

三、人员薪酬福利管理

(一) 人员薪酬策略的设计

1. 基础薪酬

基础薪酬策略将人力资源功能分成3个独立而又相互依赖的子系统,以便通过分析和重新整合达成战略实施计划。

正确界定薪酬的3P,即岗位(Position)、绩效(Performance)和薪酬(Pay),有利于提升公司各个方面的绩效,因此,现代大多数欧洲公司、亚洲公司都采用这一理念。

其中,岗位工资是固定的,而另外两个因素,则能更好地适应公司的具体情况,依照员工的能力和才干,对其实施奖励。3P理论能够帮助公司实现工资自动增长制度,使薪酬制度变得赏罚分明,提高员工的工作积极性。

2. 绩效薪酬策略

绩效薪酬主要与员工个人、所属部门和公司的业绩挂钩。员工个人的业绩所占比例最大,因此可以通过绩效薪酬有效地激励员工取得最大化业绩。

3. 等级薪酬

不同的工作职位有相对应的薪酬等级,职位对应的任职资格、工作内容、承担责任不同,因而对应的薪酬级别不同。而且虽然同为部门经理,也会因为个人业绩、职业素养等原因,有不同的工资,因此,一般等级工资都是在一个范围内的等级,这个范围的差额应该在1倍左右(如图3-1所示)。例如,部门经理的等级工资是5000~10000元,人力资源部经理等级工资可能为6000元,市场部经理可能为10000元。

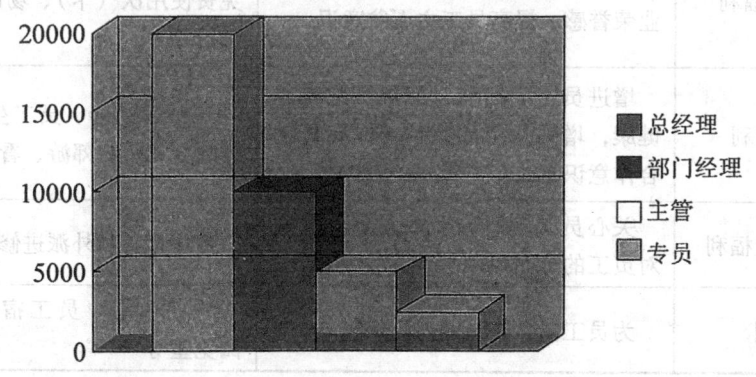

图 3-1

4. 学历、职称薪酬

一般来讲,学历与薪酬是成正比的,学历越高,薪酬也越高。不同的职称、学历,工资基数也不同。例如，同样一个场馆，开发经营部部长的职位，可能是本科学历在岗位工资基础上加 200 元、研究生学历加 500 元、博士生加 800 元。当然，也有些企业并不注重员工的教育背景和技术职称，那么他们可能在薪酬设计上并不考虑这部分因素。

5. 人性化薪酬

人性化薪酬主要指一些福利性津贴，例如购车津贴、住房补贴、化妆补贴、用餐补贴、取暖补贴、消暑补贴等。因此，员工薪酬一般由基本工资 + 岗位津贴 + 职务津贴 + 技术津贴 + 各种福利津贴 + 绩效奖金构成。

（二）员工福利

要使企业与员工建立"长期契约关系"，企业除使用薪酬等硬手段外，还需要有效地运用福利措施。福利更能体现企业的人性化管理，使员工更具向心力，对企业更加忠诚。

员工的福利主要有：国家规定的养老保险、基本医疗保险、失业保险、生育保险、公共住房基金等社会保障，企业缴纳商业团体保险，公司股权、期权，奖励旅游等（参见表3-6）。

表 3-6 主要的福利类别

类 别	目 的	举 例
经济性福利	给予员工额外的补助，减轻员工的负担，进而提高员工的士气和工作效率	住房补贴、餐饮补贴、交通补贴、婚礼礼金、过节费等
公司特权福利	使员工享受一定的特权，增强企业荣誉感，提高员工主人翁意识	场馆举办活动的门票、场馆场地免费使用次（卡）、场馆服务项目优惠折扣
娱乐性福利	增进员工间交流，促进员工身心健康，增强员工间感情，提高员工合作意识	举办运动会、员工生日晚会、圣诞晚会、组织郊游、看电影等活动
员工服务性福利	关心员工健康与职业发展，体现对员工的全面关怀	身体检查和外派进修、疗养
设施型	为员工提供有力的后勤保障	员工食堂、员工宿舍、茶水间、阅览室等

四、人员绩效考核管理

绩效管理是一个持续不断的交流过程，该过程由员工和他的主管之间达成的协议来保证完成，在协议中明确员工未来一段时间的工作目标，并将可能受益的组织、主管和员工都纳入其中。

绩效考核管理最重要的是确定岗位绩效指标。它由图3-2所示的流程确定。

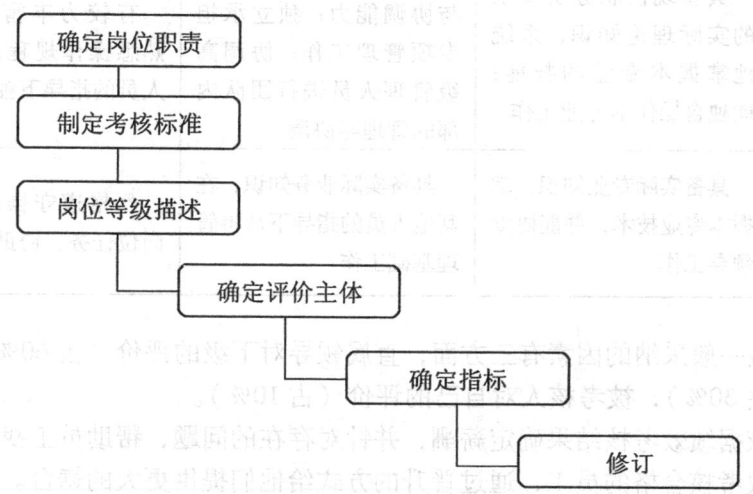

图3-2 绩效考核管理流程

首先通过工作分析确定岗位工作职责，这是岗位绩效指标的基础。主要工作职责必须事无巨细，一旦有所遗漏就会造成无据可查的后果。例如，前台接待人员工作职责包括：接听、记录电话，接待来访人员，介绍会籍制度，来访人员登记，办理会籍卡等。

然后制订考核标准。考核标准是评价员工绩效的标尺，主要依据企业年度经营目标落实到员工身上的具体目标和员工的岗位说明书。包括关键业绩指标（占70%）和关键行为标准，主要指公司的各种行政规章制度，如考勤制度等（占30%）。

接着是确定岗位等级描述，以便客观地评估员工的绩效，针对不同类型岗位等级的描述如表3-7所示。

表3-7 岗位等级描述

等级	专业技术岗位	管理岗位	工勤岗位
高级	掌握本专业领域的知识，处于本领域的前沿，并具有开创性研究能力；完成本专业领域的团队建设；负责一个项目	具有较高的组织管理与协调能力；有创新能力；在组织管理方面有预见性和决策力；完成某一部门的团队建设	具有丰富的实践经验，能够解决工作中关键性的技术问题，不断提高工作水平和服务质量，不断增强服务意识、改进服务态度，具有培训下属的能力

续表 3-7

等级	专业技术岗位	管理岗位	工勤岗位
中级	具备现任职务所要求的实际理论知识,系统地掌握本专业的技能;能独自操作本专业工作	具备一定的组织管理与协调能力;独立承担专项管理工作;协调高级管理人员进行团队内部的管理与协调	有较为丰富的实践经验,熟悉操作规程,能够在高级人员的指导下独立完成工作
初级	具备实际专业知识,掌握本专业技术,并能协助领导工作	具备实际业务知识,在其他人员的指导下从事管理基础工作	严格遵守操作规程,完成岗位任务,协助上级工作

绩效考核一般采纳的因素有三方面,直属领导对下级的评价(占60%),同事对同事的评价(占30%),被考核人对自己的评价(占10%)。

最终,依据绩效考核结果确定薪酬,并针对存在的问题,帮助员工找到原因,进行改善。对绩效考核合格的员工,通过晋升的方式给他们提供更大的舞台。

五、人员劳动关系管理

劳动关系管理包括:劳动合同管理、纪律管理、员工沟通、离职与裁员管理、劳动争议的解决方法。

(一)劳动合同管理

劳动合同的订立指劳动者与企业之间建立的劳动关系,这是在协商一致、平等自愿并合法的基础上订立的。其内容主要包括:用人单位的名称、地址和法人代表名字,劳动者姓名、身份证号,劳动合同期限、职务、劳动报酬、福利待遇、工作时间、试用期限等。

劳动法规定,员工一经入职就必须签订劳动合同,期间可以协商变更。变更劳动合同时,任意一方都需要提前30日提出申请。

(二)员工沟通

与员工沟通可以了解他们的需求,也可以使员工掌握企业目前的情况,可以比较顺利地推行政策、开展工作。

对于刚入职的新员工,在试用期及转正前,都应该及时与他们沟通。从员工的工作态度、知识技能、考核成绩等方面进行沟通,指出其优缺点,吸纳员工的建议与希望。

在工作调动前,也应该首先与员工进行沟通。主要解释工作调动的原因与目的,听取员工的意见,并介绍新岗位的工作内容。岗前沟通可以使员工比较愉快、顺利地融入新岗位中。

考核前需要与员工进行沟通。主要听取员工对自己的评价,解释其工作中出现问题的原因。主要以意见交换为主。这样可以增强管理的透明度,有效指导员工今后的改进方向。

离职前与员工面谈。无论是员工主动离职还是公司辞退员工,都应该在离职手续办理前,进行一次深入的沟通。透过面谈了解其离职的原因,一边改进管理,并作出挽留。对辞退的员工,也应该通过面谈向其提供职业发展建议,不让其带着怨恨离开。

(三) 纪律管理

没有规矩不成方圆,企业要生存,必须树立严明、合理的纪律,科学的纪律制度可以改变员工的精神面貌,促进工作效率的提高。

首先制定企业日常管理制度,如表3-8所示。

表3-8 企业日常管理制度

内 容	说 明
组织规则	企业各直线部门、职能部门、各层级之间的权责结构。指挥、服从、监督、保密协定等规定
时间规则	作息时间、考勤办法、请假程序及办法等规定
岗位规则	劳动任务、岗位职责、操作规程、职业道德等规定
行为规则	语言、着装、行为举止、礼仪礼貌等规定
协作规则	工种、工序、岗位之间的关系,上下层次之间的连接、配合等规定
其他规则	根据企业自身情况依法制定

如果,员工违反了企业管理制度必须进行惩罚。不能搞特权,必须人人平等。在处罚前进行有效的沟通,给予员工申诉的权利。如果是贪污、造成经济损失等重大问题则需要报请公安机关处理。

(四) 劳动争议的解决方案

劳动争议,是任何企业管理都经常涉及的问题,处理不好就会诉诸法庭。因此企业在处理劳动争议时,要着重调解化解矛盾。主要遵循以下步骤:

(1) 协商解决。
(2) 申请调解。
(3) 申请仲裁。
(4) 提起诉讼。

但是,不管如何有效地解决争议,都不如没有争议发生。企业应该不断地完善劳动合同,从源头上规范劳动关系和劳动合同,使劳资双方的权利、义务明确、合理,即使争议不可避免,完善的劳动合同也可以保护企业的利益;企业要不断提高管理技巧,与员工进行良好的沟通,清楚地了解员工的需求与愿望,这种沟通应采用柔性的、激励性的、非强制的手段,提高员工满意度,从而支持组织其他管理目标的实现;企业应规范管理制度,制定好录用条件、企业规章制度等内部文件,使企业管理规范化、制度化,在劳动关系管理中起到正面的教育、引导作用和反面的警诫、威慑作用,有效预防和应对劳动争议。

案例分析

案例一:

斯坦罗泰克公司的人员招聘

新澳会所是一家集健美健身、网球、羽毛球、乒乓球、跆拳道、体育舞蹈、游泳等运动项目于一体的综合型运动会所,下属有多家分店,拥有员工2000余名。每当需要聘用人员时,分店经理就招聘所需要的人员招聘情况通知人事经理。

该分店经理是根据他与应聘人员短暂的几分钟面谈得出的个人判断来选聘员工的。在这个简短的会谈之前,人事部招聘专员审查候选人的过去经历、受教育程度,并通过证明人核查情况。

一旦候选人被聘用,他或她先到分店去完成一些诸如填写申请表和简要的身体检查等正式手续,然后被聘用人员就会得到所分配的工作。工作指示仅持续几分钟时间,新员工无论何时遇到困难,都会得到一些指导和帮助。

然而,新澳会所员工的流动程度超过该行业的平均水平。每个月都有一部分员工辞职。他们中的一些人是由于不能适应其工作环境,而另一些人则是因为不能满足工作标准。

问题:

你认为在新澳会所中人员流动与企业的招聘方法之间是否存在联系?你对新澳会所在改进招聘程序方面有何建议?要做到"言之有理、言之有据、言之有序"。

案例二：

变了味的绩效考核

现在的企业，特别是很多中小型企业，似乎都异常重视一件工作：绩效考核。有的企业就几十个人，也像大企业一样搞一大堆各式先进的考核工具，各种表格、图形、指标应有尽有，似乎很带劲。但在实践中却往往走了形、变了味，就像下面的故事描述的那样。

一位人士在郊外游玩时碰到一桩很奇怪的事：有两个人，前面的一个人在使劲地挖坑，后面的一个人在拼命地填土。他很奇怪：为什么挖了又马上填上呢？便上前询问。挖坑的人回答道："我们在种树。"这更让人迷糊了！挖坑的人又补充说："我们单位是严格按照规章制度考核的。我挖一个坑可以得到20元，他填满一个坑可以得到15元，本来还有一位同事的，他负责种树浇水及施肥，每种一棵树可以得到10元。不过他今天生病了没有来，但我们的工作不能停啊，所以，你就只看到我们俩在这里挖坑和填土了。"

怎么样？碰到这样的事你是不是有点啼笑皆非，甚至无语呢？身为管理者，我们首先应该想一想：问题出在哪里呢？有人会说员工猪脑子，水平太差，素质太低，只顾干自己的活挣钱。但先不要去埋怨员工做事太差，其实这两个员工各自的活都干得挺好啊，挖坑的、填土的都很卖力。况且，作为员工干自己的活挣钱有什么错呢？他有义务去管企业的目的吗？所以，管理者要先反思自己，根本原因是你规定的考核制度出了问题，所以结果才会出问题。人们常说，"好的制度可以使坏人做不了坏事，不好的制度却可以使好人做不了好事"，正在于此。

请思考："考核制度"上究竟出了什么问题呢？

本章小结

人力资源管理在体育场馆管理中占有重要的地位。本章讲述体育场馆组织机构的设置原则，体育场馆岗位编制方法，应了解职位分析、人力资源规划与人员招募、人员甄选与测试、候选人面试、员工培训与开发、组织更新、绩效评价与绩效管理、员工职业管理、战略性薪资管理、绩效薪资与奖金管理、福利与服务、劳资关系与集体谈判、雇员安全与健康、全球性人力资源管理等方面的基本概念和技术方法。

复习思考题

1. 体育场馆主要机构的设置原则是什么？
2. 体育场馆岗位编制的方法是什么？
3. 体育场馆人员招聘的流程是什么？
4. 体育场馆人员培训的方法是什么？
5. 体育场馆人员薪酬福利管理的方法是什么？
6. 岗位绩效指标建立流程如何？
7. 劳动争议解决的方法是什么？

实训环节

1. 项目标题：

《新美达健身俱乐部招聘项目》

2. 实训目标：

学生在模拟的环境中，通过扮演场馆的管理者解决新美达健身俱乐部人员招聘的问题，锻炼学生的逻辑思维能力、团队协作能力、沟通能力，懂得招聘的流程、招聘广告的发布、应聘人员筛选和录用的方法。

3. 实训内容与要求：

新美达健身俱乐部刚刚开了一家分店，占地1000平方米。开设器械区、健身操区、瑜伽形体区、动感自行车等四大区域。假设你是人力资源经理，请你为该分店设计招聘计划，并执行招聘、完成筛选与录用的过程。

4. 完成步骤：

（1）制定人才招聘计划；

（2）制定招聘信息发布计划；

（3）设计面试问题，设计面试评价表；

（4）组织面试；

（5）甄选与录用。

5. 结果与总结分析。

第四章 体育场馆的财务管理

知识目标

1. 理解财务管理的基本理论和基本应用方法。
2. 明白财务管理在体育场馆管理方面的基本运作技能及实务。
3. 了解财务管理的概念、内容、特点、目标和任务。

能力目标

1. 能够区分体育场馆的各种营业收入及管理方法。
2. 能够区分体育场馆的各种费用开支及有效运作、管理方法。
3. 能运用固定资产管理方法分析体育场馆的固定资产管理状况。
4. 能够分析体育场馆财务管理的具体内容。

导入案例

财务在企业中的定位[①]

1. 财务部门是得罪人的部门

某位财务从业人员说他初到一国际知名大公司时,公司在各部门间开展满意度调查,结果财务部门的得分较高,排名靠前,没想到最后他居然被扣了奖金,得到的解释是财务部是得罪人的部门,别的部门给财务部打高分,说明财务部工作做得还不到位。财务监控的职能必然决定了其会触及一小部分人的利益,必然会得罪这一部分人。在很多公司里,最坚持原则、最不讲情面的应该就是财务人员。记得我先前公司的老板对财务经理也说过这么一句话:"你把所有人得罪光了都没关系。"财务人员要敢于得罪人,

---

① http://wiki.mbalib.com/wiki/

敢于与损害公司利益的人作斗争。

2. 财务在公司里是翻译者

财务会计负责把业务信息翻译成会计信息，管理会计负责把会计信息翻译成管理信息。经常有财务人员抱怨其他部门人员不懂财务知识，这就好比外语翻译人员抱怨被服务者不懂外语一样可笑。财务人员首先要明确自己服务者的定位，只有这样，才能更好地为业务部门服务、为管理层提供决策支持。

3. 财务要懂业务

目前很多财务人员都只是办公室财务，极少到生产、销售的一线去，只是在办公室处理各种凭证、报表，而对业务本身知之甚少。这个时候，他们忘记了自己服务者、翻译者的定位，成了与业务脱节的人，有时甚至成了业务的"敌人"。可以肯定，现代社会不需要那种沉溺于数字、报表，局限于办公室的签字经理。

思考：

体育场馆的财务在场馆的经营管理中处于什么位置？有什么作用？其成本、费用支出、收入、票据管理与一般企业的财务管理有什么异同之处？

第一节 财务管理基础理论

一、财务管理的概念

企业财务就是企业在生产过程中的资金运动。财务管理是组织资金运动，处理企业同各方面财务关系的一项经济管理工作。因此，要全面了解财务管理的概念，就必须认真分析企业的资金运动和财务关系。

资金运动是指企业在生产经营过程中，使现金变为非现金资产、非现金资产又变为现金的这种周而复始的流转过程。这种流转过程无始无终，不断循环，又称为资金的循环。在资金的运动过程中，包括资金的筹集、运用和分配三个方面的经济内容。

财务关系是指企业在资金运动过程中与各有关方面发生的经济关系。它主要包括：企业与国家财税部门之间的财务关系、企业与银行等金融机构之间的财务关系、企业与其他企业之间的财务关系、企业内部各单位之间的财务关系、企业与职工之间的财务关系、企业与股东之间的财务关系、企业与债权人之间的财务关系。

二、财务管理的内容和特点

（一）财务管理的内容

财务管理的内容主要包括：筹资管理、投资管理（包括固定资产管理、流动资产管理和对外投资管理)、成本费用管理以及营业收入和利润分配等。

(二) 财务管理的特点

财务管理作为企业管理工作的一部分，具有以下特点：

(1) 财务管理是一种价值管理工作。

财务管理通过价值形式规划和控制企业的生产经营活动，以达到提高企业效益的目的。

(2) 财务管理是一项综合性的管理工作。

合理地组织资金运动，处理好同各方面的财务关系，能使企业各方面的生产经营活动有效开展。

(3) 财务管理的指标能反映企业的生产经营状况。

在企业管理中，决策是否正确、产品是否畅销、经营是否合理，都可以在企业财务指标中得到反映。同时，财务指标又是企业进行经营决策的重要依据。

三、财务管理的目标和任务

(一) 财务管理的目标

财务管理的目标是指企业进行财务管理所要达到的目的，是评价企业财务活动是否合理的标准，它应和企业的总目标相一致。财务管理的目标是企业价值最大化或企业财富最大化。企业价值最大化是指通过企业的合理经营，采用最优的财务政策，在考虑资金的时间价值和风险报酬的情况下，不断增加企业财富，使企业总价值达到最大。

对不同类型的企业，企业的价值衡量办法是不一样的。对于只有一个所有者的独资企业来说，企业的价值是其出售时可以得到的现金；对于有限责任公司来说，由于股权可以转让，转让的价格代表了企业的价值；对于股份有限公司来说，企业的总价值可以用股票市场总额来代表，即股票的价格代表了企业的价值，这样，当公司股票市场价格最高时，表明企业的价值最大。在股份制经济条件下，股东的财富由其所拥有的股票数量和股票市场价格两方面决定，当股票价格达到最高时，股东的财富也达到最大。股票价格的高低反映了财务管理目标实现的程度。

(二) 财务管理的任务

财务管理的任务应从属于企业生产经营的任务，它主要利用价值形式来组织财务活动，为实现企业的生产经营任务服务。其任务主要包括：正确筹集资金，满足企业生产经营的需要；合理使用资金，提高资金利用效果；降低成本费用，增加企业盈利；分配企业收入，依法缴纳税款；做好财务监督，维护财经纪律等。

财务管理 (Financial Management) 是在一定的整体目标下，关于资产的购置 (投资)、资本的融通 (筹资) 和经营中的现金流量 (营运资金) 以及利润分配的管理。

体育场馆的财务管理即在实现场馆利润最大化的目标下，关于场馆营业收入、费用开支管理、票据管理等的分配管理。

财务管理的过程均需遵循以下十项基本原则[①]：

原则一：风险收益的权衡——对额外的风险需要有额外的收益进行补偿；

原则二：货币的时间价值——今天的一元钱比未来的一元钱更值钱；

原则三：价值的衡量要考虑的是现金而不是利润；

原则四：增量现金流——只有增量是相关的；

原则五：在竞争市场上没有利润特别高的项目；

原则六：有效的资本市场——市场是灵敏的，价格是合理的；

原则七：代理问题——管理人员与所有者的利益不一致；

原则八：纳税影响业务决策；

原则九：风险分为不同的类别——有些可以通过分散化消除，有些则否；

原则十：道德行为就是要做正确的事情，而在金融业中处处存在着道德困惑。

第二节 体育场馆营业收入管理

一、财务管理中的收入管理

收入是指企业在销售商品或提供劳务等经营业务中实现的营业收入，它实质上是企业资产的增加，也是企业利润的来源。

广义的收入除了营业收入以外，还包括投资收入和营业外收入。一般在体育场馆中，由于体制的限制，其收入即指营业收入。

（一）营业收入的含义

营业收入是企业在生产经营活动中，因销售产品或提供劳务而取得的各项收入。

营业收入管理是企业财务管理的一个重要方面，它关系到企业的生存和发展，加强营业收入管理对企业有重要的意义。

（1）营业收入是企业补偿生产经营耗费的资金来源。

营业收入的实现关系到企业再生产活动的正常进行，加强营业收入管理，可以使企业的各种耗费得到合理补偿，有利于再生产活动的顺利进行。

（2）营业收入是企业的主要经营成果，是企业取得利润的重要保障。

加强营业收入管理是实现企业财务目标的重要手段之一。

（3）营业收入是企业现金流入量的重要组成部分。

---

① http://wiki.mbalib.com/wiki/%E8%B4%A2%E5%8A%A1%E7%AE%A1%E7%90%86

加强营业收入管理,可以促使企业深入研究和了解市场需求的变化,以便作出正确的经营决策,避免盲目生产,这样可以提高企业的素质,增强企业的竞争力。

(二)营业收入的构成与影响因素

营业收入由主营业务收入和其他业务收入构成。

(1)主营业务收入。

主营业务收入是指企业持续的、主要的经营活动所取得的收入。主营业务收入在企业收入中所占的比重较大,它对企业的经济效益有着举足轻重的影响。

(2)其他业务收入。

其他业务收入是指企业在主要经营活动以外从事其他业务活动而取得的收入,它在企业收入中所占的比重较小。

通常,在营业收入管理中主要应考虑以下几项影响因素:价格与销售量、销售退回、销售折扣、销售折让。

① 销售退回是指在产品已经销售,营业收入已经实现以后,由于购货方对收到货物的品种或质量不满意,或者因为其他原因而向企业退货,企业向购货方退回货款。

② 销售折扣是企业根据客户的订货数量和付款时间而给予的折扣或给予客户的价格优惠。按折扣方式分为现金折扣和商业折扣。

现金折扣是企业给予在规定的日期以前付款的客户的价格优惠,这种折扣是企业为了尽快收回款项而采取的一种手段。

商业折扣是在公布的价格之外给予客户一定比例的价格折扣,通常是企业出于稳定客户关系,扩大销售量的目的。

③ 销售折让是企业向客户交付商品后,因商品的品种、规格或质量等不符合合同的规定,经企业与客户协商,客户同意接受商品,而企业在价格上给予一定比例的减让。

(三)营业收入的控制

营业收入的控制就是按照计划的要求对生产经营活动的过程与结果进行监督管理,以达到完成预定的经营目标,提高经济效益的目的。营业收入的控制主要是对销售收入的控制。一般来说,销售控制主要包括以下几个方面:

(1)调整推销手段,认真执行销售合同,扩大产品销售量,完成销售计划。

在市场经济条件下,企业的推销手段对产品的销售有重大影响,推销手段高明,可以扩大产品销售量,增加销售收入。在销售产品时,要认真执行与客户所签订的经济合同,这样不仅可以加速企业的资金周转,而且可以提高企业的信誉,为企业生产经营创造良好的环境。

(2)提高服务质量,做好售后工作。

质量是企业的生命,关系到企业生产经营的成败兴衰。服务质量不仅包括企业的服务态度和服务水平，也包括企业产品质量。提高服务质量可以使销售工作少出问题，减少销货退回，减少经济纠纷，增加企业的销售收入。售后服务对销售也至关重要，有助于提高企业信誉，增强产品竞争力，扩大销售。售后服务是实行竞争、打开产品销路的重要手段，是一种必要的追加投资。

（3）及时办理结算，加快货款回收。

货款结算与回收一般由财务部门统一办理，但是销售部门也应该协助财务部门做好货款回收工作。货款回收关系到企业资金周转速度，如果货款拖欠太多，以致发生坏账损失，就会影响企业经营目标的实现。为了减少坏账数量，企业在销售产品时，一定要在合同中明确双方的责任和货款结算方式，在改善本企业的商品发运工作的情况下，也要认真审查对方的信誉情况。

（4）在产品销售过程中，要做好信息反馈工作。

企业生产、销售必须以市场为导向，根据市场需求变化来调整自己的经营活动。企业在销售产品的过程中，要了解市场情况，搜集各种信息，以便企业根据市场变化调整计划中的不合理之处，同时也为未来预测做好准备工作。

二、体育场馆营业收入分类

各体育场馆的营业收入因馆而异，各有特点，按不同的分类方法可以分成很多种。为了便于营业收入的管理和控制，目前体育场馆常采用如下营业收入分类方法。

（一）按经营项目分类

这是一种比较直观的分类方法。这种方法又可分为三种形式：

（1）按项目的重要档次区分。

这是将经营收入分主营项目收入和辅助项目收入，将具体项目分别列于这两个大项目之下。由于各体育场馆的主管项目不同，收入分类也不尽相同。

（2）按项目的活动方式区分。

这是将营业收入分为锻炼项目收入、培训项目收入、比赛项目收入，将具体项目分别列于这三个大项目之下。这种方法不会因体育场馆的不同而使收入分类不同，所以便于横向比较。

（3）按项目规模大小区分。

这是将营业收入按规模大小顺序排列。这种方法简单明了，比较直观。但这种方法因体育场馆不同而使排列顺序不同。

（二）按营销方式分类

（1）常规销售收入。

常规销售收入是指按平日的一般价格销售而形成的营业收入。这是体育营业收入的主要成分，可分为两种情况：

① 单项收入。这是指人们消费单项服务而累加起来的收入。
② 综合收入。这是指为人们提供多项体育服务或多次服务而一次性结账所形成的收入。

（2）优惠销售收入。

许多体育场馆为了稳定消费者、开拓市场，在特定时期或特定时间进行优惠销售，如节假日的优惠活动；在平时对特定的人士或团体实行优惠价。一般有三种优惠形式：

① 折扣优惠收入。按人们消费额的一定百分比优惠计算。即通常说的打折，如八折优惠。
② 金额优惠收入。即在人们实际消费额的基础上少收一部分，通常是抹去零头。如消费额是680元，实收600元。
③ 赠送优惠收入。有两种情况：一种是赠送饮料或带有本体育场馆标志的小纪念品，如打火机、小玩具之类；另一种是赠送适量的消费额度，如保龄球买10局赠2局等。

无论采用哪种优惠形式，都应进行经营成本核算。因此，在收费过程中应该有准确记录，有些优惠方式还必须请有关销售、管理人员签字认可。

（三）按计价方式分类

（1）计时收入。

这是按人们的消费时间收费而形成的收入。有很多体育项目是以出租设备使用权的形式来经营的，因而采用计时收费的方式，如乒乓球室、壁球室、网球场等项目是适合的。

（2）计量收入。

这是按人们使用服务设备或消费产品的数量收费而形成的体育营业收入。适用于一些便于统计数量的体育项目，例如保龄球馆一般是以局为单位收费的。

（3）计人次收入。

这是指按人们消费的人数和次数为计费单位而取得的收入。这种计费方式适用于多人共同消费同一项目，例如游泳池等项目。

需要指出的是：按计价方式分类的方法会因体育场馆或因时间而有所不同。例如：有的游泳池计时收费，有的计人次收费，有的游泳池在平季和旺季计时收费，在淡季则计人次收费。

三、体育场馆营业收入的监控管理

体育场馆营业收入大多是无形服务产品的销售收入，因此营业收入的控制比有形产品销售收入的控制要难一些；再加上收款人员大量接触现金，又进一步增加了控制难度。因此，做好控制、监管工作成了体育场馆营业收入管理的重要环节。

（一）体育场馆营业状况的预计与管理

在实际运行中，大型体育场馆的营业收入由财务部门独立管理，设专职的收款员；小型体育场馆由专人收款或由服务员兼任收款员。

一般体育场馆经营因规模和管理模式不同，收款管理方式也不同，有的设专职收款员，有的由服务员代理收款，再上交财务部门，收款过程由财务部门和体育场馆经营部门共同管理。从理论上讲，由财务部门独立管理并设立专职收款员岗位更符合规范，管理也相对容易。

1. 收款员岗位的设置

收款员（收银员），从其工作内容、方法、要求，以及他们本身应具备的素质等方面看，与会计部门的专职出纳人员有很多相同之处。

（1）主要工作是办理货币资金和各种票据的收入，保证自己经手的货币资金和票据的安全与完整。

（2）也要填制和审核许多原始凭证。

（3）同样是直接与货币打交道，除了要有过硬的出纳业务知识以外，还必须具备良好的财经法纪素养和职业道德修养。

收款员（收银员）一般工作在经济活动的第一线，各种票据和货币资金的收入，特别是货币资金的收入，通常要转交给专职出纳；另外，收款员（收银员）的工作过程是收入、保管、核对与上交，一般不专门设置账户进行核算。所以，也可以说，收款员（收银员）是出纳（会计）机构的派出人员，他们是各单位出纳队伍中的一员，他们的工作是整个出纳工作的一部分。

2. 收款的管理

（1）合理安排收款地点。

体育营业收入管理的主要任务就是在人们消费时收进每项交款。为了准确、快捷地收费，需要合理地选择收款地点。

体育场馆营业收入的收款地点由于场馆规模与管理体制的不同，设置方式也不同。一般体育场馆为了便于顾客交费，考虑多设置收款台，甚至每个活动项目都设收款台。但这种方法存有弊端：一方面是接触钱款的人员比较多，容易出现漏洞，给管理带来一定难度；另一方面是需要的工作人员较多，会加大人工成本。

在大型体育场馆，一般多采用一次性结账的收款方式。这个方式是在每个活动项目设立账台，这些账台不直接向人们收款，而是及时将顾客在本项目的消费记录下来，并请顾客在账单上签字确认，然后把这些账单送到总收款台汇总。当顾客消费结束离开之前，由总收款台负责向顾客收取全部费用。

（2）设计科学的收费单据。

营业收入管理表单的内容一般包括表单的格式、内容、联数等。像其他管理表单的设计一样，在设计体育营业收入管理表单时，应包括所需要的全部管理内容，但应注意简洁、明了，避免复杂。另外，还应该注意能让填写者准确理解填写要求，避免模棱两可或含义不清的用词，尽量减少需要描述的内容，尽可能设计成只用"√"、"×"或填写数额来完成。此外，表单的设计应尽量规范、美观，便于保管和查阅。

（3）加强稽核管理。

稽核是指对账目的查对计算。一些大型体育场馆往往设有专职的稽核小组，规模不大的体育场馆经营则由专职或兼职人员负责稽核工作。一般情况下，稽核人员的职责主要是监督和检查收款员的工作，负责查对核算收款员的账目，并负责票据以及代用币的清理查收。

（二）制定严谨的科学收款制度

1. 收款员职业道德

收款员如果没有良好的职业道德，是很难顺利通过金钱关的。与其他会计人员相比较，收款员更应严格地遵守职业道德。除了一般的会计人员需要遵守的职业道德以外，还有特别需要注意的原则。

一般会计人员应该遵守的职业道德是：

（1）敬业爱岗。会计人员应当热爱本职工作，努力钻研业务，使自己的知识和技能适应所从事工作的要求。

（2）熟悉法规。会计人员应当熟悉财经法律、法规、规章和国家统一的会计制度，并结合会计工作进行广泛宣传。

（3）依法办事。会计人员应当按照会计法律、法规和国家统一会计制度规定的程序和要求进行会计工作，保证提供的会计信息合法、真实、准确、及时、完整。

（4）客观公正。会计人员在办理会计事务中，应当实事求是，客观公正。

（5）搞好服务。会计人员应当尽其所能，为改善单位的内部管理、提高经济效益服务。

（6）保守秘密。会计人员应当保守本单位的商业秘密，除法律规定和单位领导同意外，不能私自向外界提供或泄露单位的会计信息。

除此之外，收款员还应特别注意如下两点：

（1）要清正廉洁。清正廉洁是收款员的立业之本，是收款员职业道德的首要方面。收款员掌握着一个单位的现金和银行存款，若要把公款据为己有或挪作私用，均有方便的条件和较多的机会。同时，外部的经济违法分子也往往会在收款员身上打主意，施以小惠，拉其下水。应该说，面对钱欲、物欲的考验，绝大多数收款员以坚定的意志和清正廉洁的高贵品质赢得了人们的赞誉。当然，也有少数收款员利用职务之便贪污舞弊、监守自盗、挪用公款，到头来，害了集体也害了自己。

（2）要坚持原则。收款员肩负着处理各种利益关系的重任，只有坚持原则，才能正确处理国家、集体与个人的利益关系。在工作中，有时需要牺牲局部与个人利益以维护国家利益，有时需要为了维护法律、法规的尊严而去得罪同志和领导。这些都是收款员应该坚持和必须做好的。

2. 收款制度

收款制度是收款员应遵守的行为准则，是营业收入控制的重要手段。一般体育场馆的收款员必须遵守的收款制度包括以下六个方面：

（1）备用金管理规定；
（2）现金收入清点制度；
（3）票据管理制度；
（4）现金收款程序；
（5）信用卡受理程序；
（6）转账支票受理程序。

第三节　体育场馆费用开支管理

一、财务管理中的费用管理

（一）费用的含义

狭义的费用概念将费用限定于获取收入过程中发生的资源耗费。广义的费用概念则同时包括了经营成本和非经营成本。我国现行制度采用的是狭义的费用概念，即企业为销售商品、提供劳务等日常活动所发生的经济利益的流出，包括计入生产经营成本的费用和计入当期损益的期间费用。

（二）费用的特征

（1）费用是在企业日常的活动中所产生的，而不是在偶发的交易或事项中产生的。
（2）费用可能表现为企业负债的增加，或企业资产的减少，或者二者兼而有之。
（3）费用最终会减少企业的所有者权益。

（三）费用的确认

费用作为为获取收入所发生的资产流出或资源牺牲，实质上是已经耗用的资产。费用的确认和计量与资产的确认和计量密切相关。

费用的确认应遵循以下两条基本标准：

（1）划分资本性支出和收益性支出。

这一原则限定了费用确认的时间界限。

（2）权责发生制。

这一原则限定费用应当按照权责发生制原则在确认有关收入的同一期间予以确认，从而为费用的确认提供了进一步的指南。确认费用的标准一般有3种：

① 联系因果关系确认费用；
② 系统、合理地分配费用；
③ 支出发生时立即确认费用。

（四）费用的核算

1. 营业成本的核算

（1）主营业务成本。

"主营业务成本"用于核算企业因销售商品、提供劳务或让渡资产使用权等日常活动而发生的实际成本。"主营业务成本"账户下应按照主营业务的种类设置明细账，进行明细核算。期末，应将本账户的余额转入"本年利润"账户，结转后本账户应无余额。

（2）其他业务支出。

"其他业务支出"账户用于核算企业除主营业务成本以外的其他销售或其他业务所发生的支出，包括销售材料、提供劳务等发生的相关成本、费用以及相关税金及附加等。"其他业务支出"账户下，应按其他业务的种类，如"材料销售"、"代购代销"、"包装物出租"等设置明细账，进行明细核算。期末，应将本账户的余额转入"本年利润"账户，结转后本账户应无余额。

2. 期间费用的核算

期间费用是指虽与本期收入的取得密切相关，但不能直接归属于某个特定对象的各种费用。期间费用是体育场馆当期发生的费用中重要的组成部分。其包括管理费用、财务费用及营业费用等。设立账户时应按每个科目的不同建立账户。期末，应将所有账户的余额转入"本年利润账户"，结转后本账户应无余额。

（五）费用的计量

（1）从理论上分析，基于费用和资产的特殊联系，费用可以根据投入价值基础和产出价值基础，分别采用历史成本、现行成本、变现价值等不同的计量属性进行计价。

（2）按照历史成本（实际成本）进行费用的计量因其易于验证，已经成为各国会计实务中广泛采用的费用计量属性。

（3）根据我国现行制度的规定，企业应当按实际发生额核算费用和成本。

二、体育场馆的费用开支分类

体育场馆的费用开支受场馆规模大小、经营类型、所处区域等各方面因素的影响而各有特点。按照不同的影响因素作为分类标准，体育场馆费用支出的分类可分为以下几种。

（一）按性质分类

按照费用支出的性质分类，体育场馆的费用支出可分为：

（1）营业成本。

营业成本是与营业收入直接相关的，已经确定了归属期和归属对象的各种直接费用。营业成本主要包括：主营业务成本、劳务成本、其他业务成本。体育场馆的营业成本包括设备的维护费用、职工工资、业务费用等。

（2）期间费用。

期间费用是体育场馆营运过程中所发生的费用支出。按照费用的用途可分为：

① 管理费用：经营过程中行政、办公的支出；

② 财务费用：经营过程中财务管理所产生的支出；

③ 营业费用：经营的一线部门的日常支出及损耗等。

（二）按项目分类

此分类方法是按体育场馆开展各项专业业务活动及其辅助活动发生的实际支出作为依据。根据此分类原则，体育场馆费用支出的类别可分为：工资福利、公务费、业务费、设备购置费、修缮费、其他费用。其中工资福利支出包括职工的基本工资、补助工资、其他工资、职工福利费、社会保障费用等，业务费包括场馆为经营、生产需要而发生的需支付的费用。

（三）按时间分类

体育场馆的费用支出按时间分，可将费用支出分为以下三类：

（1）直接费用。

指体育场馆为取得营业收入直接发生的费用。

（2）期间费用。

指那些仅仅有助于当期营业收入的实现，或者为数细微、不值得在各期间分摊的费用。

（3）跨期费用。

指效用在一个会计期间以上的费用。

三、体育场馆的费用控制管理

体育场馆的费用控制管理主要是要坚持有章可循，本着精打细算、勤俭节约、有利工作的原则来制订计划及标准。

（一）体育场馆费用开支计划

按经营规模、经营体制等不同，体育场馆的费用开支计划可按月、季度、年度等时间段来制订。一般大型场馆各部门、下属企业须在每月底根据下月工作计划制定本部门费用开支计划，由财务部门汇总、审核，经办公会议或总经理审批，即为场馆当月的费用开支计划，并下达各单位费用开支指标。

同时，场馆会根据实际情况，授予副总经理、部门经理对计划内费用开支的审批权限。

费用计划内的审批程序为：①费用当事人申请；②部门经理审查确认；③财务部门审核；④授权分管副总或总经理审批。

（二）体育场馆费用开支标准

为便于掌握开支，不同类型的体育场馆需结合实际情况，制订出不同的开支标准。体育场馆费用开支标准的制订通常包括以下几种类型：借款审批及标准，出差开支标准及报销审批，业务招待费标准及审批，福利费、医药费开支标准及审批，其他费用开支标准及审批。

体育场馆的费用开支标准可按照费用支出分类的不同，制订适用的标准、规定。例如，按照性质来划分，费用开支的标准及审批规定可制订为：

① 属于生产经营性的各项费用，如：×××元以内的凭税务部门的正式发票，先由经办人和部门经理签名后，报分管领导批准，然后送财务经理审核报销。超过×××元以上的须报财务总监批准。

② 属于非生产经营性的各项费用，如：×××元以内的按第一条执行，×××元～×××元的，报财务总监批准，超过×××元的报董事长批准。

（三）出纳员岗位

出纳是会计工作的重要环节，涉及的是现金收付、银行结算等活动。而这些又直接关系到职工个人、单位乃至国家的经济利益，工作出了差错，就会造成不可挽回的损失。

出纳员在体育场馆的费用开支控制管理中是处于关键位置的一个岗位。出纳员除了要严格遵守《会计法》、《会计基础工作规范》等财会法规外，为了场馆费用支出管理的有效性，还需要遵守各场馆所制订的费用支出细则。例如，出纳员要严格遵守场馆所制订的费用支出标准，根据会计部门编制经相关人员核准的支出传票，才可办理现金、票据的支付、登记及转移。同时，出纳员应严格审核支出凭证是否与会计部门制订的内容与金额相符，与领款人的印鉴是否相符，如有疑问应先查询确认后才能支付。

第四节　体育场馆固定资产管理

一、为什么要对体育场馆的固定资产进行管理

（一）固定资产的概念

固定资产是使用期限超过一年，单位价值在规定标准以上，并且在使用过程中保持

原有实物形态的资产。体育场馆固定资产包括房屋及建筑物、体育器械与机械设备、运输设备、工具器具等。

建设项目竣工交付使用时，项目总投资中除了流动资金以外的部分，即固定资产投资和建设期利息分别形成固定资产、无形资产和递延资产。其中固定资产投资中的建筑工程费用、安装工程费用和设备购置费用直接计为固定资产，其他费用中除应形成无形资产和递延资产的部分外，也是与固定资产形成有关，自然也应计入固定资产价值。

（二）固定资产的特点

（1）使用期限长。

（2）能够多次参加生产过程而不改变其实物形态。

（3）其价值是一次投入而在使用期内分期折旧，逐渐收回。

固定资产的特点决定了对固定资产管理的要求。对固定资产管理的要求主要有以下几个方面：

（1）正确核定固定资产需要量，合理配置固定资产。

（2）填好固定资产的投资预测。

（3）正确计提固定资产折旧。

（4）加强固定资产日常管理，提高固定资产的利用效率。

二、如何对体育场馆的固定资产进行管理

（一）固定资产分类

企业固定资产按其经济用途和使用情况可分为以下两大类：

（1）生产用固定资产。

指企业生产单位和为生产服务的行政管理部门使用的各种固定资产。包括房屋、建筑物、运输设备、仪器及试验设备、其他固定资产。

房屋：指生产单位和行政管理部门使用的房屋，如体育场馆等。

建筑物：指除房屋以外的其他建筑物，如水塔、蓄水池等。

运输设备：指运载货物用的各种运输工具。

仪器及试验设备：指对材料、工艺、产品进行研究试验用的各类器械设备等。

其他固定资产：指不属于以上各类的固定资产，如办公用具及行政管理用的汽车等。

（2）非生产用固定资产。

指非生产单位使用的各种固定资产。如职工宿舍、俱乐部、食堂、浴室等单位所使用的房屋、设备、器具等。

（二）体育场馆固定资产管理的特点

体育场馆因其行业所处的特殊性，其主体部分大多是由各种固定资产构成，包括房

产管理、体育设备管理、备品备件管理、设备维修管理等。存在着资产种类众多、使用及维护期限长短不等的管理特性。将这些资产纳入科学有序的管理体系内，使对管理需求的实现变被动为主动，即在产生管理需求后去寻觅解决问题的方法转变为在管理需求产生前就做好相关管理解决方案来消弭管理问题，使其成为正常管理流程中的一个环节。有序高效管理的背后是对人力、时间、资源消耗的大幅度降低，这种降低正是"节流"的体现。

在中国，建造体育场馆往往会有一定的时代背景，比如八运会修建了上海体育场、北京奥运会修建了"鸟巢"等。在体育场馆完成其预期历史使命之后，其后续利用问题就提上了议事日程，建造体育场馆的投资巨大，占地面积、日常维护的资源消耗等如果得不到有效的维护和管理，势必导致资源的浪费和资产的闲置。在体育场馆"合理开发"和"悉心维护"两者的博弈中，长期以来，往往获胜的是前者。

"开源节流，持家有道"历来是中华民族的优良传统，在日益注重市场化经营的今时今日，这种优良传统不仅不应该摒弃，相反应该得到继承和发扬。之前，对于体育场馆的经营维护更多侧重于"合理开发"，也就是"开源"，主要体现在一些围绕主体育场所展开的一些附加产业的发展和拓展。比如网球场、羽毛球馆的赢利经营，比如面向社区开放的篮球公园取得的社会效应。体育中心内可开设羽毛球、篮球、排球、网球等体育健身项目或各类培训班，还可根据条件设置宾馆、餐厅、多功能厅等，经营模式的多元化无疑能给体育中心带来更为广阔的生存空间，积攒其持续发展的资本。

（三）固定资产需要量的预测

预测固定资产需要量，是进行固定资产投资决策的前提，掌握固定资产的合理占用量，才能明确固定资产的投资方向、投资结构和投资规模，从而提高其利用的效果。

企业固定资产种类多、数量大，结构较复杂，对固定资产需要量的预测，一般采取以重点设备预测为主，其他设备按照与重点设备的比例关系确定的方式进行。

（四）固定资产折旧

按照现行国家会计准则，体育场作为固定资产，是需要计提折旧的。假如，"鸟巢"每年计提折旧1亿元左右，造价35亿元的体育场30年后就只剩5亿元了。也正是由于高昂折旧费的存在，使得当初信心满满的以中信集团为主的联合体在独立运作"鸟巢"一年后，最终放弃了"鸟巢"的30年特许经营权。因为后续30年的经营，就要用30亿元的现金收入弥补这个折旧损失，然后在此基础上多余的收入才能算为盈利。按此计算，中信集团要为政府投入的20亿元的折旧额"买单"，无疑这加大了项目的盈利难度。为了避免走入"蒙特利尔陷阱"，中信集团最终选择放弃。

1. 固定资产折旧的概念

固定资产在使用期限内不断发生损耗，它的价值逐渐转移到所生产的产品中去，并从销售收入中实现固定资产的价值补偿。固定资产因损耗而发生的价值转移称为折旧。

影响固定资产折旧额的因素有：固定资产原值、固定资产残值、固定资产清理费用和固定资产使用年限。

2. 计提折旧的范围

（1）房屋及建筑物，不论是否使用，从入账的次月起就应计提折旧。

（2）在用固定资产，指已经投入使用的生产设备、运输设备、仪器及实验设备等生产性固定资产以及已投入使用的非生产性固定资产。

（3）季节性停用和修理停用的固定资产。

（4）以融资方式租入的固定资产。

（5）以经营租赁方式租出的固定资产。

不计提折旧的固定资产范围：

（1）除房屋及建筑物以外的未使用、不需要的固定资产。

（2）以经营租赁方式租入的固定资产。

（3）已提足折旧的但继续使用的固定资产，按照规定提取维护费的固定资产。

（4）破产、关停企业的固定资产。连续停工一个月以上的车间和基本处于停产状态的企业，其设备均不提取折旧；生产任务不足，处于半停产状态的企业的设备，减半提取折旧。

（5）提前报废的固定资产，以前已经估价单独入账的土地等，也不计提折旧。

企业固定资产折旧，从固定资产投入使用月份的次月起，按月计提；停止使用的固定资产，从停用月份的次月起，停止计提折旧。

3. 固定资产折旧的方法

（1）使用年限法。

这是根据固定资产的预计使用年限平均折旧的方法。其特点是各年各月的折旧额相等，折旧额累计数直线上升，故又称为直线法。其计算公式为：

$$某项固定资产年折旧额 =（固定资产原值 - 预计净残值）/固定资产预计使用年限$$

$$预计净残值 = 预计残值 - 预计清理费用$$

在实际工作中，通常利用折旧率来计算固定资产折旧额。折旧率是指折旧额与固定资产原值的比率。其计算公式为：

$$年折旧率 = 年折旧额/固定资产原值 \times 100\% =（1 - 预计净残值率）/固定资产预计使用年限 \times 100\%$$

$$月折旧率 = 年折旧率/12$$

净残值率是固定资产净残值占固定资产原值的比率，按原值的3%～5%确定。

（2）工作量法。

这是按照固定资产生产经营过程中所完成的工作量计提折旧的一种方法。该法是平均年限法派生出的方法，适用于各种时期使用程度不同的专业大型机械设备。计算公式如下：

按照工作小时计算折旧额：

每工作小时折旧额 = 原值×（1－残值率）/规定的总工作小时

月折旧额 = 月实际工作小时×每工作小时折旧额

按照台班计算折旧额：

每台班折旧额 = 原值×（1－残值率）/规定的总工作台班数

月折旧额 = 月实际工作台班×每台折旧额

（3）双倍余额递减法。

该方法是在不考虑固定资产残值的情况下，根据每期期初固定资产账面余额和双倍直线折旧率计算固定资产折旧额的一种方法。其计算公式为：

年折旧额 = 年初折余价值×年折旧率

年折旧率 = 2/固定资产预计使用年限×100%

采用这种方法没有考虑残值的影响，计算出最后一年折余价值不等于净残值，因此财务制度规定实行双倍余额递减法的固定资产，应当在其固定资产折旧年限到期前两年内，将固定资产账面净值扣除预计残值后的余额平均摊销。

（4）年数总和法。

这是根据固定资产原值减去净残值后的余额和逐年变动的折旧率计算固定资产折旧额的一种方法。其计算公式为：

年折旧额 = （固定资产原值－预计净残值）×年折旧率

年折旧率又称递减分数，分子为每年开始时固定资产可以使用的年限，分母为固定折旧年限逐年相加的总和。

（五）固定资产修理

（1）固定资产中小修理。

也称"经常修理"，是为保持固定资产正常工作效能所进行的经常修理。与固定资产大修理相比，中小修理的特点是：间隔时间短、修理范围小、费用支出少。中小修理发生的费用一次性计入成本。

（2）固定资产大修理。

是指为恢复固定资产原有生产效能和保持正常使用年限而对固定资产所作的全面彻底的修理。大修理一般按技术规程规定，若干年进行一次。其特点是：间隔时间长、修理范围大、所需费用多，具有固定资产局部再生产性质。

对发生的固定资产大修理费用，可采用以下三种方式处理：

① 类似固定资产中小修理费，将发生的大修理费用直接计入当期成本或有关费用。

② 预提大修理费用。鉴于大修理费用支出多的特点，如在实际进行大修理时，按其发生的费用直接计入成本，就会引起成本和利润的被动。为此可通过对机器设备等固

定资产在全部使用期间必须进行的若干次大修理费用的预测，求得每年（月）的平均数，预提大修理费用。

③ 待摊大修理费用。为解决大修理费用发生的不均衡性，也可采用待摊的办法，即先据实支出发生的固定资产大修理费，然后再分摊到一年之内的有关成本中。

在管理理念上，应明确财务固定资产与实物固定资产的定位和职能，明确两者之间的互相监督作用；在管理形式上，应以固定资产实物为核心，以条形码为主线，在资产入库时即赋予每个固定资产唯一的"资产全息身份证"——条形码或RFID，从资产产生的源头开始控制，实现资产的源头管理；管理范围上，覆盖体育场馆资产管理的全部内容，不仅对固定资产、低值易耗品进行管理，还要保证资产管理深入到体育场馆的方方面面和细枝末节；管理流程上，涵盖资产从购入、使用到增损、转移、调拨、维修、退出的完整生命周期，实现资产整个生命周期的动态跟踪与管理；明确通过对体育场馆固定资产的管理和分析，最终使资产管理的决策水平更加科学先进。

附录1：

体育场馆票据管理

1. 经营专用的有价票据、发票、防伪标志等，是体育场馆的重要凭证，由票据管理员专人负责管理。
2. 发票的领取、使用和保管都要严格按照国家关于发票的管理办法及有关条例执行。
3. 票据管理员必须准确记录票据的领取、发放和存余的数量，并要保证有价票据后期制作符合标准（盖章清晰，防伪标志粘贴牢固）。
4. 票据专用章由出纳员保管，归票据管理员使用。
5. 收款员不得私下换票。如遇特殊情况需要换票，必须经收款主管签字同意。
6. 电脑管理员每天录入前一天领、发票据和售票分析资料，以反馈信息，对票据进行追踪监督。
7. 稽核人员要加强核查，定期对票据库及收款员保存的票据核查盘点。
8. 季节性票据过期后，票据员必须根据记录及时回收和登记，存入票据库等待统一处理。
9. 使用过的发票存根，要及时回收，随时整理登记，定期打包存放。
10. 过期的废票，经回收、登记、加盖作废章后，交回统一销毁。

附录2：

某体育馆固定资产管理办法

第一章 总 则

第一条 ××体育馆的固定资产是国有资产，是训练队进行训练的物质基础和必备条件。为了加强固定资产管理，防止国有资产损坏、流失，保障场馆各项工作的正常开展，根据有关规定，特制定本办法。

第二条 固定资产是指一般设备单位价值在500元以上，专用设备单位价值在800元以上，使用期限在一年以上，并在使用过程中基本保持原有物质形态的资产。单位价值虽未达到规定标准，但耐用时间在一年以上的大批同类物资，也作为固定资产管理。

第三条 固定资产管理坚持科学规范、责任到人、配置合理、效益优先的原则。

第四条 固定资产管理的主要内容是：固定资产的范围、分类和计价的确定；固定资产的增加、使用、维护和处置；固定资产清查盘点；固定资产账务管理等。

第五条 固定资产管理的主要任务是：完善管理体制；健全规章制度；明晰产权关系，落实管理责任；合理配置固定资产；保证固定资产安全、完整。

第二章 固定资产管理体制

第六条 综合事务部对全馆固定资产实施统一监督管理。其主要职责如下：

1. 拟订场馆固定资产管理实施办法和规章制度；
2. 登记固定资产明细账簿；
3. 审核办理固定资产增加、调剂、处置等手续；
4. 参与固定资产构建可行性论证及招标、采购活动，并参加组织验收；
5. 进行固定资产的清查、维护和统计工作；
6. 保管、维护固定资产；
7. 协助相关单位完成大型、精密仪器设备和大宗物资购置，以及大型修缮、基本建设项目论证、招标、施工、采购和验收等工作。

第三章 固定资产范围、分类和计价

第七条 利用专项经费购置、建设的固定资产，以及通过捐赠、调拨等形式取得的固定资产，都要纳入固定资产管理范围。

第八条 按有关规定，固定资产划分为六类：

1. 房屋、建筑物及附属设施；

2. 专用设备；
3. 一般设备；
4. 文物和陈列品；
5. 图书；
6. 其他固定资产。

第九条 场馆固定资产计价：

1. 购入、调入的固定资产，按照实际支付的价款以及为使固定资产达到预期工作状态所支付的包装费、运杂费、安装费及附加费等计价；

2. 自行建造的设备及已竣工的房屋及构建物，试用期满一年合格后，按照建造所用全部相关支出计价；

3. 在原有固定资产基础上进行改建、扩建和增建的固定资产，应按改建、扩建和增建所发生的支出，减去改建、扩建和增建过程中的变价收入后的净增加值，增计固定资产原价；

4. 接受捐赠的固定资产，按照同类固定资产的市场价格或根据中介机构评估提供的有关凭据，以及接受固定资产时发生的相关费用计价；

5. 盘盈的固定资产，按重置价值计价；

6. 交换固定资产，按各自的原值或按评估价值计价；

7. 其他单位投资转入的固定资产，按评估价值或者合同、协议计价；

8. 已经投入使用但尚未办理移交手续的固定资产，可先按暂估价值计价，待核定实际价值后再进行调整。

9. 购置固定资产过程中发生的差旅费不计入固定资产价值。

第十条 已经入账的固定资产，除发生下列情况外，不得任意变动其价值。

1. 根据国家规定对固定资产价值重新估价；
2. 增加补充设备或改良装置；
3. 将固定资产的一部分拆除；
4. 根据实际价值调整原来的暂估价值；
5. 发现原固定资产记账有误。

第四章 固定资产增加

第十一条 固定资产增加主要是指购置、建造、改良、受赠、调拨和划转等活动所引起的固定资产数量和价值量的增加。

第十二条 根据场馆发展规划和经费预算，结合实际情况确定具体购置计划，杜绝重复、盲目购建。购建固定资产由主管部门统一组织，综合事务部参与使用单位论证、招标等环节的工作。

第十三条 固定资产购建完成后,须由综合事务部会同购建单位按照有关专业标准、合同条款进行现场勘验、测试和清点。验收不合格,不办理结算手续,不交付使用,并及时提出退货或索赔。

第五章 固定资产使用与维护

第十四条 建立健全固定资产保管和维护制度。各占有、使用单位应落实安全防护措施,做好防火、防盗、防暴、防潮、防尘、防锈、防蛀等工作。

第十五条 对固定资产的检修工作应做到及时、经常。对大型、精密、贵重仪器设备要定期检测、校验,确保性能完好,防止事故发生。对房屋构筑物应定期勘查、鉴定、修缮,确保使用安全。

第十六条 对精密、贵重及易发生安全事故的仪器设备,要制定具体操作规程,指定专人负责技术指导和安全工作,并应经常对使用人员进行技术培训和安全教育。

第十七条 固定资产购置、建设过程中形成的各类文件资料应及时收集、整理、归档,妥善保管。

第十八条 固定资产一般不得对外出租、出借,确需出租、出借的,应由借出单位提出申请,综合事务部上报学院领导审批,并负责执行批复结果。收回出租、出借的固定资产时,应认真勘验。出租、出借固定资产取得的收入,应及时、足额上缴学校财务部门,按有关规定统一管理使用。

第十九条 内部移交固定资产应符合如下规定:

1. 机构调整时,由综合事务部会同归口管理部门组织有关单位进行财产清查,并办理交接手续;

2. 固定资产管理人员岗位变动时,应在上一级管理部门监督下办理交接手续;

3. 固定资产使用人员调离学校或退休,须交清所用固定资产。

第六章 固定资产处置

第二十条 固定资产处置是指学院对各类固定资产进行产权转移或注销的行为,包括无偿调拨、出售、报废、报损等。

第二十一条 处置固定资产要符合以下程序:

1. 使用部门提出申请并填写固定资产处置申请单;
2. 综合事务部组织技术鉴定、资产评估和审核;
3. 场馆分管领导签署意见;
4. 综合事务部根据批复处置固定资产。

第二十二条 建立和完善固定资产损失赔偿制度。对造成固定资产损坏、丢失的直接责任人,应追究其相关责任,并对责任人的单位负责人追究连带管理责任。

第二十三条 处置固定资产的收入应及时、足额上缴学院财务部门,按有关规定统一管理使用,任何单位和个人不得截留挪用。

第七章 固定资产账务管理

第二十四条 综合事务部设置固定资产分类、分户明细账簿。

第二十五条 明细账簿按单位设置账户,按使用人及存放地点设置总账页,反映各种各类固定资产的数量和金额。固定资产要登记名称、规格、型号和财产编号等,由使用人员签字承担保管责任。

第二十六条 固定资产增加、处置,由使用部门如实填写相关凭单一式三份,经管理人员、经办人员、验收人员等有关人员签字(签章),作为记账依据,分别登入有关账簿。各种账簿和凭单应妥善保管,不得随意涂改。

第二十七条 固定资产内部调剂,需由调出单位开具调拨单,经调出、调入单位和上一级管理部门有关人员签字(盖章),经综合事务部审核作为记账依据,登入有关账簿。

第二十八条 使用人员发生变动,应及时办理交接手续,变更固定资产记录。

第八章 附则

第二十九条 本办法自印发之日起施行,由综合事务部负责解释。

案例分析

案例一:

上海源深体育场签约佳克软件,实现体育场馆固定资产管理

上海市浦东新区源深体育发展中心(浦东体育公园),是上海规模较大、功能较齐全的三大体育中心之一,地处浦东陆家嘴金融贸易区。位于张杨路商业街东,紧邻世纪大道及地铁二号线,总占地面积16万平方米。中心内主要设施包括训练馆、室外网球场、室内网球馆、2万人体育场等设施。中心内还设有宾馆、餐厅、会议室、新闻中心、多功能厅等附加设施。近日,上海源深体育中心与上海佳克计算机软件有限公司正式签约,正式使用固定资产管理软件来系统化、规范化管理体育场馆固定资产。

源深体育中心家大业大之后,面对数量庞大的家当,该怎样管?如何管得好?是对

管理智慧的又一次测试。源深体育中心的选择是：不但要继续"合理开发"，同时要提升"悉心维护"的水准。要"开源"，也要"节流"。于是，佳克固定资产管理软件成为源深体育中心"节流"计划布局中的一件利器。

源深体育中心使用固定资产管理软件将固定资产纳入信息化管理的范畴内，目的是令其资产管理的水平得以提升到一个新的层次。另一方面，佳克固定资产管理软件产品化的特性以及对各行各业极强的适用性，注定了其管理内涵与体育场馆管理实际拥有众多重叠之处，可以令源深体育中心在短时间内迅速掌握管理系统的内涵本质，将管理效果实实在在呈现出来。

体育场馆因其行业所处的特殊性，其主体部分大多是由各种固定资产所构成，包括房产管理、体育设备管理、备品备件管理、设备维修管理等。存在着资产种类众多、使用及维护期限长短不等的管理特性。将这些资产纳入科学有序的管理体系内，使对管理需求的实现变被动为主动，即在产生管理需求后去寻觅解决问题的方法还是在管理需求产生前就做好相关管理解决方案来消弭管理问题，使其成为正常管理流程中的一个环节。有序高效管理的背后是对人力、时间、资源消耗的大幅度降低，这种降低正是"节流"的体现。

案例二：

重庆体育场馆，生存之路在何方？

7月的山城，骄阳似火

但更火的是各地建设健康重庆的热情。

酉阳，钟多镇桃花源大道，一片忙碌的施工景象。这里正在开工建设包括体育馆等在内的酉阳县综合文体中心，总投资达1.5亿元，将于2010年7月前竣工。

秀山，一座全新的体育馆正在紧张修建中，其主体工程即将完工，预计于9月投入使用。该馆总投资达3778万元，建筑面积3.4万平方米，是一座集体育赛事、群众集会和演出于一体的多功能体育馆，建成后将成为秀山县的景观工程和标志性建筑。

南川，南大街延伸路，同样是一片繁忙，已经开工建设达一年之久的南川体育场已见雏形。该体育场总投资约1.8亿元，占地1.33公顷，建筑面积约4万余平方米，建成后，可承担国际单项比赛和国家级综合运动会，容纳观众2.5万人。

随着"健康重庆"建设的深入，重庆市体育基础设施建设掀起了新高潮。不仅经济条件较好的区县纷纷开工建设体育场馆，就连国家级贫困县也"勒紧裤腰带"，将大笔资金投入到了体育设施的修建上。截至目前，重庆市各区县共有10个体育场、11个体育馆和8个游泳池（馆）正在开工建设。

《健康重庆体育行动计划》提出：到2012年，万州、涪陵、黔江、永川、合川、江津6个区域性中心城市在已建5个体育馆的基础上新建1座能容纳2~3万人的体育场；在已有1个游泳馆的基础上新建5座能容纳1000人的游泳馆。其他34个区县（自治县）修建能容纳1.5~2万人的体育场10座，能容纳3000人的体育馆5座。以上项目总投资达14亿元。

权威人士算了一笔账：以目前区县一场一馆一年的基本运营成本为30万至40万元计，重庆市目前已建成的15个体育场、23座体育馆，加上即将新增的10个体育场和11个体育馆，一年总的基本维护费用将高达1000万元左右。

高额费用从哪里来？体育场馆的成本如何控制？如何管理？

方法一：政府买单

方法二：自主经营

本章小结

本章首先介绍了财务管理的基本概念、财务管理的内容和特点、财务管理的目标和任务等基本理论，然后重点讨论了体育场馆营业收入管理、费用开支管理以及固定资产管理的相关理论和方法。

复习思考题

1. 财务管理的内容包括哪些方面？
2. 财务管理有些什么特点？
3. 应该如何对体育场馆的营业收入进行管理？
4. 体育场馆的固定资产管理包括哪些方面？

实训环节

任务1：某体育馆2007年1月1日存入银行50万元，单利，利率5%。问：2010年12月31日得到的本利和为多少？利息是多少？

提示1：（1）单利利息 $I = $ 本金 $\times$ 利率 $\times$ 年数

（2）单利终值 $F = $ 本金 $\times$ （1 + 利率 $\times$ 年数）

提示2：资金时间价值计算分析（"二看三分一选择"）：

第一步，看准"单利复利"；

第二步，看准"收付顺序"；

第三步，分析"年初年末"；
第四步，分析"求解时点"；
第五步，选择"计算公式"。

任务2：走访广州体育馆或广州天河体育中心，了解其营业收入管理、费用开支管理及固定资产管理的具体方法，收集其相关管理制度。

第一步：各团队组内分工；
第二步：做好访谈时的问题，做好问卷；
第三步：实地走访；
第四步：汇总资料，形成报告（以实训报告及PPT）；
第五步：课堂汇报；
第六步：评分，并由任课教师点评。

实训评价标准：

1. 准备合作充分（占总分的30%）。团队成员是否能共同参加，能否有效充分地搜集资料。

2. 逻辑性强（占总分的20%）。是否能用文字清晰、有逻辑地阐述自己的观点（占总分的40%）。

3. 观点创新性（占总分的20%）。即能运用所学理论分析、处理实际中的问题，能就所给的条件提出自己的观点和处理的方法，并且该分析具有合理性或可行性。

4. 重点突出（占总分的20%）。

5. 语言清晰简练（占总分的10%）。是否有良好的口头表达能力，即能当众利用现代化设施，清晰地用语言表述自己的观点，并能回答他人就该课题的提问。

第五章 体育场馆的物业管理

｛知识目标｝

1. 认知体育场馆物业管理的概念。
2. 熟悉体育场馆物业管理的特点。

｛能力目标｝

1. 能够合理统筹体育场馆物业管理工作的具体内容。
2. 能够清晰界定体育场馆各项物业管理工作的目标。
3. 能够有效实施体育场馆各项物业管理工作。

｛案例导入｝

奥运情结铸物业管理品牌

16天的奥运服务，实现了物业管理"铸业内品牌、保障平安奥运"的承诺。北京首开集团鸿城实业公司（以下简称"鸿城实业"）旗下亿方、宝地、燕侨等物业服务公司承担了多个奥运场馆、场区及相关配套设施的物业服务工作。一个公司承担如此多的奥运项目，在业内尚属少数，也正是这些项目给鸿城实业的所有员工留下了许多难忘的记忆。在付出与收获之中，也成就了他们特殊而深刻的奥运情结。

——盛会背后是默默的奉献

承接国家体育馆如此重要的项目，燕侨人感受最深的是肩上责任重大。针对国家体育馆现代化的设施设备，奥运情结促进物业服务和谐与创新。燕侨公司成立了"国体物业服务中心"，统一提供专业物业服务，赛时设置强电、弱电、水暖空调、综合维修四个组，工程技术人员共130人，赛时共出勤2000余班次，以全面保障场馆的正常运行。国体场馆面积大、卫生设施多。国体服务中心制定出了一套符合场馆需要的保洁程序，每天投入240人次，清洁馆内外面积达14万多平方米、座椅1.8万个、大小卫生间107间、楼梯11部、保洁间250间、2万多处格栅……奥运期间共清理可回收垃圾898桶、不可回收垃圾282桶、厨余垃圾487桶。燕侨人的奉献得到了国家体育馆内所有国内外工作人员的一致好评，也正是他们的辛勤工作，为比赛创造了优美干净的环境。

——优质服务源自一份责任

奥运火炬北京传递新闻中心就设立在北京电视台新址。作为北京电视台新址物业服务单位，宝地物业第六分公司从7月开始就投入到了新闻中心的服务接待工作中，投入员工近450人，其中护卫近200人，清洁面积近10万平方米，每天提供北京市委及电视台的多场次会议服务。工作中，他们实行24小时岗位责任制，许多员工每天只能休息四五个小时，特别是在外场地执行任务的护卫，时常要冒着35摄氏度以上的高温工作12个小时。同时还要承担繁重的安检和车辆指挥及引导工作，工作强度非常大。会议服务员每天站立服务达到14个小时，如果没有坚定的毅力、良好的工作热情和专业素质，是很难做到的。"只要有一位工作人员不离场，我们就必须坚守岗位。"

奥运盛会带给了鸿城实业旗下各物业服务企业浓浓的奥运情结。鸿城实业董事长任景全说："当前物业管理市场竞争的焦点已经由管理、服务和价格等竞争要素，逐步转向企业综合实力的竞争，集中反映为品牌的竞争，物业服务企业要想在市场中立于不败之地，就必须站在战略的高度看待企业的品牌，实现物业服务的和谐与创新。在服务奥运的过程中，我们的员工时刻以饱满的热情、进取的精神、扎实的作风和主人翁的责任感切实履行好了各项工作职责。"①

通过阅读上述案例，我们可以感受到体育场馆物业管理工作的重要性和艰巨性。体育场馆和体育赛事的正常运作离不开优质的全方位物业管理，请同学们结合自己的思考与实践，讨论一下体育场馆物业管理工作的特点和内容。

第一节 体育场馆物业管理的概念及特点

一、体育场馆物业管理的概念

（一）物业管理的概念

1. 物业

"物业"一词由英语 Property 或 Estate 引译而来，其含义为"财产"、"资产"、"拥

---

① 《奥运情结铸物业管理品牌——北京首开集团鸿城实业公司旗下物业服务企业真情服务奥运》[J]. 中国物业管理，2008．（10）

有物"、"房地产"等，它由香港地区传入我国内地。

在《香港房地产法》一书中，作者李宗锋先生称"物业"是单元性的房地产。它既可以是单元性的地产，也可以是单元性的房产；既可以是一套住宅，也可以是一栋楼宇或房屋，故而物业所涉及的范围非常广泛。中国内地第一次从立法上对"物业"作出全面界定的是1998年制定的《广东省物业管理条例》。该条例规定："本条例所称物业，是指已建成并交付使用的住宅、工业厂房、商业用房等建筑物及其附属的设施、设备和相关场地。"根据我国《物业管理条例》第二条规定，物业是指"房屋及配套的设施设备和相关场地"。其中的"房屋"是指"土地上的房屋等建筑物及构筑物"，即指能够遮风避雨并供人们居住、工作娱乐、储藏物品、纪念和进行其他活动的空间场所，包括住宅房屋，如住宅小区、单体住宅楼、公寓、别墅、度假村；也包括非住宅房屋，如加工业厂房、仓库、购物广场、百货商店、超市、专卖店、连锁店、宾馆、酒店、休闲娱乐场所、影院、剧场、体育场馆、学校、医院、汽车加油站、飞机场、车站、码头、高速公路、桥梁、隧道等。各类房屋可以是一个建筑群，如住宅小区、工业区等；也可以是单位建筑，如一幢高层或者多层住宅楼、停车场等。

物业是一个较为广义的范畴，"物业"一词在国外，特别是在东南亚地区是作为房地产的别称或同义词而使用的。物业作为一种特定的房地产，除了具备房地产的基本特性之外，还具备以下重要特性：其一，物业具有土地和建筑物的二元性；其二，位置不可移动性；其三，形式上的多样性；其四，使用上的长期性；其五，价格高位性；其六，保值、增值性。

2. 物业管理

近代意义的物业管理最早出现在英国。19世纪60年代，随着英国工业革命的产生和发展，城市人口的不断增长，随之带来了房产的购买、销售、租住、管理等经济问题。英国人奥克维娅·希尔（Octavia Hill）女士是公认的近代"物业管理"的创始人，她在1880年至1886年间为其名下出租的物业制定了一套规范租户行为的管理办法，收到了良好的管理效果，受到当地业主的仿效并得以推广。成为历史上"早期的物业管理活动"。

伴随着人类文明的进步，社会经济的发展，"早期的物业管理"逐渐演变为制度化、多元化的管理模式。现代的物业管理有广义与狭义两种界定。广义的物业管理涉及物业的生产、交换、分配、消费等环节，既包括各级政府部门的行政管理，又包括企业专业化的管理，还包括个体自发式房屋管理；狭义的物业管理仅指企业针对物业的消费环节对物业所进行的维修、养护、管理。2007年10月1日我国国务院颁发的新《物业管理条例》第二条对狭义的物业管理作了清晰的界定，该条规定："物业管理是指业主通过选聘物业服务企业，由业主和物业服务企业按照物业服务合同约定，对房屋及配套的设施设备和相关场地进行维修、养护、管理，维护物业管理区域内的环境卫生和相关秩序的活动。"

现代物业管理是与市场经济体制相适应的社会化、专业化、企业化经营型的管理。随着时代的变迁和发展，物业服务企业的业务领域不断拓展，物业管理行业内涵日益丰富，不仅局限于对房屋及其配套的设施设备和相关场地的维修、养护和公共秩序的维护等管理活动，人们对软环境质量方面有了更高的要求，"服务"越来越成为人们关注的焦点。

（二）体育场馆物业管理的概念

随着社会主义市场经济的不断发展，物业服务行业获得了新的市场契机。物业管理服务开始由大型住宅、写字楼物业向学校、医院、体育场馆、广场公园、办公大楼等大型社会公建项目进军。与此同时，乘着2008年北京奥运会和2010年广州亚运会的东风，我国的体育场馆迎来了新的发展机遇，呈现蓬勃发展之势。各级各类体育场馆着眼于可持续发展，逐渐学会了遵循市场机制，认清了市场方向，围绕服务全民健身娱乐和竞技体育的发展目标，逐步引入社会资本，走社会化、市场化、专业化的道路。在这个发展过程中，体育场馆物业管理应运而生。

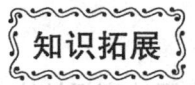

一流场馆待盛会

1. 场馆数字

广州人均体育用地面积2.72平方米，超过首都北京，执全国各城市之牛耳。广州目前拥有体育设施超过1万个，各类体育场馆6800多个，其中竞赛场馆达200多个，符合亚运会场馆标准的有50多个。

广州是中国华南地区的中心，她除了是广东的省会和政治、经济、文化中心外，也是广东的体育中心。无论是体育人口、体育实力还是体育场馆，在全国都名列前茅，广东奥林匹克体育中心、新体育馆等体育场馆各方面条件更在亚洲堪称一流。

2. 场馆条件堪称亚洲一流

广州曾成功举办过1991年第一届世界女子足球锦标赛、1998年第八届世界青年花样游泳锦标赛、2002年联合会杯亚太区网球赛和汤姆斯杯、尤伯杯世界羽毛球锦标赛、2003年亚洲第二届体操锦标赛、国际乒乓球联合会职业巡回赛总决赛等国际高水平体育比赛，以及中国1987年第六届、2001年第九届全国运动会等国内综合性大型运动会。

大型赛事推动了体育场馆的建设。特别是九运会举办时，广州新落成广东奥林匹克体育中心和广州新体育馆等体育场，高标准改造了15个旧场馆，完成了建国以来规模最大的一次场馆建设工程，使得广州具备了举办世界大型比赛的条件。

3. 已有场馆将按亚运会要求改造

广州2010年亚运会计划使用44个比赛场馆，其中34个为已有场馆，广州还投巨资新建10个大型场馆，其中包括亚运村，部分已有比赛和训练场馆，也根据亚运会竞赛项目的需求作适当翻新和改造。此外，场馆还特别考虑了残疾人比赛的特殊要求，大部分比赛场馆都专设残疾人观看的席位和无障碍通道。

体育场馆是物业管理对象中的非居住物业。该类物业绝大多数是为了社会公共利益而建造的，具有很大的社会公益性。体育场馆物业管理是指业主通过选聘物业服务企业，由业主和物业服务企业按照物业服务合同约定，对体育场馆及其配套的设施设备和相关场地进行维修、养护、管理，维护物业管理区域内的环境卫生，管理在体育场馆举办的体育赛事、大型群众体育活动、商业演出、大型展会等秩序的活动。体育场馆物业管理有两种类型：一种是委托服务型物业管理，产权单位将体育场馆委托给物业公司管理；另一种是自主经营型物业管理，产权单位将体育场馆交由属下物业管理企业管理。

二、体育场馆物业管理的特点

体育场馆作为大型社会公建项目，属于一种特殊的物业形态。据中国体育场馆协会有关人士介绍：目前全国公共体育场所的开放度仅为44%，利用率不足30%，单个场馆平均年收入不足万元。我们国家间隔4年的大型运动会除了全运会，还有城运会、全国体育大会、民族运动会、农民运动会。这些运动会给各地场馆建设带来了生机，同时也留下了如何利用体育场馆的难题。

近年来，国内现代大型体育场馆建设秉承"标准国际化，功能多元化、建筑标志化、设备现代化"的规划原则，相继建成了以完善的体育场馆基本功能为平台，融体育竞赛、健康娱乐、文艺演出、旅游休闲、商务、会展等功能于一体的现代化大型体育中心。随着体育场馆特别是大型体育场馆的建设，体育场馆的管理利用问题日益成为关系到其可持续发展的重大问题。要解决好这个问题，首先需要我们充分认识体育场馆物业的特点。

（一）体育场馆物业的特点

（1）占地面积广、建筑规模大、功能综合性强、投资金额高。

现代体育场馆的建设标准除满足全民健身的需求外，还要兼顾大型赛事、活动需要，基本上都是按照满足大型国际、综合性赛事要求实施建设的，同时建设选址充分考虑交通便利。在项目及功能的设置上，体育中心内一般都设有：综合体育馆、游泳馆、足球场等配套的训练场馆及酒店、超市、餐饮、娱乐场所等配套商业网点。诸多的功能决定了现代体育场馆具有占地面积广、建筑规模大、功能综合性强、投资金额高的特点。

(2) 设施设备齐全、规模庞大，技术含量高。

现代体育场馆除了拥有写字楼的供电、给排水、空调、电梯等常规设备外，专门配置有智能化的中央控制系统、无线上网系统、广播扩音系统、照明系统、草坪加热系统、制票检票系统及门禁身份识别系统，所有设施设备功能均按国际赛事场地标准设计施工，充分满足世界级体育赛事、各类活动的要求，规模庞大、设施齐全，技术含量远高于一般写字楼物业。

(3) 使用功能多元化。

现代体育场馆的主要功能是为体育比赛提供专业化的场地，如田径、足球比赛等，同时也可用于大型商业演出、大型集会、会展等，呈现使用功能多元化的态势。

(4) 人性化设计程度高。

现代体育场馆在建筑设计上完全实现以人为本的人性化设计。如武汉体育中心的建设，仅供运动员、观众等使用的洗手间就有164个；为弱势人群考虑的残疾人专用通道及残疾人专用看台分布在各入口；另外还有为运动员、观众配备的医务室，以及为满足高档次消费人群需求设计的贵宾包厢，等等，这些都是现代体育场馆人性化设计的充分体现。

(5) 配套商业网点密度大，交通通讯设施容量大。

作为对社会公众开放的现代体育场馆，商业网点、交通通讯设施大容量的配置是现代体育场馆必需的，特别是在举行大型赛事、活动时，要满足几万人的购物、餐饮、停车的要求及通信管道的畅通，并需具备在短时间内疏散观众、车辆的能力。

(6) 新闻、传媒设施设备先进、完善。

体育赛事的现场直播是传媒业的主要业务，也是体育产业的重要收入来源，体育产业与传媒业已经形成相关联合产业，因此作为赛事活动载体的现代体育场馆为传媒业提供先进、完善的硬件设施也是体育产业自身发展的需要。武汉体育中心的新闻发布中心就配有同声传译系统、音像同步系统、无线上网系统、电视转播机房、现场机位设置、内场的广告机等新闻传媒设施。

广州体育馆

广州新体育馆位于广州新广从公路原白云苗圃地段，侧倚风景秀丽的白云山麓，全馆总投资12亿元，占地面积约24万平方米，总建筑面积近10万平方米，可容纳观众12000人。

广州新体育馆是为第九届全国运动会在广州举行而建造的一座综合性多功能体育设

施。主要设施有：主场馆、训练馆、大众活动中心、餐厅、行政大楼、中央能源中心、停车场、运动员村及附属停车场、商业设施等，能承接田径、体操和篮球等大型室内国际比赛项目，同时具备大型文艺表演、会议展览等功能。这里承办了第九届全国运动会的体操比赛和盛大的闭幕式典礼。

广州新体育馆把以人为本和回归自然的设计理念巧妙地融合在一起，三个场馆的屋顶造型像飘浮的三朵白云，与白云山生态保护区和谐地融为一体。场馆均采用下沉式设计，大部分建在地下，既便于观众的出入和交通组织，又令建筑物融入充满诗情画意的自然环境之中，展现若隐若现的美感。为了与白云山风景区呼应，新体育馆处处强调以绿色为主导，馆外的体育公园、白云山西侧休闲带绿树成荫，3万平方米的"树林"停车场，通过间种林木，不仅具备停车场的功能，又绿化了环境。

整个体育馆运用了许多新颖的科技创意，如多功能智能化建筑、国内独一无二的空调系统、灵活多变的座椅组合形式、洁白透光的屋顶结构和近乎完美的舞台灯光效果等，令整个场馆既现代又实用，格调高雅，开阔美观，成为广州市跨世纪的标志性建筑。

上海东亚体育文化中心

上海东亚体育文化中心拥有国内领先的大型室外体育场——上海体育场、国内首家最具规模的剧院式大型室内体育馆——上海体育馆（上海大舞台）、具国际水准的水上运动馆——上海游泳馆、综合性多功能室内展馆——东亚展览馆，以及近30万平方米的室外广场。"中心"的各类配套设施齐全，既能开展满足广大市民健身娱乐需求的各类体育文化活动，又能为各类商业性活动提供相关的服务，是上海规模最大、功能最多、设施最全、人气最旺，集体育竞技、文艺演出、展览会务、健身娱乐、广告开发、宾馆餐饮、购物休闲、都市旅游为一体的大型综合性体育文化中心。

（二）体育场馆物业管理的特点
1. 管理内容多元化
伴随着社会主义市场经济和体育产业的蓬勃发展，现代体育场馆大多具备融体育竞赛、健康娱乐、文艺演出、旅游休闲、商务、会展等功能于一体的多元化运营功能。相应的，体育场馆物业管理项目也呈现多元化的特点，要求物业管理人员能够根据情况的变化统筹协调，合理配置管理资源。

【知识拓展】

广电物业：服务创口碑是亚运营销立足之本

广州亚运会于 2010 年 11 月举行。作为广州亚运会首家也是目前唯一的物管服务供应商，广电物业如何扮演好"大管家"的角色，同时借亚运之机成功地进行体育营销呢？

本届亚运会比赛项目众多，参赛人数和观众也是历届之最，庞大的物业带来了非常大的管理难度，其物业管理服务体系的复杂程度让不少物业管理公司望而却步。广电物业作为广州本土的物业公司，也是广州地区首家加入国际物业管理金钥匙联盟的物业管理公司，服务过第八届全国大学生运动会、第八届少数民族传统运动会、中国足球超级联赛等大型赛事，有着丰富的经验，这对于广州成功举办一届高水平、有特色的亚运会有很大的帮助。

本次广州亚运会设 41 项比赛项目，是亚运会历史上比赛项目最多、参赛人数最多、观众最多的一届。为满足此次洲际大型运动会的需要，广州在现有的 70 余个体育场馆的基础上新建了 12 座体育场馆。由于广州亚运会物业管理的超大规模性、管理内容和关系的复杂性、技术门类的专业性以及管理手段的先进性，决定了亚运会的物业管理必须相对独立，各种管理制度、操作流程、服务水平必须标准化、统一化，这与普通的物业管理有着巨大的差别。就拿体育场馆的物业管理来说吧。体育场馆是一个科技含量高的场所，拥有着大量专业的体育设施和先进的灯光设备，我们为其配备了各种专业的工作人员，定期对这些设备进行维护和检修。同时，我们必须对赛时各种可能的突发状况备有预案。光是针对体育馆赛时供配电的运行，我们就准备了一份厚达 70 页的保障方案，其中关于赛时电力突发事件的应急预案就有 30 多页。我们认为只有在状况发生之前就做好各种应变方案，才能在问题出现的时候最快地排除故障，保证赛事的正常进行。由于入住亚运村的运动员和教练来自不同地区、不同民族，我们要有针对性地为他们提供不同的餐饮、客房服务，尊重他们的习俗，让他们真正感到宾至如归。我们为此培养了一批高素质的服务人员，不但了解客人的风俗习惯，更能熟练运用外语与客人进行沟通，了解客人需要什么，并满足客人一切要求。这一点是我们"金钥匙"服务的重点所在。

从场馆功能综合性、比赛的重要性、参与者和观众的数量和构成出发，撰写了专业的四级保障运行方案，并制作亚运项目物业服务行业标准，标准要求能统一指挥，应急联动，能统筹其余参与的物业公司。

2. 管理架构多样化

现代体育场馆物业的使用与其他一般物业有很大区别。体育场馆的物业使用分布不均衡,它的物业维护保养分散而周期长,物业使用集中而周期短。因此,体育场馆的物业管理组织架构比较灵活,根据实际情况,可以分为日常管理工作组织架构和大型活动组织架构两种。

(1) 日常管理工作组织架构。

体育场馆日常(非大型赛事、活动期)情况下大部分功能设施都处于停止运行状态,无需操作人员,仅需要专业人员进行例行设备维护。

一般来说,日常管理工作的组织架构各部门设置及职能如下:

——环境部,负责场馆区域范围内保洁,并协调与环卫部门的关系。

——场馆服务部,负责体育场馆内草坪、跑道的日常维护和大型赛事、活动期间的服务保障。

——信息技术部,负责体育场馆网络通信、智能化控制部分的日常维修保养,并保证大型赛事、活动期间监控系统、音响等正常运行。

——机电工程部,负责体育场馆机电设备部分的日常维修保养,并保证大型赛事、活动期间电梯、空调等的正常运行。

(2) 大型赛事、活动保障工作组织架构。

在体育场馆举办大型赛事和活动的时期,比赛人员、观众、媒体、客商、演出团体等构成人流量剧增,物资设备进出数量多,各项设施设备、系统满负荷运行,各项保障需在短时间内各就各位,各种信息需要在不同区域间顺畅传播,这就意味着体育场馆需要在日常管理工作组织架构的基础上充实各部门工作职能、人员配置等,有效合理地设置组织机构,确保人力资源合理配置,保障各项工作井然有序。

一般来说,日常管理工作组织架构各部门设置及职能如下:

——接待服务组:负责主、客队训练、比赛,以及各级领导、官员、教练员、球员、来宾、记者等人员的接待服务工作;负责部分售票工作。

——保洁组:负责除外场以外全部区域的环境卫生工作。

——机电设备组:负责各种机电设备设施安全运行工作。

——弱电组:负责各种弱电设备设施的安全运行保障工作及服务收费工作。

——场地保障服务组:负责比赛场地设备设施的安装管理工作。

——检票组:负责各检票口检票工作。

——车辆管理组:负责体育中心外停车场车辆停放秩序维护及交通疏导。

——综合保障组:负责公司支援人员及体育中心管理处人员的交通、饮食等生活保障工作;负责采购比赛所需的各项用品、工具、备件、耗材等;负责收集赛事信息及工作进展情况。

（3）管理人员专业化。

现代体育场馆建筑规模大、设施设备多、科技含量高、客户群体广等一系列特点，要求每个工作领域的体育场馆物业管理人员都要具备相应的专业知识和专业技能。

① 体育专业管理人才。如何正确使用体育场地、管理体育器材、组织体育赛事，这一系列问题都需要具备体育运动专业知识的专业人才来解决。

② 具备专业场地维护管理人才。比如游泳池、运动场草坪都是现代体育场馆的重要设施，本身价值就不菲，如果不能配备专业场地日常维护、管理人员，容易造成设施维护不当，就会令体育场馆蒙受巨大的经济损失，对体育场馆的美誉度也会造成不可挽回的影响。

③ 具备专业高科技人才。体育场馆的电子屏幕、灯光、音响设备、通讯设备、机电设备等每个环节的工作，都要求专业人才持证上岗，能够熟练进行设备日常维护与维修。

④ 储备高素质的礼仪服务专业人才。现代体育场馆客户源广泛而复杂，包括运动员、教练、裁判员、观众、记者、影视歌明星、演出公司、记者、经销商等，这就要求体育场馆的礼仪服务人员要具备较高的综合素质。

（4）管理过程动态化。

体育场馆物业管理不同于一般物业管理，各类性质、规模不同的活动交替在体育场馆进行，只有建立有针对不同场合、不同要求的动态管理机制，才能积极有效应对管理需求。

① 应对日常管理的规章制度是动态化管理的基础。虽然体育场馆的日常管理工作量相对较小，但针对各个工作机构和工作岗位的规章制度不可缺失。管理制度是工作秩序和工作绩效的保障，一个体育场馆日常管理规章制度贯彻落实的效果直接影响着体育场馆的经营效益。

② 应对不同大型活动的管理方案是动态化管理的关键。不同性质大型活动需要不同的物业管理方案。在现代信息社会，大型赛事、活动的举办，均有电视现场直播、新闻记者的现场采访，会有国际、国家、地方组织官员的光临，一旦出现任何工作失误，负面消息就会被即时传播，给地区甚至国家形象带来无法挽回的损失。因此，现代体育场馆大型赛事、活动时期的运行管理需要事先制订周密的计划，并提前做好相应的安排部署、沟通协调工作，确保各项工作万无一失。

③ 应对大型活动突发事件的应急预案是动态化管理的保障。

首先，应制订机电设施设备的应急预案。体育场馆的机电设施设备除了保证日常的维护外，在每次活动前，制订演练计划并进行实操演习是必须要做的工作。以确保在活动进行中各设备的运行万无一失，并能随时启动应急设备。

其次，安全保卫工作的应急预案。在大型活动前后，体育场馆面临着人流、物流、信息流的高度集中，要求安保人员不仅要具备高度的工作责任感和训练有素的专业安全管理技能，还要能够实时监测体育场馆内设备设施的安全、观众的安全、贵宾的安全和工作人员的安全，随时准备应对突发的安全事件，同时要与相关安全管理机构建立密切有效的信息沟通，才能有效保证活动期间人、财、物的安全。

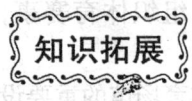
知识拓展

服务外包——制胜之道

　　武汉体育中心位于武汉市西南，坐落在交通便捷、环境优美的武汉经济开发区内，总占地1580亩，总投资30亿元人民币。武汉体育中心作为省市重点工程，于1998年7月正式立项，按照一次规划、分期建设的原则和"标准国际化、功能多元化、建筑标志化、设备现代化"的目标进行建设，已完成"一场两馆"（"一场"指体育场"两馆"指体育馆、游泳馆）和休闲广场、商务区、全民健身中心等配套设施的建设。后续将进行网球中心、培训中心、儿童嬉水休闲中心和商业中心等配套项目的建设，最终将形成融体育竞赛、健身娱乐、体育创业、文艺演出、旅游休闲、商务、会展等功能于一体的现代化大型体育产业园。武汉体育中心自投入使用以来，先后承办了四国女足邀请赛、LG超霸杯赛、雅典奥运会男子足球亚洲区预选赛、2007年中国女足世界杯、第六届城市运动会、第八届中国艺术节、中国中部投资贸易博览会和刘德华、超级女声、SHE演唱会等大型活动，得到了社会各界的好评。

　　武汉体育中心发展有限公司受武汉开发区管委会国资办的委托，享有武汉体育中心的经营权，负责武汉体育中心的运营管理。公司在运营中秉承"专业人做专业事"的理念。从场馆管理专业化角度出发，经过公开招标，最终一家物业公司和一家保安公司中标。两家公司按照各自的责任承担外包服务工作。其中，物业公司为总包单位，根据公司的要求对草坪、电梯和幕墙维护等专业性工作实施二次分包，以确保各项工作的专业化。武汉体育中心物业管理处成立后，由公司、施工单位、监理单位和物业管理处四方共同进行资产、设备清点和盘查，并由施工单位对物业管理处的工作人员进行主要机电设备的操作、保养培训，确保物业人员能够做到自主操作。武汉体育中心服务外包的主要内容包括：

　　（1）武汉体育中心的日常保安、秩序维护、保洁等日常服务性工作；

　　（2）武汉体育中心的绿化和草坪的保养工作；

　　（3）场地器材设施设备的管理、维护；

　　（4）门禁、IC卡检录、计时计分、音响、大屏幕控制等弱电的操作；

　　（5）空调、排风、冷热源、给排水、变配电、照明等强电设备的操作、运行与维护等工作；

（6）武汉体育中心的前厅接待和保障服务等工作；

（7）大型活动的接待和保障服务工作。

武汉体育中心缔造了国内仅有30余名员工运营管理特大型体育中心的神话。服务外包成为武汉体育中心运营的制胜之道，也是创建"武汉体育中心运营模式"的关键战略。这种运营管理模式受到国家体育总局和其他兄弟省市体育中心的充分肯定，刘鹏局长更是称赞武汉体育中心的运营模式值得北京2008年奥运会场馆借鉴。

武汉体育中心发展有限公司在运营中，通过实施服务，借力于专业公司，实现武汉体育中心的专业化管理，提高了服务品质和运营水平，降低了运营成本，确保了大型活动的顺利进行，缔造了国内运营管理特大型体育中心人数最少的神话，为国内兄弟场馆提供了可资借鉴的经验，即国内其他场馆在借鉴和推行服务外包中应注意以下几方面的问题：新建场馆适宜推行服务外包，已有场馆因涉及人员分流等问题当前不宜推行全面服务外包，可尝试部分服务外包；服务外包提供商的选择应以大型专业公司为主，充分发挥其资源优势和专业优势，保障场馆承办大型活动的顺利进行；场馆实施服务外包，应注意建立完善的监管机制，加强对服务提供的监管和对服务提供商的激励，确保服务提供的质量；场馆实施服务外包，应注意对外包风险的防范，做好服务提供商退出的风险预案，并在合约中就服务提供商的退出进行相应的规定，以避免服务提供商的临时退出或违约对场馆运营造成严重影响。

第二节 体育场馆物业管理的内容与目标

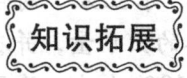

什么样的物业管理才能与"水立方"相匹配？

"水立方"坐落在北京北四环，在灿烂的阳光下，水立方像温润柔和的美玉，以其独特的魅力吸引着每一个人。要了解什么样的物业管理才能与"水立方"相匹配，就要详细分析"水立方"的特性。

一、"水立方"的独特性

1．"水立方"的人文关怀

"初进'水立方'，几乎所有人都要驻足3秒，惊叹于它的魅力。"北京国家游泳中心有限责任公司董事长康伟说。"水立方"不仅身披淡蓝色"外衣",整个场馆内也多用蓝白两色。从场馆的东南口进入,廊木桥、桥下的白色鹅卵石、地面镶嵌的蓝色玻璃,以及光滑的白色墙壁和墙壁上升腾的"泡泡"般的小孔,每个细节都让人有"水的体会"。奥运会期间,游泳、跳水、花样游泳等比赛在这个"水世界"中进行,有42枚金牌在此产生。康伟介绍,"水立方"在设计、实施过程中,处处体现了人文关怀。直饮水设备、多语言智能引导系统、无障碍设施、花样游泳水下音响系统等技术,皆为观众和运动员提供了舒适、安全的比赛和观赛环境。为了照顾光脚参赛的运动员,"凡运动员经过的地方,其瓷砖都有一定弧度"。针对"水立方"的科技和环保特点,2008年1月29日,美国媒体发表了题为《水立方的世界》的文章。文章说,28日竣工并交付使用的中国国家游泳中心"水立方",因科技含量颇高,预计那里将是北京奥运会出现世界纪录最多的地方。

2. "水立方"中"水"的运用

泳池换水自动控制。为确保"水立方"的水质达到国际泳联最新卫生标准,泳池的水将采用砂滤—臭氧—活性炭净水工艺,全部用臭氧消毒。据介绍,臭氧消毒不仅能有效去除池水异味,而且可消除池水对人体的刺激。此外,泳池换水还将全程采用自动控制技术,提高净水系统运行效率,降低净水药剂和电力的消耗,可以节约泳池补水量50%以上。此外,泳池和水上游乐池将采用防渗混凝土以防渗漏。洗澡水用于冲厕及灌溉。除了泳池用水,"水立方"的其他用水也十分节约。洗浴等废水,将经过生物接触氧化、过滤,再用活性炭吸附并消毒后,用于场馆内便器冲洗、车库地面的冲洗以及室外绿化灌溉。仅此一项每年就可节约用水44530吨。此外,为了减少水的蒸发量,"水立方"的室外绿地将在夜间进行灌溉,采用以色列的微灌喷头,建成后可以节约用水5%。卫生洁具设水表计水量,尽可能减少人们在使用时对水的浪费,"水立方"对便器、沐浴龙头、面盆等设备均采用感应式的冲洗阀,合理控制卫生洁具的出水量,并在各集中用水点设置水表,计量用水量。预计通过这些措施,可以节水10%左右。除了浴池用水,"水立方"还将在比赛大厅设立饮水处,为运动员和观众提供饮用水。为避免饮水的二次污染,避免浪费,"水立方"的饮用水将采用末端直饮水处理设备。

3. "水立方"建筑技术

膜结构建筑是21世纪最具代表性的一种全新的建筑形式,至今已成为大跨度空间建筑的主要形式之一。它集建筑学、结构力学、精细化工、材料科学与计算机技术等为一体,建造出具有标志性的空间结构形式。它不仅体现出结构的力量美,还充分表现出建筑师的设想,享受大自然浪漫空间。在2008年的奥运会建筑设计上,膜结构应用就得到完美的体现。整个建筑内外层包裹的ETFE(乙烯-四氟乙烯)是一种轻质新型材料,具有有效的热学性能和透光性,可以调节室内环境,冬季保温,夏季散热,而且还可以避免建筑结构受到游泳中心内部环境的侵蚀。据了解,ETFE具有优异的综合性能，长期使用温度为-60～180℃，短时可达230℃；耐辐照性能优异，耐腐蚀性能接近全氟聚合物。目前广泛应用于电气、电子、化工、航空、机械等工业部门，以及火箭、导弹、宇航等尖端科学技术和国防工业等部门。在国内，目前还没有一座建筑采用ETFE进行内外层包裹。这种材料的市场价格每平方米大概在200～300欧元之间。为减少二氧化碳的产生，在设计中减少了电的使用，并利用太阳能电池提供电力。另外，游泳中心消耗掉的水分将有80%从屋顶收集并循环使用，这样可以减少对于供水的依赖和排放到下水道中的污水。游泳中心内的泳池，应用了许多创新式的设计，如把室外空气引入池水表面、带孔的终点池岸、视觉和声音出发信号等，这将使比赛池成为世界上最快的泳池。还有一些高科技设备，如确定运动员相对位置的光学装置、多角度三维图像放映系统等，这些装置将帮助观众更好地观看比赛。据工作人员介绍，白天的水立方和夜晚的"水立方"呈现的是一种截然不同的美。"水立方"的灯用了至少3.6万盏，这些LED灯被安装在"水立方"的两层外膜之间，采用独立控制，具有寿命长、响应快、色彩丰富等特点。通过定制开发的一次、二次光学透镜，在不影响灯具整体光通量的情况下，对光束进行重新分布，达到在不同曲面、不同部位实现景观照明方案。开幕式奥运火炬点燃的一刹那，"水立方"通体变成红色，配合开幕式营造热烈的气氛。

二、"水立方"的物业管理要符合"水立方"的特性

"水立方"的特性决定了"水立方"物业管理工作的重点和特点。北京达文物业管理有限公司总经理助理、市场总监田青阳说："水立方"的特性决定了其物业管理与其他项目不同。"

1. 服务形象很重要

"水立方"的物业管理的另一项重要工作是规范服务人员接待礼仪，提升服务形象。所谓"云想衣裳花想容"，每个人的形象，就像橱窗里的风景画。修饰仪表，体现了一个人的自尊、自爱和对社会、对他人的尊重，这本身就是一种礼仪，而得体的修饰所反映的个体风采和审美能力又从另一个角度美化着一个人的形象。对此，田青阳说："我们对服务员进行接待礼仪培训包括气质的培养训练。如：如何正确使用手势语、如何掌握倾听技巧、如何赞美别人等。如何规范接待礼仪？原则上，服务人员的仪表修饰要与性别年龄相适应，与容貌相适应，与身体造型相适应，与个性气质相适应，与职业身份相适应。在着装方面，我们要求统一工装、衬衫，配工牌，服装不可有污渍和汗味，不可陈旧不洁等。仪容方面，男士不可留长发、蓄胡须、戴耳饰；女士着职业淡妆，不可佩戴过多饰物等。"田青阳说："我们要求微笑服务。微笑是人们内心喜悦情感的自然外露。奥运会举行，各国运动员云集北京，所谓'有朋自远方来，不亦乐乎'，微笑是自信的表现，是礼貌的表示，是真诚、热情、友好、尊敬、赞美、谅解的

象征。微笑可以使人感到受欢迎、受尊重，使陌生感、紧张感、疲劳感得以消除，从而使人在心理上产生亲近感、安全感。"

2. 清洁保养工作

"水立方"的膜结构具有自洁功能，外部可利用雨水或人工水泵、高压水枪进行冲刷，而更多的部分则需要人工清洁。走在场馆各层，最常见的工种就是清理。在玻璃顶和屋面气枕之间，工人蜷着身子在擦拭；天花板处则悬挂着几块板子，工人们就站在上面，手持带清洁布的长棍，摇摇晃晃地擦拭框架结构和膜。笔者曾经来到10米台的位置，在那就连七尺男儿也容易眩晕，而工人们却在比那还高出近20米的地方作业。这项工作至关重要，不仅关系到场馆的美观，还影响到泳池里的水质。

3. 赛后如何运营

据悉，北京奥运会之后，国家游泳中心"水立方"将变身成为集游泳、休闲、健身为一体的大型娱乐中心。"用地标做商品，将减少大量的推广资金。"康伟认为，这是"水立方"品牌立足的优势所在。虽然定位为中高档娱乐中心，但为了尽可能让老百姓进得去，康伟表示，这些娱乐项目的价位还是不能太高，"采取低价位肯定会亏本"，"水立方"地标商品的销售将是挽回亏损的资金后盾，"以后你身上穿的、手里拿的都有'水立方'牌"。让体育场馆既能满足比赛需求，又在赛后可以被改造成综合化、多样化的活动场所，举办大型体育、文化、商贸、政治等活动，这条途径得到了不少专家的认可。记者在采访中了解到，国家游泳中心在设计之初就体现出对赛后运营功能的高度重视。早在"水立方"的场馆设计方案招标阶段，作为业主的北京市国有资产管理公司就要求设计投标人在不影响奥运会功能的前提下引入场馆运营的概念。

一、体育场馆物业管理的内容

（一）卫生管理

体育场馆是供公众从事社会活动的大型公共场所，其卫生情况的优劣与人民群众的健康息息相关。尤其是对于一个大容纳量的体育场馆，保洁面广、工作量大，工作任务集中，且在赛事、活动期间，要根据不同功能区域采取不同的保洁标准和程序，才能确保大型赛事、活动顺利进行。体育场馆的卫生管理主要涉及以下几个方面：

1. 公共卫生间管理

（1）每天早班、中班必须全面清洁场馆区域内洗手间、便池、洗手盆；地面应定期清洗，随时冲洗，在大型活动时务必注意循环保洁。

（2）洗手间内发现烟头、纸屑及其他杂物、污渍时，要及时进行清洁，更换垃圾袋。

（3）定时喷空气清新剂，使卫生间无异味。

（4）地面无积水，坐厕、洗手盆、尿槽无积尘、无污渍，天花板无蜘蛛网、无积尘。

（5）镜面、墙面、金属等无水渍、污渍，光亮并干燥。

（6）注意维修事项及时处理，以确保设备、设施的完好。

2．各类地面卫生

（1）场馆门厅要循环清扫，要保持地面无烟头、杂物、纸屑，被汽车轮胎带到门前的泥沙等要及时清理干净，门前地面要定期清洁，停车场每天定时冲洗，随时清扫，保持整洁。

（2）大厅注意日常除尘，每天保持整洁、无污渍，定期清洗地面、打蜡。

（3）公共场所的走廊、过道、楼梯的日常保洁。

（4）大理石、瓷砖等硬质地面，要求表面及其接缝清洁干净，落蜡匀称光亮，水泥地面干净无损坏，墙角线、地角线及客人易发现的地方无积尘、杂物、污渍等。

3．玻璃金属类卫生管理

（1）每班各岗位必须对自管区域内的玻璃进行擦拭或用清洁器进行擦拭，要求无水渍、污渍、尘渍，达到玻璃光洁明亮。

（2）对铜、不锈钢及其他金属材料制成的装饰、栏杆、指示牌、台架、灯座等用专业清洁剂擦亮，要求无锈痕、污渍、手印等。

（3）各类金属擦拭时，必须按纹理进行，切勿用硬物刮铲，以防人为性的损坏。

（4）玻璃门、窗、幕墙、镜面等要求洁净无瑕，玻璃趟槽、窗门趟槽要求干净、无积尘、无沙粒。

4．综合类卫生管理

（1）墙面、墙底干净，无污渍、无破损、无脱胶，大理石瓷片、瓷砖、塑料板墙等干净明亮、整洁，木板墙、胶合板墙、各种雕饰、金属装饰的墙、门窗、挂篓等洁净无积尘、无脱漆等。

（2）花槽、花盆内无杂物、烟头、纸屑、香口胶等，摆花周围保持洁净，叶片无积尘等。

（3）各种悬挂指示牌、天灯筒灯、射灯、装饰灯及装饰物要求干净、整洁、无积尘、无污渍，天花板无蜘蛛网。

5．设备类卫生管理

（1）保持场馆内基本设备、设施、电器、工具的整洁完好。

（2）若有维修事项应及时上报或与有关部门联系处理。

（二）场地管理

（1）场地保洁：制定保洁流程，操作保洁工具，对场地表面进行除尘和清理杂物等。

(2) 场地布置：测画、布置、检验常用场地。

(3) 场地养护：对常用场地进行专项养护。

(4) 器材布置：绘制常用场地体育比赛器材布置示意图，组织并实施综合性体育活动器材布置。

(5) 器材维护：对常用器材进行例行保养，对常用场地器材的轻微损坏进行修复，对常用场地器材的常见故障进行诊断和排除。

(6) 器材管理：发放和回收器材，制定场地器材更新或零件更换计划。

(7) 信息管理：大型活动的重要数据信息管理。

(8) 专用、公共设备操作：完成常用场地专用、公共设备操作。

(三) 绿化管理

(1) 安排绿化工作人员的养护工作。

(2) 负责管理好体育场馆辖区应养护的花草、树木。

(3) 做好花草树木的防病防虫和抗旱抗涝保湿保温工作，负责组织实施花草树木的繁殖、选种、嫁接与培管。

(4) 做好体育场馆重大活动的花景布置工作。

(四) 物资管理

(1) 负责体育场馆行政仪器设备、场地仪器设备等的总计划、采购、配置工作。

(2) 负责固定资产管理，对仪器设备的使用、调配、报损、报废等进行全过程管理。

(3) 负责设备技术指标的收集整理工作，做好设备采购论证、技术验收等工作。

(4) 负责体育场馆仓储物资的账目会计管理工作。

(5) 大型活动进出物资的物流管理工作。

知识拓展

国家体育馆确保场馆团队运行廉洁高效

国家体育馆在奥运会比赛时，不同项目转场任务十分繁重。根据奥运会比赛日程安排，国家体育馆体操比赛结束后至手球比赛开始，将有近600吨的体育器材进行转场安装，而期间只有17个小时转场时间，为争取时间，顺利转场，场馆运行团队按照奥运会标准，安排了实战演练。国家体育馆监督办公室针对场馆运行团队中青年工作人员较多的特点，注重制度建设，坚持"谁主管谁负责，层层抓落实"的原则，制定了《场馆运行团队廉洁办奥运责任制》等一系列规章制度，组织场馆副主任、秘书长与场馆主任,各业务经理与场馆主管主任签订了《廉洁办奥运责任书》。在测试赛结束后,监督办公室把场馆运行团队整改工作与查找风险点相结合,对相关制度进行进一步完善,根据场馆物资流量较大的情况,协助场馆完善和规范归口物资管理制度,医疗、技术、运行中心、人事、竞赛团队非常重视,在规定时间内按要求建立了管理制度,并督促重点岗位对已形成的制度作了进一步的修改和补充。目前,场馆团队共制定完善29项规章制度,其中涉及重点岗位的规章制度11项。为了做好监督工作,监督办公室全面融入场馆运行团队之中,主动贴近,全程介入,坚持把场馆的人、财、物作为监督工作的重点。配合人事、综合办公室抓纪律教育及人员年终考核测评工作,督促市场开发工作,完善合同文本的法律手续,与财务及物流等业务部门就资金使用、物资采购管理方面共同把关,特别是在审计监督工作中,他们在督查运行团队认真执行落实已经制定的制度规定的同时,着力抓好物流及相关重点业务口细化物资管理制度,要求相关业务部门对通用及专用物资,做到有专人专管、有明细台账、有严格的出入库手续,也为赛后工作打下良好的基础。同时组建物资检查小组,有计划地对相关部门物资管理情况、台账建立情况进行检查。①

（五）租户管理

体育场馆租户管理是指将体育馆所属场地提供给承租人使用,承租人向出租人支付租金并在租赁关系终止后将场地返还给出租人的行为。

（1）确定价格。及时掌握房屋租赁市场的信息动态,随时制订和调整合理的租赁价格。

（2）制订合同。《租赁合同》是租赁经营中重要的法律文书,须按照法律规定制订,以约束各方的行为,保证各方的利益。

（3）合同评审。在签订《租赁合同》之前,物业管理企业可组织力量对合同进行评审,以确保企业利益不受损害。合同评审主要包括以下内容:租赁面积、租赁价格、租赁期限、租赁用途、装修期、履约保证金等。

（4）费用收缴。严格按照合同规定,及时通知租户缴纳租金、管理费、水电费以及合同明确规定的其他各项收费内容。对欠费者采取有效措施进行催缴。

（5）关系处理。及时沟通协调与租户之间的关系,维护各方的合法权益;正确处理与租赁管理单位之间的关系,营造良好的外部经营环境。

---

① 戴南.《国家体育馆确保场馆团队运行廉洁高效》[N].中国廉政网中国纪检监察报,2008-08-06.

> 知识拓展

奥林匹克公园中心区建设期的物业管理特色

成功举办一届有特色的奥运会是党中央、国务院和全国人民的期望和要求。北京奥林匹克公园中心区是举办第28届奥运会的"主中心区",目前各项场馆和配套设施主体结构已基本完成,各项建设有序进行。2003年年底,中心区各项建设初期,物业管理开始介入施工现场公共区域的各项管理工作,为各项工程建设创造了有利的条件,有力地保障了各项建设的进行。

一、奥林匹克公园概况

北京奥林匹克公园总用地面积1159公顷,包括森林公园、奥林匹克公园中心区及南区,其中中心区占地315公顷,是举办2008年奥运会的主要场地,集中体现了"科技、人文、绿色"三大理念,是融合了体育、办公、商业、文化、会议、居住等多种功能的新型城市区域。新建的项目有国家体育场(鸟巢)、游泳中心(水立方)、国家体育馆、会议中心、10余公里的地下交通联系通道、国家科技馆、运动员村、近4万平方米的地下车库、20余万平方米的地下商业、18万平方米的龙形水系以及广场和45万株的景观树木等。北京市新奥集团公司受市政府委托,负责奥林匹克公园中心区及南区的征地拆迁和"三通一平"工作,以及市政基础设施建设、奥运场馆配套设施建设、水系工程、绿化工程、景观工程和有关地上地下开发建设工程等,同时负责奥林匹克公园中心区及南区建设的组织、协调、服务和管理工作。

二、奥林匹克公园中心区建设期物业管理的特点

(一) 政治性强

奥运工程建设世人瞩目,无论是施工安全、防火防汛、治安秩序维护,还是参观接待等,都必须从思想上、行动上给予高度重视,绝不能出现任何纰漏;否则,不但给国家造成经济损失,还会造成不良的国际影响。

(二) 管理面积大

管理区域为南到北四环、北到科荟路、东到北辰东路、西到北辰西路的315公顷的区域,这样大区域的施工现场管理,还没有现成的经验可以借鉴,需要在实践中不断探索和完善。

(三) 管理标准高

无论从施工围挡的高度、样式,以及抑制扬尘、环境保护等,都必须符合国家标准

以及奥组委的规定。

（四）施工队伍、人员流动性强，综合管理难度大

随着工程建设的进行，建筑施工土方、基础、结构、设备安装等，需要不同的专业队伍，中心区人员多、车辆多，流动性强。再就是经常有各级官员的参观、检查等，给现场综合管理带来难度。

三、奥林匹克公园中心区建设期物业管理的内容和效果

由负责土地一级开发的北京新奥集团有限公司作为业主，委托北京新奥物业管理有限公司对奥林匹克公园中心区施工现场的公共区域进行全面的管理，明确双方的权利和义务。

（一）安全管理

（1）治安管理。包括建立安全保卫组织机构，制定各项治安保卫制度和岗位职责；建立联防联保制度，与当地派出所、城管建立联动机制，及时处理各种违规行为；出入口实行24小时值班制度，区域内实行24小时巡视制度；整个中心区实施封闭式管理，杜绝了随意丢弃渣土垃圾的现象，仅此项就节约清理垃圾费用几百万元；清理拾荒人员近600人，制止了多起盗挖电力设施的行为，使中心区内拾荒、偷盗的行为得到了根本治理；放风筝等闲杂人员得到了有力遏止。

（2）防汛管理。汛期前制订防汛计划，成立防汛抢险队伍，配备防汛设备、器材。定期对中心区的排水设施进行疏通、清理，确保中心区内的排水系统畅通。每年定期组织防汛演练和检查，提高防汛应急处置能力。

（3）消防管理。建立义务消防队伍及安全防火制度，制定防火措施，确保公共区域不发生火灾。对防火重点部位进行重点监控、检查，及时消除火灾隐患，避免因火灾造成的不良影响。

（4）责任管理。授权物业管理单位同游泳中心等建设单位签订《门前三包责任制》、《治安消防责任制》等，实现多家共管机制。在物业公司的监督检查和中心区各参建单位的大力配合下，提高了各单位的参与意识和主动性，确保整个中心区实现良性循环。

（二）突发事件管理

制定各种突发事件应急处理预案，建立应急管理机制，及时处置突发事件。除中心区内各建设施工单位内部建立安防系统外，公共区域内各重点部位也建立了安防。

（三）责任明确

通过委托管理合同的形式明确了物业公司在奥林匹克中心区的管理服务责任，各级政府的法律规章规范了各项目业主、施工单位的行为，物业公司依靠当地派出所、办事处、交通队行使执法权，纠正违规行为。

（四）制订考核措施

首先，新奥集团公司通过对委托管理合同内容的监督检查，规范物业管理公司的行为，通过制订同经济挂钩的绩效考核制度，每月对物业管理公司考评两次。物业管理公司对其下属各专业管理公司也进行考核，使中心区的各项管理目标得到层层分解，落实到每个员工。其次，新奥集团公司通过与施工单位签订《门前三包责任制》、《临时占地协议》等明确双方的权利和义务，规范了双方的行为。

（五）奥运意识

以历史感、责任感和荣誉感，激励每个员工努力工作。物业管理公司的绝大部分员工是因中心区征地而招收的"农转工"，他们贡献集体土地建设场馆，为全国人民圆百年奥运梦想作出了贡献。政府又让他们离土不离乡，继续为奥运作贡献，他们以极大的热情学业务，在较短的时间内掌握了新的技能，每人都感到了历史的责任落在肩上，一心一意做好本职工作。

二、体育场馆物业管理的目标与实现途径

（一）卫生管理目标与实现途径

体育场馆的卫生状况是影响其经营状况的基本因素。作为大型公建设施，体育馆必须严格执行国家《公共场所卫生管理条例》和《体育馆卫生标准》中卫生管理和卫生要求的相关规定，达到清洁舒适、统一标准的管理目标，才能更好地为体育场馆创造效益，为人民群众的身心健康服务。

〖知识拓展〗

体育场馆卫生标准

1. 体育馆应有机械通风装置并运转正常，使用空调时观众席的新风量每人每小时不低于 $20m^3$。
2. 体育馆内应设有吸烟区，观众禁止在馆内吸烟。
3. 根据观众席的座位数分别设置相应蹲位的男女卫生间。卫生间应有单独通风排气设施并无异味。
4. 供观众饮用的水须经消毒，其水质应符合《生活饮用水卫生标准》的要求。
5. 馆内采用湿式清扫，及时清除垃圾，保持环境整洁。
6. 公用茶具要在专用消毒间消毒，消毒的茶具应符合《旅店业卫生标准》规定的要求。
7. 体育馆作其他公共场所使用时，应执行相应的公共场所卫生标准。

8. 馆内应设有卫生室或急救室，并配有必要的器材、常用的急救药品及医护人员。

9. 完善基本卫生管理设施：

（1）体育场馆馆内应保持良好的采光照明和机械通风装置。

（2）体育场馆观众厅的座席布局和每个座位所占面积应符合建筑设计规范。

（3）体育场馆卫生间应为水冲式且必须设有机械通风装置。

（4）体育场馆的建筑材料不得对人体健康发生潜在危害。

（5）体育场馆应设有用于茶（饮）具等公共卫生用品（具）消毒的专用消毒间和保洁柜。

10. 健全日常卫生管理制度：

（1）体育场馆应建立卫生管理机构，配备专（兼）职卫生管理人员，并报卫生监督机构备案。

（2）体育场馆应建立健全各项卫生管理制度，包括保洁制度、消毒制度、卫生检查奖惩制度及危害健康事故报告制度。

（3）体育场馆应建立健全的卫生档案，包括卫生管理工作计划、总结、自查记录、奖惩情况、卫生监督执法文书等，并分年度保存备查。

11. 优化专业卫生管理人员队伍：

（1）体育馆直接为顾客服务的从业人员（包括临时工）必须每两年进行一次健康体检，取得预防性健康体检合格证方可上岗。凡患有痢疾、伤寒、病毒性肝炎、活动性肺结核、化脓性或渗出性皮肤病、重症沙眼、急性出血性结膜炎及性病、艾滋病者治愈前不得从事为顾客服务的工作。

（2）从业人员上岗前须经卫生知识培训合格，并定期接受复训。

（3）从业人员应有良好的个人卫生习惯，做到勤洗澡、勤理发、勤洗手、勤剪指甲，上班时不吃零食。

（二）场地管理目标与实现途径

场地是体育场馆重要的有形资产，是在市场经济体制下充分发挥体育场馆的综合经济效益的阵地和平台。它是体育场馆建设中周期较长、投资较大、维修费较高的重要设施，如果管理不善，就会给国家造成严重的经济损失。因此，确保体育场地管理实现信息化、制度化、技术化管理目标是体育场馆物业管理中的一项重要工作。体育场馆场地管理要依据《中华人民共和国体育法》、《中华人民共和国环境保护法》以及公共场所卫生、防疫、消防、治安等法规的相关规定进行。

1. 信息化管理

建立体育场地信息化管理网络平台，可以提高日常场地管理效率，这在体育场馆举办大型活动期间尤为重要。

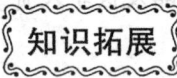

信息亚运触手可及　电信全程助力广州亚组委

　　2010年广州亚运会共设置42个比赛项目,动用70个比赛场馆,有14000名运动员及体育官员与会,400万游客来访,是亚运史上项目设置最多、参赛人数最多、赛事规模最大的一届盛会。如何有效监管70个场馆?如何实现赛事数据跨区域同步传输?如何缓解亚运期间的交通压力?如何维护亚运治安?亚组委的筹备工作面临着极大的挑战!中国电信以综合信息服务优势解决2010年亚运"增肥"带来的各大难题,助力广州亚组委运筹帷幄,举"重"若轻!

　　——如何搭建亚运信息传输高速公路?千兆光纤接入:实现海量数据即时传送。

　　作为亚运会的组织者,亚组委需筹备和协调的工作极为繁杂,有效地组织和管理必须依赖于"Admin"办公系统的支撑;赛事期间的各场馆分散在各地,如何对各场馆的比赛计分成绩进行统一的上报与发布,则依赖于"AGIS赛事计分系统"的支撑。在亚运盛事的筹备与实施中,类似的IT系统数不胜数,而这些IT系统的高效运行则离不开中国电信基础网络的支撑。这便是我们熟知的"IT&T"的概念——一切IT系统都必须依托高效稳定的Telecom通信网络。

　　中国电信将为亚运会在各场馆间铺设传输速率高达1000Mbit/s的网络接入,以支撑Admin办公系统、AGIS赛事计分系统等IT系统的高效运行,确保亚运会的顺利举办。

　　——谁能保证亚运数据安全?"亚太信息引擎":为亚运数据提供灾备保障

　　在信息时代,重大赛事组织的数据系统至关重要,任何意外都会导致整个赛事的瘫痪,因此,亚运会数据中心必须具备"灾难备份"的功能,而这个灾备服务选择了中国电信的"亚太信息引擎"。

　　"亚太信息引擎"总投资近4亿元,是中国电信所建设的亚洲最大的互联网数据中心及国家级灾难备份服务中心,也是中国电信最高等级的钻石五星级IDC。

　　在2010年亚运会期间,"亚太信息引擎"为亚运会提供VIP独立机房,并设置严密的独立门禁以及电源安全保障。这个"超级大脑"作为亚运信息安全保障体系的一部分,对亚运会的基础网络进行严格的流量监控,可及时对各类异常事件作出预警和响应,同时有效防止对亚运会信息系统内赛事数据的恶意篡改,为亚运赛事的数据安全保驾护航!

2. 制度化管理

（1）统一建立各种场地设备的技术档案,清楚地记录设备的名、牌、安装及启用

体育场馆经营管理实务

时间、验收人、运行情况等。

（2）在日常工作和大型活动期间，场地管理人员都要严格遵守岗位责任制，严守操作规程，对擅离岗位或违反操作规程造成重大事故责任者，追究责任并给予行政和经济处罚。

（3）建立对设备加强维护和保养的管理制度，保证设备运行状况良好，并做到安全、节约，同时做好相关记录。

（4）建立场地突发事件应急机制。

3．技术化管理

（1）按照设施设备管理的标准制定出体育场馆设备设施日常和大型活动运行《实用操作手册》和《工作任务书》，把复杂的技术问题流程化。

（2）按季节性编制相关重点设施设备维保计划和设施设备运营质量保证体系等，设定设备管理过程受控的科学管理方法，对场馆设施设备实施全面的保障。

（3）场地管理专业技术人才需持证上岗、能够熟练进行设备日常维护与维修。

（4）注重对场地管理专业技术人才的岗位培训和技术知识更新。

（三）绿化管理目标与实现途径

"绿色奥运"是2008年北京奥运会的三大主题之一，北京奥运会为中国和世界体育留下了一份丰厚的环境保护遗产：奥运会绿色建筑示范工程、举办大型运动会新的环境管理模式、公众积极参与环保工作的机制、北京环境的持续改善。2010年广州亚运会同样提出了"绿色亚运"的办会标准，亚运会各场馆及相关配套工程都严格遵循这一标准进行建设。体育让"绿色"、"环保"等理念深入人心。实现体育场馆环境可持续的绿化管理是实现"绿色"、"环保"理念的重要工作之一。

（1）编制体育场馆绿化美化规划和分期实施方案，并具体组织实施。

（2）建立对绿化人员、绿化设备、绿化工具的统一管理制度。

（3）注重加强绿化日常管理与维护。

（4）注重开展爱护花草树木、环境保护的宣传教育活动，拟定相应的管理制度，并严格执行。

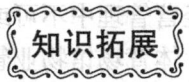 知识拓展

环保的物业管理

要保护环境，使城市以至整个地球能持续发展，我们就不能不注重物业使用过程中的环保问题。从废物处理、节约能源、节约用水、减低空气污染、减低噪音、提高市民的环保意识等方面进行科学的统筹和管理。适当的物业保养及管理，不但能促进环境的整洁、安全及社区意识，更令物业使用期延长，达到物尽其用的目的。

（四）物资管理目标与实现途径

物资管理是体育场馆经营管理中不可缺少的组成部分。提升物资管理的透明度，实现资源的合理配置，有计划地组织采购、存储、使用流通物资，对于促进体育场馆的发展、提高服务质量、降低管理成本、增强企业盈利等，都具有十分重要的意义。

物资管理目标的实现途径包括：

（1）制定体育场馆物资管理长期、中期和短期计划。

（2）加强监管，健全体育场馆物资管理规章制度并监督执行。

（3）建立物资管理过程资料的信息化。

（五）租户管理目标与实现途径

体育场馆的多功能使用包括提供体育活动场地、综合类演出、会议以及其他大型商业活动。我国现有体育场馆的主要收入来源是场地出租和房屋出租，这两项收入占场馆总收入的60%以上。随着体育产业的不断发展，体育场馆逐渐从全额拨款向差额预算过渡，由差额预算向自收自支过渡，由自收自支向企业化经营过渡。场馆租赁虽然是场馆经营管理的初级阶段，但对缺乏经营条件和经营人才的场馆来说，仍然是最主要的利润来源之一。在体育场馆出租中，要处理好体育场地的经济效益和社会效益的关系，要以社会效益为重，以满足群众的体育健身和文化活动需要为主要目标。

为了实现体育场馆的社会效益和经济效益，为了实现国有资产的保值、增值，形成"双赢"的局面，体育场馆在租户管理工作上要做好以下几点：

（1）守法经营，严格按照政府颁布的房屋租赁管理规定及国家有关法规依法经营。

（2）建立健全租户管理工作制度。

（3）诚信经营，注重良好租户关系的日常维护。

（4）抓住市场契机，不断拓展租赁业务渠道。

本章小结

本章所讲述的是体育场馆的物业管理。物业管理是现代体育场馆经营管理中不可或缺的重要组成部分。本章分为两个部分：第一部分从物业、物业管理、体育场馆物业管理等概念界定入手，通过案例列举，进一步引导大家对体育场馆物业管理特点的认知；第二部分涉及体育场馆物业管理实务。结合新近发生的业界案例，依次从卫生、场地、绿化、物资、租户等5个方面详细讲述了体育场馆物业管理的内容、目标以及实现途径，并通过"拓展知识"的方式帮助学生了解行业动态，开拓眼界。

通过本章的学习，希望大家了解体育场馆物业管理的概念，熟悉体育场馆物业管理的特点，在此基础上，能够用理论指导实践，在相关工作岗位上能够结合工作实际合理统筹体育场馆物业管理工作的具体内容，清晰界定体育场馆各项物业管理工作的目标，有效实施体育场馆各项物业管理工作。

复习思考题

1. 请简要描述什么是体育场馆物业管理。
2. 体育场馆物业管理有什么特点？
3. 体育场馆物业管理主要包括哪些内容？
4. 请概述体育场馆的场地管理如何实施。

实训环节

1. 实训标题：《广州市大型体育场馆物业管理现状调研》。
2. 实训目标：通过本次实训，帮助学生进一步熟悉体育场馆物业管理的特点，能够合理统筹体育场馆物业管理工作的具体内容，清晰界定体育场馆各项物业管理工作的目标，更好地实施体育场馆各项物业管理工作。
3. 实训内容与要求：

（1）实训内容：

针对广州市大型体育场馆，采用问卷调研法和访谈法，设计统一的调查问卷和访谈提纲，以团队为单位，围绕卫生、场地、绿化、物资、租户等五大方面进行物业管理现状调研，并形成调研报告。

（2）实训要求：

① 调研对象定位准确。
② 调查问卷和访谈提纲设计标准、符合调研主题。
③ 调研工作分工合理。
④ 调研报告格式规范，语言精炼，针对性强。

4. 完成步骤：

（1）利用网络搜索广州市大型体育场馆，确定调查对象。
（2）围绕《广州市大型体育场馆物业管理现状调研》主题，设计统一的调查问卷和访谈提纲。
（3）完成调研活动分组和分工。
（4）以团队为单位实施调研。
（5）完成调研报告。

5. 结果与总结分析

以团队为单位进行宣讲。实训考核评价，主体包括学生和教师，采取团队互评和教师评价等方式进行综合评价。

第六章 体育场馆的设备设施管理

知识目标

了解设备设施的常见管理模式，了解体育场馆设备设施及管理的特点。

能力目标

能参与设计编制体育场馆设备设施的管理方法和管理制度。

案例导入

体育场馆的设备设施是体育场馆保障竞技运动、全民健身运动需要和其他社会活动的根本。随着社会文化经济的发展，不仅各类体育活动越来越多，体育场馆还承办了各种文艺表演和会展等其他社会活动。现代社会要求体育场馆设施设备的管理工作必须具有科学性、经济性和安全性，保证设施设备能够长期正常使用。

随着社会经济的发展和现代科技的进步，体育场馆设备设施的种类日益增多，新型产品纷纷涌现，不断向更完备、更先进的多样化、综合化方向发展。这不仅使人们对场馆设备设施的功能需求不断提高，也对体育场馆设备设施的管理提出了更高的要求。多数体育场馆设备设施管理除了具有设备设施的特定性、固定性、多样化、综合性和系统化等特点外，一般还具有以下特点：

① 设备设施管理受到的约束较多，具有明显的限制性。设备设施管理工作只能在原有房屋建筑的物业基础上进行，创造性较低，且工作不能超越特定的环境条件。

② 设备设施管理需要安全运行。无论是体育活动，还是文艺活动或会展，场馆都是人员聚集的地方，人身安全问题尤其突出。而各类活动的特点决定不应发生影响活动进行的任何设备设施事故。因此体育场馆设备设施的管理，不仅要保证技术性能的安全发挥，还要及时发现隐患，避免事故的发生，并尽可能延长设备的合理使用年限，提高设备的使用效益。

③ 设备设施的维护维修工程非常分散。由于设备设施多样，使用频率高，需要不

断进行日常维护和故障维修，这类工程项目大小不一，时率要求高，用料品种、规格多，零星分散。

④ 设备设施管理具有较强的技术性。随着社会经济和科学技术的进步，智能化建筑、通讯系统、安全监控系统和设备监控系统等高科技设备的应用，都进入了普通的体育场馆设备设施管理范畴。在设备设施的维护管理中需要有各类相关技术知识的支持。

⑤ 设备设施管理工作是提高体育场馆经济效益的关键之一。

下面我们以珠三角地区某大型体育馆为例，介绍其设备设施的管理情况。

珠三角地区某大型体育馆是为"中国第九届运动会"建设的一座现代化、综合性、多功能体育设施，是"九运会"体操、篮球等项目的比赛地和盛大的闭幕式举办地，是所在城市新世纪的重点、标志性建筑。项目占地约24万平方米，其中约8万平方米为体育馆建设用地，6万平方米为体育公园，8万平方米为运动员村，2万平方米为市政规划道路。项目总建筑面积约17万平方米，拥有主场馆、练习馆、大众活动中心、行政楼、餐厅、中央能源中心、停车场、运动员村及附属停车场、商业设施等，它是一个以体育比赛为主，兼顾文艺表演、会议展览的多功能、综合性体育建筑。主场馆入口设有约1500平方米的大圆形广场，空间宽阔，方便人流集散。主场馆总建筑面积39635平方米，纵向最大跨度160米，横向最大跨度110米，馆内的观众席共设大小（24～16平方米）包厢24个，常规座位10018个，其中贵宾席654个，固定座位5044个，活动座位约4320个。训练馆总建筑面积19412平方米，纵向跨度151.5米，横向跨度70米，馆内设有体育项目练习区、游泳池、篮球场、赛前热身室、体育信息和学术交流的科技厅等功能配套设施。

以下是该体育馆设备工程部的管理制度汇编。

第一部分　部门管理制度部分

一、《设备工程部安全消防工作管理制度》

二、《设备工程部安全消防工作检查制度》

三、《设备工程人员灭火工作程序》

四、《火灾处理报警程序》

五、《工作用梯的管理规定》

六、《个人工具领用管理制度》

七、《公用工具管理制度》

八、《加强设备管理、严格做好设备保障的规定》

九、《场馆设备（设施）保护运行规定》

十、《排污设施使用管理办法》

十一、《技术资料和设备档案管理制度》

十二、《设备工程部仓库管理制度》

十三、《办公电话使用管理办法》

第二部分　运行组管理制度部分

一、《值班人员工作守则》
二、《值班电工巡视制度》
三、《值班电工管理制度》
四、《值班电工交接班制度》
五、《配电房值班电话管理办法》
六、《临时用电管理规定》
七、《电工安全操作规程》
八、《发电机操作规程》
九、《发电机组手动操作规程》
十、《发电机组自动启动设置操作规程》
十一、《高低压配电装置运行安全规程》
十二、《紧急状况下倒闸操作规定》
十三、《能源中心高压房安全操作规程》
十四、《市电停电时的处置程序》
　　（一）市电停电时主场馆应急操作程序
　　（二）市电停电时能源中心应急操作程序
十五、《二次供水管理规程》
十六、《水池清洗操作规程》
十七、《电气设备短路处理程序》
十八、《柴油库、发电房安全管理制度》
十九、《空调系统运行管理规定》
二十、《空调系统操作规程》
二十一、《空调系统维护保养规程》
二十二、《使用场馆中央空调的规定》
二十三、《空调机房卫生管理制度》

第三部分　维修组管理制度部分

一、《锅炉安全操作规程》
二、《锅炉巡回检查制度》
三、《锅炉设备维护保养制度》
四、《锅炉运行管理规程》
五、《锅炉水质管理制度》
六、《锅炉事故报告制度》

七、《锅炉清洁卫生制度》
八、《锅炉交接班制度》
九、《锅炉房安全保卫制度》
十、《锅炉鼓引风机安全操作规程》
十一、《锅炉水泵安全运行操作规程》
十二、《给排水设备（设施）操作规程》
十三、《给排水设备（设施）维修保养规程》
十四、《给排水设备（设施）运行管理规程》
十五、《污水处理站管理制度》
十六、《餐厅含油污水处理站操作规程》
十七、《污水处理设备（设施）操作规程》
十八、《污水处理设备（设施）维护保养规程》
十九、《游泳池循环水设施运行管理规程》
二十、《游泳池循环水设施维护和保养规程》
二十一、《游泳池循环水设施操作规程》
二十二、《喷水池操作规程》
二十三、《喷水池维护保养规程》
二十四、《场馆建筑设施维护保养规程》
二十五、《消防卷闸维护管理制度》
二十六、《消防风机维护管理制度》
二十七、《消防风机维护管理制度》
二十八、《消防水泵维护管理制度》
二十九、《风电焊设备管理制度》
三十、《风电焊作业安全管理制度》
三十一、《泡沫/喷淋自动灭火系统维护管理制度》
三十二、《压力式空气泡沫比例混合装置维护管理制度》
三十三、《机修设备间管理制度》
三十四、《场馆灯光系统操作规程》
三十五、《电梯维修安全操作规程》
三十六、《电梯开关操作规程》
三十七、《曳引电梯维护保养操作规程》
三十八、《电梯故障或停电困人救援操作规程》
三十九、《电气火灾处理程序》
四十、《舞台灯具管理制度》

四十一、《消防自动报警系统运行检查制度》
四十二、《电子计时计分显示系统操作制度》
四十三、《计算机系统日常管理工作和维护保养工作制度》
四十四、《场馆音响系统操作规定》
四十五、《CCTV监控系统的管理制度》
四十六、《电话配线设备维护管理制度》
四十七、《流动音响使用管理制度》
四十八、《门禁系统的管理制度》
四十九、《体育馆背景\防广播管理制度》
五十、《子母钟系统维护管理制度》
五十一、《消防报警系统使用注意事项》
五十二、《BA系统管理规定》
五十三、《巡更系统使用注意事项》
五十四、《停车场收费系统维护管理规定》

借此，我们可以看到一个场馆设备设施的多样性和复杂性，相应的管理则要有充分的技术性和规范性，才能有条不紊地应对复杂、多样的现代场馆的运营要求。

第一节　体育场馆设备设施管理概述

设备设施的管理被认为是物业管理的基础，而体育场馆的设备设施管理有自身的特点。体育场馆的设备设施的服务对象与普通物业管理的服务对象有很大的不同，无论竞技比赛还是文艺演出，专业上对器材设备和设施都有严格的要求，而且，场馆设施涉及众多的观众，安全性和在公众中产生的社会影响都给场馆工作带来极大的压力。因此，体育场馆设备设施管理要科学、细致，应该有很高的管理水准，既不漏掉任何一种设备或设施，还要保证每一种设备或设施的具体管理内容科学严谨。

根据现代管理理念，设备管理是一项系统工程，是对设备的"一生"进行全过程的综合管理。它包括从设备的技术开发、编制规划、研究、方案论证、定型、设计、制造、安装、调试（试运行）、使用、维修、改造、更新直至废弃的全过程，也就是对设备"一生"的管理。因此，设备管理就是以设备的"一生"为出发点，通过计划、组织、指挥、协调、控制，实施对设备的高效管理，最终达到设备寿命周期最长、费用最经济、安全可靠、综合效率最高的目的。

设备的"一生"管理基本上可分为前期管理和后期管理两大部分。体育场馆设施设备的管理有自身的特点，前期管理的重要内容——开发设计应符合相关行业标准，如《体育建筑设计规范》，后期管理以使用、维护为主。

一、体育场馆设备设施的分类与特点

（一）体育场馆设备设施的分类

1. 建筑类

（1）运动场地。分体育场和体育馆两类，体育场主要指田径场和足球场，体育馆指各种室内比赛场地和游泳馆。

（2）看台。座椅是看台的重要内容。

（3）辅助用房。办公用房、技术用房、卫生间等。

2. 基础设施设备类

（1）供配电。变压器、高低压配电柜、发电机组、公共照明及线路等。

（2）消防。消防控制中心、报警系统、喷淋系统、自动灭火系统、防排烟系统、消防水泵、消火栓等。

（3）空调。中央空调、局部空调、新风机组、排管风机、冷却塔等。

（4）采暖。热水供暖、热风供暖、蒸汽供暖等。

（5）给排水。水泵、水箱水池、阀门管道、排污管道、化粪池等。

（6）电梯。直升式电梯、扶梯、电动人行通道、杂物梯等。

（7）电信和智能化系统。比赛信息处理系统、停车场管理系统、对讲可视系统、周界报警系统、巡更系统、公共信息系统、信息网络系统、广播系统、室内报警系统等。

3. 体育器材

（1）田径类器材。

（2）球类器材。

（3）体操类器材。

（4）比赛辅助器材。

（二）体育场馆设备设施的特点

从上面体育场馆设施设备的分类可看出，其种类繁多复杂。下面就一些重要的特点进行简单介绍。

1. 运动场地和看台

运动场地首要考虑的是满足场地规格和设施标准的要求，强调对场地和设施规格尺寸的公差要求，因为这将直接影响到设施的等级以及所创造的成绩和记录能否为国家和相关国际组织承认的问题。当体育设施有多功能使用或可能举办大型庆典和其他活动时，更需对出入口的设施、尺寸、数量有所考虑。

看台是聚集观众的地方，除了要有合理的观看视角和舒适性外，更重要的是保证安全疏散观众，相应的管理要以此为中心。

2. 供电系统

对于供电系统，在供电水平和质量较差的地区，可能偶尔进行重要的单项国内、国际比赛，或者极少有大型的演出活动时，对于备用电源也允许采用临时增设应急发电机组的方式解决。大型比赛计时记分装置和为大型演出用电提供的专用变压器，为了减少变压器空载损耗，平时可以切断。

弱电系统的接地不要采用共用接地方法。大型土建工程在中控室的很大范围内均找不到裸露的土地，无法实现专用接地的施工，造成被迫使用共用接地的现象。共用接地，就是把防雷接地、强电的接地、弱电的接地和建筑物的钢筋网连接在一起，它的接地体就是建筑物的钢筋。共用接地是导致弱电系统不安全的根本原因，要采用专用接地系统，并且接地体离建筑物的接地体的距离要大于25m。

3. 照明系统

照明系统是体育场馆功能得以充分体现的重要环节之一。体育场馆照明最重要的是运动场照明，即比赛照明；其次是一般照明、观众席照明、应急照明、场地照明、建筑立面照明以及道路照明系统等，也是体育场馆照明的重要组成部分。体育场馆通常具有灯具回路多、功率大、布灯分散的特点，使用时需要不同的场景来满足不同场合的功能需求。对于比赛照明，应有克服频闪效应的措施，一般有两种方法：一是在同一计算点（或瞄准点）要有来自三相不同的光源共同照明；二是每相所带来的光通量差别不要相差太大。采取末端无功补偿措施，通常是将电容器置于泛光灯具一体内或临近电器箱内。金属卤化物气体放电灯的启动电流约为正常运行电流的140%以上，尤其是集中开启时启动电流会更大，且启动时间约为3～4min，同时，有无功补偿用的电容器达不到技术指标的情况，故在选择断路器保护特性时，要引起注意。

如何满足各种比赛场地的场景照明，统一对待各部分照明系统，使色温、照度、眩光、显色指数都达到规定的标准。这不只是灯具、光源上的选择，还取决于控制系统的选择及如何安排各部分照明的配合，准确地表达出各种比赛对照明的要求，选择智能照明管理系统是现代化综合功能型体育场馆的必要选择。

现代化大型综合体育场馆（以下简称体育场馆）在功能上不仅要能满足各类大型比赛和文艺表演，而且还可承担不同的大型展览、集会。馆内分为主赛场和一般赛场，通常都包含羽毛球馆、乒乓球馆、排球馆、网球场、篮球场等场馆及配套功能区。

体育场馆按照不同的方式可以进行不同的分类：

按建筑区间可分为：主赛场地、一般赛场地、配套功能区。

按功能需求可分为：场地照明、一般照明、观众席照明、应急照明、建筑立面照明及道路照明系统等。

按比赛项目和级别标准可分为：比赛时照明、训练时照明、电视直播照明、平时照明等。

无论从哪个角度来看，这些场合照明的标准照度值、使用功能和控制方式都不相同：

（1）体育场馆主赛场地。

体育场馆主赛场地照明的控制是一项功能性强、技术性高、难度较大的控制系统，它要求最大限度地满足各种体育项目比赛的要求，有利于运动员技术水平的最佳发挥，有利于裁判员的正确评判，有利于观众能在舒适的环境中全方位地观看比赛并与比赛融合为一体，享受比赛带来的激情。特别是在彩色电视对比赛进行的实时转播中，要能保证转播的图像画面清晰、色彩逼真，对运动员的特殊动作进行近镜头特写，对观众席及场地周边情景、突发事件能进行良好报导。同样的效果，还要满足文艺演出、展览、歌咏比赛等场合的使用，同时也要确保观众进场、出场、观看期间的安全问题。

实现以上功能就要求照明的垂直照度、均匀照度、立体感、显色指数 Ra、光源的色温应达到一定的标准，对光源、灯具能充分了解并完成各种控制。综合型体育场馆的照明要适合多类运动项目的比赛、训练及其他使用要求，比赛场地在很多情况下是二三块场地同时在进行比赛；在同一场地进行同一种比赛，对亮灯的模式在不同的时间段也不尽相同。如：观众进场、开幕、比赛准备、正式比赛、场间休息、结束散场等。对各场景的控制，若用传统的亮灯模式已经较难准确地表现各比赛场景的要求；对场地用灯状态进行实时监控和集中定时控制是用传统控制设备难以实现的。

主赛场地是体育场馆的主体部分，按照比赛需求通常将主赛场地照明分为8种不同的照明控制模式：全开模式、全关模式、电视转播模式、专业训练模式、国际比赛模式、国内比赛模式、观众席照明模式、应急照明模式。

（2）体育场馆一般赛场地。

其他场馆主要作为一般比赛时所用，根据比赛的不同项目和级别，将各个场馆设置的基本控制模式分为：比赛模式、电视转播模式、训练模式、观众入退场模式、清洁模式、应急照明模式。考虑到比赛场地照明控制的特殊性，在其控制策略中可加入以下功能：

① 为减少整个回路的启动电流，在每种模式下需启动的每盏灯具或每组灯具按顺序启动。

② 其他控制系统根据需要可通过接口进行远程遥控控制。

③ 统计记录所控制的每盏或每组灯具光源的使用时间，预计光源的使用寿命，并提前报告需要更换的即将到使用寿命期的光源。

④ 通过亮度传感器检测场地照度，记录并显示不同等级照明场景所需的照度是否满足需要，如达不到要求则报警，并提示改变灯组的开关状态。

(3) 配套功能区照明控制。

① 停车场及入口。在车库入口管理处安装智能照明系统控制面板和用于车库照明的手动控制装置；平时在中央系统控制主机的作用下，车库照明处于自动控制状态。

车库照明根据使用情况分为几种状态：正式比赛、训练时期及其他时间。

夜间正式比赛活动时，车辆进出繁忙，车库照明处于全开状态。白天，由于有日光，可适当降低照度，节省能耗。不比赛时只开启车道灯，如需观察车辆，可就地开启局部照明，经延时后关闭。通道区域采用智能移动探测传感器，当有人或车移动时开启相应的局部照明，车停好后或人、车离开后灯延时关闭。当有车移动时可以通过主机显示出来，方便保安和管理人员进行管理。

根据实际照明及车辆的使用情况，可将一天的照明分成几个时段，比如上午、中午、下午、晚上、深夜五个时段，通过软件的设置，在这些时段内，自动控制灯具开闭的数量，以达到控制区域以不同照度的方式来照明，这样不仅使照明得到了有效的利用，又大大地减少了电能的浪费，同时保护了灯具，延长了灯具的使用寿命。如有特殊需要，可在管理室用按键面板手动开启或关闭照明。当外在条件符合了自动控制的要求时，系统会自动恢复到自动运行的状态，无需手动复位。

② 更衣室及主客队休息室。采用红外移动传感器，如有人进入时自动开灯，人离开后延时关闭。同时提供中央监控，可根据具体情况开闭相关照明。提供自动和手动切换控制，根据需要由自动感应控制切换为就地手动控制。

③ 办公区。由于办公区面积大，可以将整个办公区分成若干独立照明区域，采用场景控制面板，根据需要开启相应区域的照明。由于出入口多，故要实现办公室内多点控制，方便使用人员操作。即在每个出入口都可以开启和关闭整个办公区内所有的灯，也可根据需要方便控制就近办公区的灯。同时可以根据时间进行控制，比如平时在晚上8点自动关灯，如有人加班时，可切换为手动控制开关灯。办公区照明可统一纳入中央监控计算机上进行监控。

④ 走廊。采用自动照明控制，正常工作时间全开，非工作时间改为只开部分灯，节假日无人时可以只亮少量灯作为基本照明。各出入口都设有手动控制面板，可根据需要手动控制就近灯的开关。

⑤ 楼梯间。楼梯间采用定时控制和红外移动控制等方式。在比赛期间全部开启，在平时启动红外移动控制方式，人来自动开灯，人离开后延时关闭，以节约能源。

⑥ 公共通道。正式比赛时，全部打开，方便观众进出，比赛结束观众离开后关闭，此操作既可由现场就地控制，也可由中央监控系统控制，还可设置时间控制（比如篮球比赛时）。同时可根据实际人的流量决定采用何种方式控制，整个控制点放在值班室或相应的功能房间，以防观众或非允许的工作人员随意操作。

⑦ 洗手间。洗手间均采用红外移动控制，人来自动开灯，人走灯延时关闭。可根

据需要变更控制方式，比如在观众很多时系统将其照明状态改为常明，当人少时切换为自动感应控制。

⑧ 前厅（包括售票厅和入口大厅）。正式比赛时，全部打开，方便观众进出，比赛结束观众离开后关闭，此区域照明控制集中在相关的管理室，由工作人员根据具体情况控制相应的照明。

⑨ 观众席。采用就地控制和计算机控制两种控制方式。比赛时根据日照的情况，配合比赛进程由计算机或通过时间顺序进行控制，如在夜间大型活动的（开幕式或闭幕式或大型文艺演出等）场景照明需要观众席照明进行配合，都可以通过计算机事先预定好的场景进行统一变化，实现丰富的灯光组合。同时设置就地控制场景面板，可根据需要就地控制相关区域观众席的照明。

⑩ 多功能厅。多功能厅采用就地控制，提供遥控、场景控制等控制方式。部分重要的多功能厅同时可以提供调光控制，实现场景的淡入淡出和光线的渐明渐暗变化。既可实现对灯的开关、自动调光（包括白炽灯、射灯、荧光灯、节能筒灯），又可实现场景控制、集中监控及定时控制。还可以配合其他的多媒体系统（TV、AUDIO、AIR CONTROL 等），实现单键操作，实现照明与相应功能的组合环境场景控制。

⑪ 屋顶照明。采用场景模式控制照明，通过计算机设置不同照明模式情况下的场景开关，各种模式场景所涉及的灯设置为顺序开启；可以独立控制，也可与灯塔、观众席等不同区域的照明组成各种场景同时动作。为方便检修，设就地控制，可以对每一照明点进行对应控制。

⑫ 贵宾室。对于部分贵宾室提供调光控制、就地控制。就地控制包括场景控制、调光控制、遥控控制等方式。对于重要的贵宾室或包厢采用触摸屏控制场景，整个灯光采用调光技术，做到整个房间的灯光渐明渐暗和场景灯光的淡入淡出。提高整个房间的档次。同时可以配合其他的多媒体系统，实现单键操作，实现灯光与相应功能的组合环境场景控制。

⑬ 功能性房间（如健身房等）。采用计算机控制和就地控制，根据各自的功能划分不同的照明区域，各照明区域的照明可以单独开启，也可通过需要设置不同的照明场景，实现场景照明控制。

⑭ 建筑物景观照明。整个建筑物的景观照明主要采用定时控制，例如晚上6点开启整个景观照明的灯具，10点关闭部分景观照明的灯具，12点以后只留必要的照明灯具。具体时间还可根据一年四季昼夜长短的变化和节假日自动进行调整。如有特殊情况可改为特殊照明控制状态，配合需要进行变化。

⑮ 灯塔照明。体育场馆一般有四个灯塔，每个灯塔上用于场地照明的灯具为几十盏至上百盏不等，每一盏为一控制回路，四个灯塔的照明控制采用计算机控制，通过预设的各种场景模式，开启不同的灯数。为了减少同时启动时的冲击电流，每一种模式都

设置成顺序启动。同时在计算机上还对每一个光源进行开通时间统计,当光源开启时间达到80%额定寿命时,在计算机上提示,方便管理人员提前做好更换准备。同时在每个灯塔上的设备间内设置就地控制,方便检修及维护。

整个场馆照明中各个回路的开闭状态都可在中央监控系统上以图形直接显示出来,并可通过计算机直接控制每一个回路的开闭或每一组照明灯具的开闭。还可记录每一个回路照明状态、开闭时间、统计整个灯具的开启总时间,以方便管理和维护。

(4) 应急照明控制。

所有的应急照明控制均采用智能照明系统控制,平时正常使用,应急情况下强制打开所有应急照明,同时还可设置对常规照明回路的强制开启或关闭。同时可以通过中央监控系统监控整个应急照明回路的工作状态,并进行记录和统计,还可结合应急照明检测系统进行日常检测和维护。对整个应急照明系统提供就地控制、中央监控、消防系统联动等几种方式控制。

二、体育场馆设备设施的管理

设备设施管理的目的是为设备设施正常运行提供可靠的条件和保证。

在比赛、会展和文艺演出等期间,设施设备的"零故障"成为体育场馆设备管理者追求的目标。为此,要在体育场馆中推行现代管理理念,在日常经营中使用现代管理方法对设备设施的后半生实行安全、高效的管理。

(一) 零故障的设备设施管理

1. 故障的概念

就"故障就是设备失去了规定的功能"这一定义而言,从功能的失去形式来看,可将故障分为两类:

(1) 功能停止型故障。

一般称为"突发性故障"。

(2) 功能下降型故障。

设备虽运转,但常产生废品、停机、速度下降等损失,不能充分发挥设备的功能。比如荧光灯一会儿暗,一会明,且频频发生。

2. 零故障的基本观念

有一种观点认为:故障的根源在人,它是由于人的思维方法和行动上的错误而引起的,也就是说人们的认识及其相应行为的结果以故障的形式表现出来。因此只要改变与设备相关的所有人的认识,增加相应的知识,提高其技能,改进其方法和行动,故障就会消失。

(1) 零故障的基本观点:

① 设备的故障是人为造成的。

② 人的思维及行动改变后，设备就能实现零故障。
③ 要从"设备会产生故障"的观念转变为"设备不会产生故障"。
④ "能实现零故障"。

这里可能会感到有些矛盾：按照零故障观点，设备岂不可以永久地使用下去了吗？为此，我们还需要了解设备劣化的观念。

（2）设备的强制劣化和自然劣化

设备劣化分为自然劣化和强制劣化两种。所谓自然劣化，是指虽然使用方法正确，但随着时间的推移，设备发生了物理性变化，初期的性能开始下降。比如，虽按适当的量和周期给规定部位加油，但设备的物理性能仍会渐渐老化。

而所谓强制劣化，是指未按应有的方法作业，人为地促使了劣化。比如，应加油处未加油，或虽加油却加油量过少或周期过长；对应清扫的部件未进行清扫，该做的事没做，都会促使设备劣化。这样，设备的使用寿命就低于其应有寿命，大大短于自然劣化的寿命。

企业是否存在强制劣化的现象？举个例子：一根螺栓松动，导致某一部位联结不牢固，可能引起振动，而该振动逐渐严重，可能产生破坏，这种现象是故障原因中常见的，这就是强制劣化。因为，正常的检查是能够及时发现潜在的缺陷的。

零故障观点的意义在于指导我们正确认识故障，做该做的事，以避免强制劣化，延缓自然老化。

3．潜在缺陷

先分析一下故障是怎样产生的。这是因为我们在产生故障之前没有注意到故障的种子——缺陷。这种没加注意的故障的种子就叫做潜在缺陷。根据零故障的原则，就是将这些"潜在缺陷"明显化（在未产生故障之前加以重视）。在这些缺陷形成故障之前即予纠正（修整、预防），就能避免故障。一般而言，所谓潜在缺陷，常指灰尘、污垢、磨损、偏斜、疏松、泄漏、腐蚀、变形、伤痕、裂纹、温度、振动、异响等异常。其中有许多缺陷，人们都以为不予处理也无妨碍，或者认为这些缺陷较为轻微，无所谓。

（1）物理的潜在缺陷。

指眼睛看不到的物理上的缺陷，故而未加重视：

① 未分析、未检查，尚不了解的内部缺陷。
② 安装位置很差，看不见的缺陷。
③ 灰尘、污垢等看不见的缺陷。

（2）心理上的潜在缺陷。

指保全人员或操作人员的意识或技能不足，故而产生心理上的潜在缺陷。

4. 实现零故障的对策

之所以还存在很多故障，往往是没有抓住故障的真正原因。在故障发生前，通常都存在一些微小的、隐含的缺陷。如果在故障发生前，对这种不引人注目的、最终会导致故障的潜在缺陷加以重视，并及时改善，就可以消除故障。由此可见，潜在缺陷的明显化处理是"无故障"的原则。而要做到零故障，必须做好以下方面的工作。

（1）具备基本条件。

所谓具备基本条件，就是指清扫、加油、紧固等。故障是由设备的劣化引起的，但大多数劣化是由于不具备基本条件3要素（清扫、加油、紧固）引起的。

（2）严守使用条件。

机器设备在设计时就确定了使用条件。严格按照使用条件使用，设备就很少产生故障。比如电压、转速、温度及安装条件等，都是根据设备的特点而设定的。

（3）使设备恢复正常。

一台设备，即使具备了基本条件，保证使用条件，但由于很难做到十全十美，因此设备还是会发生劣化，产生故障。所以应使隐含的劣化明显化，并使之恢复到正常状态。这意味着我们应经常对设备进行检查和预防修理。

（4）改进设计上的不足。

有些故障即使采取了上述三种对策后仍无法消除，往往是由于设备在设计、制造、安装过程中的不足或差错所造成的。对这类故障应认真分析并对这些缺陷加以改善。

（5）提高人的素质。

以上潜在缺陷中的（1）～（4）对策，均是由人来实施的。但问题是，即使采取了对策（1）～（4），还会产生操作和修理差错等。防止这类故障，只有靠提高操作人员及保养人员的专业技能。

在实现零故障的过程中，人是最根本的。首先，每个人都要有认真的态度、敬业的精神；其次，对故障有一个正确的认识；最后就是要提高操作和维修人员的专业技能。

上述5个对策，必须有使用部门和保养部门的相互协作。在使用部门，要以基本条件的准备、使用条件的恪守和技能的提高为中心。保养部门的实施项目有使用条件的恪守、劣化的复原、缺点的对策和技能的提高等。

在体育场馆，往往是使用部门和保养部门合二为一，成立设备工程部。但在应用中，操作使用和维护保养也存在两部分人员分别完成的模式，同样存在相互协作的必要性。

防止劣化的3项活动：

① 防止劣化的活动。正确操作、准备、调整、清扫、加油、紧固等。

② 测定劣化的活动。检查使用条件，对设备做日常、定期检查，以早日发现故障的"病根"。

③ 劣化复原的活动。要加强对异常情况的处理。要使设备恢复至正常状态，防故障于未然。

（二）设备设施的安全管理

要完全消除物质系统的潜在危险是不可能的，而导致人的不安全行为的因素又非常之多，并且不安全状态与不安全行为往往又是相互关联的，很多不安全状态（机器设备的不安全状态）可以导致人的不安全行为，而人的不安全行为又会引起或扩大不安全状态。此外，任何事故发生都是一个动态过程，即人与物的状态都是随时间的变化而变化的，事故的形成和发展是时间的函数。所以，加强安全管理是非常必要的。安全管理好，不安全状态与不安全行为也会相应减少；反之，则会使不安全状态和不安全行为增加，有时甚至会成为发生事故的根本原因。

《安全生产法》对设备、设施的安全保障要求作了明确规定。生产经营单位的生产经营场所以及有关的设备、设施，应有完备的安全装置和明显的安全警示标志；有关的安全设备的设计、制造、安装、使用、维护必须符合国家标准或有关行业标准的要求，特种设备必须由指定专业生产厂家生产并取得安全许可证才能投入使用；应按有关规定加强对设备、设施的维护与检测管理，淘汰不安全的设备、设施，以确保生产经营场所及有关设备、设施的安全。

（1）设备、设施设计与制造的安全保障。

① 生产经营设备、设施应有配套的安全设备或安全警示装置。《安全生产法》第二十八条规定："生产经营单位应当在有较大危险因素的生产经营场所和有关设施、设备上，设置明显的安全警示标志。"凡可产生危险、有害因素较大的场所、部位，都应设置相应的安全防护装置。例如，设备的可动零部件是否设置有相应的安全防护装置，凡人员易触及的可动零部件，应尽可能封闭或隔离。对于操作人员在设备运行时可能触及的可动零部件，必须配置必要的安全防护装置。对于运行过程中可能超过极限位置的生产设备或零部件，应配置可靠的限位装置。

② 安全设备设计、制造应符合安全标准要求。《安全生产法》第二十九条规定："安全设备的设计、制造、安装、使用、检测、维修、改造和报废应当符合国家标准或者行业标准。"有关安全设备设计、制造的安全要求，国家或行业部门已颁发了有关的安全标准，设计、制造单位必须执行。

（2）安全设备、设施使用、维护和检测的安全保障。

《安全生产法》第二十九条规定："安全设备的设计、制造、安装、使用、检测、维修、改造和报废，应当符合国家标准或行业标准。生产经营单位必须对安全设备进行经常性维护、保养，并定期检测，保证正常运转。维护、保养、检测应当做好记录，并由有关人员签字。"根据这条规定，安全设备使用时的安全保障应包括安装使用方面的保障和维护、保养、检测、管理方面的保障。

① 设备安装的安全要求。设备安装好后，应逐项检查设备的安全状态及性能是否符合安全要求。检查的安全项目包括静态和动态两方面，静态检查项目在设备不运行的条件下进行，如设备表面安全性、安全防护距离等；控制系统安全性能、可动部件安全防护性能、安全防护装置的工作性能与可靠性、设备运行中尘毒、易燃等的产生情况等。

② 设备使用、维护保养的安全要求。安全设备使用应建立设备使用保养责任制，制定安全操作规程，实行操作证制度，以确保设备的安全正常运行。

③ 设备安全检测的要求。安全检测是了解设备运行状况，预测设备运行变化趋势的有效手段，其根本目的是避免安全设备故障或事故发生，保证生产经营安全。

④ 设备的报废与淘汰。《安全生产法》第三十一条规定："国家对严重危及生产安全的工艺、设备实行淘汰制度。生产经营单位不得使用国家明令淘汰、禁止使用的危及生产安全的工艺、设备。"设备经长期运行使用，不断磨损、老化，生产效率、安全性、可靠性不断下降，对这些设备就应进行报废处理，以避免因设备不安全而引发事故。《安全生产法》从法律上对设备的报废、淘汰制度加以确认，有利于该制度的有效实施。设备报废或淘汰后，任何生产经营单位不得使用已报废、淘汰、禁止使用的危及生产安全的工艺与设备。

⑤ 建立设备安全档案。设备的档案管理是设备管理的基础性工作，它为生产经营单位设备安全管理提供信息、资料和数据，通过对档案资料的整理、分析，可了解设备运行状态，为设备安全检查、检测、故障诊断、隐患整改等提供科学的依据。

（3）特种设备实行安全许可证。

《安全生产法》第三十条规定："生产经营单位使用的涉及生命安全、危险性较大的特种设备，以及危险品的容器、运输工具，必须按照国家有关规定，由专业生产单位生产，并经取得专业资质的检测、检验机构检验合格，取得安全使用证或者安全标志，方可投入使用。检测、检验机构对检测检验结果负责。"

特种设备是指危险性较大、易发生事故而危及生命安全、对管理有特殊要求的一类设备，如锅炉、压力器、压力管道、起重设备、架空索道等。对特种设备，国家制定专门的管理规定，实行安全使用证制度，具体内容包括：

① 设计单位、生产厂家具有设计或生产特种设备的许可证。对特种设备，国家通常采用定点生产，由具备生产能力的专业生产单位生产，并发给生产许可证，没有取得生产许可证的单位不得生产特种设备。

② 检测、检验机构有专业资质证。特种设备的检测、检验通常要有专门的检测设备，测定要求高，测定过程规范。为了保证检测检验质量，防止因检测精度不够或检测错误而导致特种设备使用中发生事故，必须由具备检测技术力量，并经认证取得专业资质证的机构进行。其他没有取得专业资质认证的单位，不得从事特种设备的检测检验

工作。

③ 安全使用证。首先，特种设备的安装必须由具有相应特种设备安装许可证的单位进行安装，有的要求安装图（如锅炉房）须经上级有关部门审查批准后才能进行安装；其次，安装完工后必须进行竣工验收，验收调试通过后才能试运行；最后，要向特种设备管理部门申报，并申请安全使用证，取得安全使用证后才能正式投入运营。

（三）设备备件管理

在设备维修工作中，为缩短修理的停歇时间，根据设备的磨损规律和零件使用寿命，将设备中容易磨损的各种零、部件事先加工、采购和储备好。这些事前按一定数量储备的零、部件，称为备件。

合理地储备备件，及时地为设备维修提供优质备件，是设备维修必不可少的物质基础，是缩短设备停修时间、提高维修质量、保证修理周期、完成修理计划、保证企业经营的重要措施。

1. 备件管理的目标

备件管理的目的是用最少的备件资金，科学、合理、经济的库存储备，保证设备维修的需要，减少设备停修时间，并做到以下几点：

（1）把设备突发故障所造成的生产停工损失减少到最低程度。

（2）把设备计划修理的停歇时间和修理费用降低到最低限度。

（3）把备件库的储备资金压缩到合理供应的最低水平。

（4）备件管理方法先进，信息准确，反馈及时。满足设备维修需要，经济效果明显。

2. 备件管理的主要任务

（1）建立相应的备件管理机构和必要的设施，科学合理地确定备件的储备品种、储备形式和储备定额，做好备件的保管供应工作。

（2）及时有效地向维修人员提供合格的备件，重点做好关键设备备件供应工作，确保关键设备对维修备件的需要，保证关键设备的正常运行，尽量减少停机损失。

（3）做好备件使用情况的信息收集和反馈工作。备件管理和维修人员要不断收集备件使用的质量和经济信息，并及时反馈给备件技术人员，以便改进和提高备件的使用性能。备件采购人员要随时了解备件市场的货源供应情况和供货质量，及时反馈给备件计划员，并及时修订备件外购计划。

（4）在保证备件供应的前提下，尽可能减少备件的资金占用量，提高备件资金的周转率，降低备件管理成本。影响备件管理成本的因素有：备件资金占用率和周转率、库房占用面积、管理人员数量、备件制造采购质量和价格、备件库存损失等。备件管理人员应努力做好备件的计划、生产、采购、供应、保管等工作，以压缩备件储备资金，降低备件管理成本。

3. 备件管理范围

体育场馆设备种类多、规格型号复杂，这就要求备件专业工作人员不仅要熟悉设备以及备件的使用部位，能准确看懂图纸，懂金属、非金属的材料性能，还要了解备件的加工制造工艺。同时要编制计划、申请订货、设好仓库、管好流动资金等。所以备品配件管理工作是一项有关技术、物资和财务管理的综合性业务。

在确定备件时，应与设备、低值易耗品及材料、工具等区分开来。例如某些外购备件由于价格高，有些企业就将其列入固定资产，作为设备进行管理。但从性质上来说应属于备件管理范围。有些企业在具体划分设备与备件时，是按单价的多少来划分的，这个标准似乎不合适，因这样会将大量的备件列入固定资产的范围，在管理上是不方便的。但也会有少数备件难以明确划分，以致有的备件在这里属于备件，在那里又不属于备件。

所有维修用的配套产品，即设备制造厂向外单位订购的配套产品都称为配件。这些产品有国家标准或具体的型号规格，有广泛的通用性。如滚动轴承、皮带、链条、皮碗、油封等；在设备结构中，传递主要负荷或负荷重而本身结构又较薄弱的零件；受冲击、反复负荷而易损坏的零件；经常拆装而易损坏的零件或作超负荷保险用的易损坏的零件；经常发生事故或因设备结构不良而经常发生不正常损坏的零件；特殊、精密、稀有、关键设备的关键零件；经常处于高温、高压状态，或与周围介质发生化学反应、电化学反应，而易造成变形、破裂或腐蚀的零件；由于气蚀、氧化、腐蚀而极易损坏的零件等，都属于备品配件范围。

4. 备件库的管理

设备备件的库存管理是一项复杂而细致的工作，是备件管理工作的重要组成部分。制造或采购的备件，入库建账后应当按照程序和有关制度认真保存、精心维护，保证备件库存质量。通过对库存备件的发放、使用动态信息的统计、分析，可以摸清备品配件使用期间的消耗规律，逐步修正储备定额，合理储备备件。同时，在及时处理备件积压、加速资金周转方面，也有重要作用。

（1）备件入库要求。

入库备件必须逐件进行核对与验收。

① 入库备件必须符合申请计划和生产计划规定的数量、品种、规格。

② 查验入库零件的合格证明，并作适当的外观等质量抽验。

③ 备件入库必须由入库人填写入库单，并经保管员核查。

备件入库上架时要做好涂油、防锈保养工作。备件入库要及时登记，挂上标签（或卡片），并按用途（使用对象）分类存放。

（2）备件保管要求。

① 入库备件要由库管人员保存、维护好，做到不丢失、不损坏、不变形变质、账

目清楚、码放整齐。

②定期涂油、保管和检查。

③定期进行盘点，随时向有关人员反映备件动态。

(3) 备件发放要求。

①发放备件须凭领料票据；

②领出备件要办理相应的财务手续。

③备件发出后要及时登记和消账、减卡。

④有回收利用价值的备件，要以旧换新，并制定相应的管理办法。

(4) 备件处理要求。

①不需要的备件。由于设备外调、改造、报废或其他客观原因所造成的本企业已不需要的备件，及时按要求加以销售和处理。

②备件废品。因图纸、工艺技术错误或保管不善而造成的备件废品，要查明原因，提出防范措施和处理意见，并报请主管领导审批。

报废或调出备件必须按要求办理手续。

5. 备件管理模式

企业普遍存在因为备件库存结构不合理而造成库存积压、资金浪费的现象，问题在于既不希望占用过多的流动资金，又不希望备件短缺，影响设备的及时修复。目前多数企业常用的一种备件分类管理方法是 ABC 分类管理法。

(1) ABC 分类管理法。

备件 ABC 分类管理法又称为重点管理法，是物资管理中 ABC 分类控制法在备件管理中的应用。通过集中主要力量，有针对性地、突出重点地来抓主要矛盾，即区别主次，分类管理。应用 ABC 分类管理法，不但能较好地保证维修需要，而且还可显著减少储备，加速资金周转，这是目前多数企业常用的一种备件分类管理方法。

ABC 分类管理法是将备件按一定的原则、标准分为 A、B、C 三类。因为备件品种规格甚多，使用寿命千差万别，制造工期长短不一，加工难度繁简不等，价格高低相差悬殊，对设备的重要性程度亦不尽相同，这就给分类造成很大困难。一般分类的原则由企业自行制订，最终的目的是希望达到 A 类备件的资金累计占 70% 左右，品种累计占 10% 左右；C 类备件的资金累计占 10% 左右，品种累计占 70% 左右；余下的 B 类备件，其资金累计将占 20% 左右，品种累计也占 20% 左右。

A 类备件是管理的重点，应严格清点，减少不必要的库存，将库存压缩到最低限度。B 类备件可以应用存储理论进行合理的储备，采取定量订货方式。C 类备件可简化管理，国内一般采用集中订货方式，周围供货市场条件好的企业，可采取只存备件供应信息，需要时再进货的储存模式，尽可能少占用备件资金。

(2) 3A 库存模型管理。

传统的备件 ABC 分类管理法更多的是关注设备备件的批量和价值，而对设备及备件在生产过程中的作用以及设备停机后对生产的影响、造成的停机后果等关注不够，势必会造成有时因为一些价值低但处于关键位置的备件短缺，从而导致严重的停机后果。为了克服这一弊端，提出 3A 库存模型，其分类的主旨思想：一是考虑备件的关键性（损坏后果：对生产的影响，对设备、安全与环境的影响等）；二是考虑备件的易损坏性（负荷、位置、作用等）。即根据设备和备件对生产的影响大小、停机后果的严重程度，首先将设备进行 ABC 分类，然后再对部件（总成）进行 ABC 分类，最后对零件进行 ABC 分类。可以由设备、部件和零件的 ABC 分类派生出从 AAA 到 CCC 共 27 种零件类别。备件可分成四级：

第一级：AAA、BAA、ABA、AAB（最重要备件，需要做冗余库存的备件）。

第二级：ABB、ACA、BCA、ACB、ABC、AAC、BAC、BBA、CAB、CBA、BAB、CAA、BBB（较重要备件，可以做一般库存的备件）。

第三级：ACC、BCB、CCA、CBB、CAC、BBC（不重要备件，可以做短缺库存的备件）。

第四级：BCC、CCB、CBC、CCC（最不重要备件，可以只存信息、不存实物的备件。作零库存处理，当领用部门提出申请，才去订货、采购，平时不作储备）。

根据备件的损坏和更换规律，备件的状态可分成三类：

一型备件：大量消耗备件，损坏规律和订货周期清楚、确定；

二型备件：长周期损坏件，消耗量较小，损坏规律和订货周期清楚、确定；

三型备件：损坏规律或订货周期不清楚的损坏件。

一般来说，企业的备件库存数量都非常庞大，因此在刚开始应用上述备件 3A 分类原则时可以适当简化，并采取分批分部门逐步实施。在基层单位提交备件需求计划时，增加一项备件关键性类别，按照对生产影响的大小分为四类：重要（A）、较重要（B）、一般（C）和不重要（D），然后分别对应冗余库存模型、一般库存模型、可短缺库存模型和零库存模型进行管理，使原来一些信息不明确的备件逐渐进入各类模型。备件管理过程的实质就是不断了解备件损坏、更换及订货规律，不断使备件纳入不同管理的过程。

备件 3A 库存模型管理在传统 ABC 分类管理的基础上进一步细化，在关注设备备件的批量和价值的同时，充分考虑设备及备件在生产流程中的作用以及设备停机后对生产的影响、造成的停机后果等。

（四）体育场馆设备设施管理

首先，设备设施管理部门贯彻执行政府各职能部门颁发的有关政策、法规、条例和标准等强制性文件，并根据所辖设备及设施系统建立、健全技术档案，建立、健全相应管理制度。

1. 政府各职能部门颁发的有关政策、法规、条例和标准等强制性文件

（1）政策、法规和条例。

在环境保护方面有噪声污染控制法规；消防方面关于建筑、设备等工程在设计、配备及材料购买、施工、验收及使用管理等各阶段相应的法律规范；在环境保护方面有水环境保护法规、噪声污染控制法规等。

（2）技术标准。

卫生防疫部门制定的饮用水卫生标准、环境空气的质量标准等；环境保护部门制订的区域环境噪声标准等。

上述政策、法规、条例和标准等文件是政府各专业部门根据实际要求制订的，具有相当的权威性，是设备管理中的法律文件，指导约束我们的设备管理工作。

设备设施管理部门应及时获取本行业政府各职能部门颁发的有关政策、法规、条例和标准等强制性文件，作为重要的资料保管起来，按类别存入档案，并积极贯彻执行。

2. 设备设施管理部门根据所辖设备建立技术档案

对体育设备进行"状态"管理，实现预知维修，在比赛、会展和文艺演出等期间使设施设备时做到"零故障"，成为体育场馆设备管理者追求的目标。为此，必须以完善的设备状态数据为支撑，以大量有效的设备信息数据作为支点，因此强化设备技术档案管理工作成为首要任务。

设备设施技术档案是指设备自购入（或自制）开始直到报废为止整个过程中的历史技术资料，能系统反映设备设施物质形态运行的变化情况，是设备设施管理不可缺少的基础工作和科学依据。详实有效的设备技术档案，其作用在于可以充分掌握设备使用性能的变化情况，对设备实现适时维修，可以为设备、备件供应计划的编制提供依据，为贯彻技术责任制、分析设备事故原因提供原始资料，是设备基础管理工作中的重中之重。

技术档案必须齐全、详细、准确，它包括设备原始档案和设备技术资料两类。

（1）设备原始档案包括：

① 产品技术资料：包括设备图纸、使用说明书、安装说明书和基础图等。

② 安装施工、水压试验、调试、验收报告。

（2）设备技术资料包括：

① 设备卡片。所有设备都要建立设备卡，可以按系统、部门或场所将设备编号，再按编号逐台在设备卡片上登记设备的原始档案资料。

② 设备台账。将各设备卡片，按编号统一汇集登记，组成一本完整的设备台账，给查阅、统计及管理带来了极大的方便。

③ 竣工图。工程部应在接管后，收集全套竣工图纸，竣工图纸应齐全且符合实际情况，以便于今后需要时查询。

各类技术档案按性质分类存放，建立工程资料台账，便于查询；执行保密制度；借阅必须有记录。

3. 设备管理的各项规章制度

（1）责任制度：包括各级岗位责任制度、记录制度、交接班制度、重要机房出入登记制度。

（2）运行管理制度：包括巡视制度、安全运行制度等。此外特殊设备还需另行制订一些制度，如电梯安全运行制度等。

（3）保养维修制度：包括日常巡视、检查及保养制度，定期检查及保养制度、计划检修制度、更新改造制度、设备报废制度等。

（4）备件、库房管理制度：备件的采购、储备，出入库的管理等。

（5）其他制度：包括基础资料管理制度，员工培训、考核制度等。

（五）典型设施设备的管理

1. 供配电系统

（1）种类。

物业的供电种类按供电方式的不同分为高压供电和低压供电；按供电回路数目的情况分为单回路供电和多回路供电；按备用电源情况分为无自备电源供电和有自备电源供电；按供电性质分为长期供电和临时供电。

（2）管理工作的主要内容。

① 配备合格的专业工程技术人员和相应数量的操作和维修电工。

② 制订严格的供配电运行制度和电气维修保养制度，同时建立相应的检查监督机制保证各项制度的执行。

③ 建立供配电系统技术档案。

④ 配备各种必要的工具、仪器仪表和安全防护用品、常用零配件和易损易耗品等，并建立零配件供应渠道和供应商名册。

⑤ 定期对用电计量仪表进行检查和校验，确保用电计量的准确性。进行用电统计分析，做好用电调度和用电计划工作。

⑥ 建立临时用电管理制度，对任何新增加的用电都应进行用电负荷的计算，进行合理的负荷分配，尽可能保证三相平衡，任何情况下都不允许超负荷供电。

⑦ 要建立火警、水灾、台风、地震等灾害时的供电预防措施。

⑧ 做好节约用电工作，降低损耗。

⑨ 限电、停电要提前通知业主、物业使用人。

⑩ 供配电运行可建立24小时值班制度，发生故障时应能及时组织力量抢修，尽快恢复电力供应。

⑪ 定时对备用电源进行检查，对蓄电池进行充电，对备用发电机进行运行试验。

⑫ 重视无功功率和补偿工作，提高功率因素，改善用电质量。
⑬ 进行公共用电的测算和计量统计工作，为管理服务费的收取和调整提供依据。

2. 给排水系统

（1）种类。

① 给水系统可分为生活给水、消防给水、再生水（中水）和热水系统。

② 排水系统可分为：

a. 污水系统。用于排放便溺用卫生器具排出的污水和人们日常生活中的洗涤用水。有的建筑物还分为粪便污水管道和生活废水管道，分别排出便溺用卫生器具污水和洗涤用水。

b. 雨水系统。用于排除屋面雨、雪水。

（2）管理工作的主要内容。

① 建立给排水管理队伍，负责小区范围内室内外给排水设备、设施的运行管理和维修保养工作。

② 建立给排水运行管理和维修保养管理制度。

③ 建立给排水工程技术档案，特别要收集保存好隐蔽的和地下的工程、管道的图纸资料。

④ 配备必要的工具和安全防护用品，准备相应数量的零备件和易损易耗品。

⑤ 制订供水计划，保证供水的水压、水质。如需限水、停水，则要提前通知用户。

⑥ 有应付台风、暴雨、大面积积水等紧急事件的应急措施，每年雨季来临前要清理疏通排水工程。

⑦ 做好节约用水工作，防止跑冒滴漏。积极协助用户安排合理的用水计划。

⑧ 对公共清洁用水和绿化用水进行计量和测算。

⑨ 定期清洗供水水箱和水池，防止二次污染。

（3）注意事项。

① 应保证消防用水的基本储备。

② 北方地区应注意冬季管道防冻，避免发生水管爆裂、跑水事故。

③ 餐厅和食堂的厨房排水要建隔油池，防止油污直接排入排水管道，要定期清理化粪池和隔油池，防止污水管道堵塞。

④ 采用分流排水系统的要坚持雨水和污水分流排放，不允许污水通过雨水管道排放。

3. 电梯系统

（1）种类。

常见电梯按用途分有乘客电梯、载货电梯和客货梯；按拖动方式分有直流电梯、交流电梯和液压电梯；按控制方式分有单机控制电梯、集选控制电梯等。

(2) 管理工作的主要内容。

① 按照电梯管理需要配备专业电梯管理人员的规定，所有从事电梯管理的人员都要持有国家或地方有关管理部门认可的上岗资格证书。

② 根据电梯制造厂家提供的图纸资料、技术性能指标和维修保养说明，制订电梯安全运行和维修保养的规章制度和工作程序，包括值班安排，操作规程和应急处理，日常巡视、周检、月检内容，大、中修计划和工作程序等。

③ 建立电梯技术档案，将电梯原始技术资料和检测维修资料归类存档，妥善保管。

④ 备齐电梯维修保养所必需的工具、仪器等，以及电梯日常维修保养所常用的零件和消耗品，了解并登记电梯零件供应渠道和各专业技术服务公司。

⑤ 根据物业的性质和人流物流的特点，确定电梯的服务时间和清洁保养时间。

⑥ 进行电梯的用电计量和运行成本核算，以此测算出电梯的使用成本。

⑦ 电梯维护保养或故障停梯均应及时通告业主、物业使用人。

⑧ 将电梯维修保养工作委托给专业公司承担时，要认真审核承包方的专业技术水准和专业资格，认真监督合同的执行情况，定期对承包方的服务进行评价。

⑨ 电梯每年要由政府技术监督部门进行年检，获得年检合格证，才能继续使用。

4. 空调系统

(1) 种类。

空调冷源按工作原理可分为压缩式制冷机和吸收式制冷机，按冷源设备布置的情况可分为中央空调和独立空调等。

(2) 管理工作主要内容。

① 配备足够符合要求的专业技术人员负责空调系统的管理，并进行阶段性的岗位培训。

② 建立空调系统技术档案。

③ 根据空调设备生产厂家和安装单位提供的技术资料和说明书，制订空调系统运行和保养制度，制订大、中、小修计划和测试调整计划。

④ 备齐空调维修、测试用工具，准备恰当数量的零配件、润滑油和制冷剂等，建立空调专业维修服务公司和零件供应商档案。

⑤ 根据物业性质和人流规律等特点，确定每年空调的开停日期和每日的开停时间，以及空调在各个时间的工作状态。

⑥ 进行空调用电用水计量和空调运行成本核算，测算空调收费。

⑦ 在空调设备新装和改装时要重点考虑用电负荷问题和噪声污染问题。

⑧ 自行安装局部空调时需咨询如下的技术内容：

a. 用电负荷的计算和供电线路的匹配。

b. 安装位置和安装方式的选定，主要考虑空调的工作效率、建筑物外观的美观和统一性、空调安装的安全性及噪声和滴水对环境的影响等内容。

⑨在空调系统停机一段时间（如冬季停机）重新投入运行或空调送暖和送冷交替之前，要对空调系统进行严格细致的检查调整工作。主要内容有：

  a. 对冷冻机的密封部分进行检查、鉴定和调整。

  b. 清理各管道内的灰尘。

  c. 检查各类测试和指示仪器仪表是否准确并进行调整。

  d. 检查各类泵、水塔等设备是否工作正常。

  e. 检查、清洁和更换各类密封垫、过滤材料，检查冷却水的水质是否合格，检查添加冷媒液和润滑油等。

⑩定期对空调系统进行测试，以便进行相应的调整和改进，使空调系统保持在最佳运行状态。

（3）注意事项。

①空调系统运行消耗的水、电和其他能源在物业管理公共用水用电和耗能中占有很大比例，空调管理应该把节能运行作为一项重要的工作。常用的几种节能措施有：

  a. 使用节能程序改变机器的启动和停止时间，对不同性质的负荷区别对待，这是空调节能的重要手段。

  b. 保证和加强相关管道的保温。

  c. 尽可能消除或减少空调房间内各种干扰源的影响。

  d. 保证冷媒液的恰当用量。

  e. 冷凝水的排除等。

②空调系统运行产生的噪声是物业噪声污染的主要来源之一，从物业的总体环境考虑，空调噪声的测量、评估、减小等工作不应被空调管理人员所忽视。

③中央空调系统是保证建筑物内空气质量的重要设备，应注意恰当地控制新风比例并注意采取隔尘、杀菌和消毒措施。

5. 设备房管理

（1）设备房内严禁吸烟，严禁堆放易燃、易爆及与管理无关的物品，并按消防规定配足有效灭火器材。

（2）设备房门应有"机房重地、闲人免进"标志，进出随手关门。

（3）设备房中重要设备上端如有排污管等设施时，应在该设备上端加设喇叭口等设施，做好防护措施，以保证重要设备的使用。

（4）参观者、来访者要进入设备房，须经维修主管同意，并指定专人陪同方可进入。

（5）维修人员负责每日检查设备房，记录设备运行数据，每周清洁设备房一次。若有设备房值班员，上述工作由值班员完成。

6. 体育器材设备的入库管理

进入器材室或器材库的器材，应根据发货单进行验收，然后登记入库，通常采取填写器材登记表的形式登记器材设备。登记表应包括器材设备的名称、数量、单价、规格、生产厂家、入库时间和备注等。

器材设备的保管多采用分类保管，例如大型田径比赛需要的器材设备共100多种，通常在器材库内按以下几类分别保管：径赛、马拉松、竞走、跳跃、投掷和共同使用的器材设备，在每类中又可以作更细的划分。

器材设备的保管方法必须保证器材设备的质量不受影响。例如跳高和撑竿跳高用的横杆、标枪等器材的保管，必须保证横杆和枪身不变形。电子设备必须置于干燥的房间内，有的需要保存在有空调设备的房间内。多数器材应放在特制的架子上，大型的器材设备可置于干燥的地面上。总之，每一种器材设备的保管方法应服从于该器材设备的特殊要求，任何器材设备都不能置于露天中，受风吹、日晒、雨淋的侵蚀。

管理工作做得较好的器材室或器材库，在醒目处都有本室存放器材设备的目录和地点，在每一处应有本处存放器材设备的名称和数量。

第二节　体育场馆设备设施的维护

没有设备的保养和修理，任何设备管理理论都会成为空谈，设备维护在设备管理工作中显得尤为重要与现实。在市场经济下，企业所实行的设备维护模式有：以可靠性为中心的维护（RCM）、全员生产维护（TPM）、及时维修（JIT）等，可以说各有所长。从发展过程来看，设备维修管理模式有三种：一是事后维修，二是预防维修，三是欲知维修。现在国内外先进的企业已逐步由预防维修向欲知维修发展，即在掌握现场设备运行状况情况下尽量延长设备各部件在规定周期内的使用寿命，提高在用时间，降低维修成本，做好寿命周期费用预算。这三种维修模式不存在孰优孰劣的问题，企业一般依据自身内外因素及维修费用加以考虑。事后维修是最原始的维修模式，它的维修费用最低，在一些简易或价值低的设备中采用比较经济有效。事后维修在很多企业中还占有很大比重，并且在很长一段时间内也不会消失，因为以预防为中心的维修还不能做到万无一失。任何一种维修模式都有其适应性，这就要各企业立足现实，基于企业设备和企业自身因素及发展环境的不同，做到客观实际的维护定位。

一、维护定位

维护定位即是设备定位和故障定位。

（一）设备定位

根据企业生产的性质和自身要求，以及设备在生产中的重要程度，分为三种设备：即重点设备、重要设备和一般设备。重点设备和重要设备的条界定以考虑以下几点：对生产的影响、对产品质量的影响、对维修费用的影响、对安全及环境的影响等。划分重点设备和重要设备的条件各企业应根据自身的实际情况和工作需要而决定。重点设备和重要设备也不是一成不变的，随着生产计划的变更，或设备技术的改造及更新等，也会有相应的变动。重点设备一般占设备总数的10%左右。重点设备和重要设备的划分是设备准确定位的体现，设备类别的划分可以使企业对不同的设备确定不同的维修方法。重点设备一般实行预防维修，一般设备实行事后维修，既可以提高设备维修的经济性，又有助于解决使用与维修之间的矛盾，增强设备的维修实用性。设备类型的定位是维修模式选择的前提与基础。

（二）故障定位

根据设备各个阶段故障率与时间的关系曲线（即有名的浴盆曲线），可以把设备故障大体分为三个阶段：

1. 早期阶段

设备投产初期的故障，叫早期故障，主要是由设备的设计、制造、磨合等方面的原因造成的，刚刚大中修过的设备也有这种情况，随着不断的调整、磨合，设备逐步走向正常，此时的故障宜用事后维修解决。

2. 中期阶段

设备正常运行阶段的故障，是偶发故障，它是由于某些零件中存在一时难以发现的缺陷所引起的故障，在此期间，故障很少。

3. 晚期阶段

设备长期运转日趋老化，零件磨损加剧，故障频繁，这个时期如果不及时进行预防或欲知维修，设备很快就会报废。

故障准确定位的前提是要做到"知彼"，定位设备维护模式。要想在具体应用中得到强化，就要在设备维护管理工作中全面推进设备点检法。通过点检可早期发现设备隐患，及时采取有效措施，避免突发故障，保障生产，减少计划外损失。点检又是制定预防维修计划及维修作业的依据。推行设备点检要操作人员、专业点检人员和管理人员各负其责，共同管理。让操作工对设备运行状况进行简易诊断，即日常点检，认真做好记录，把好设备管理第一关。要树立专业点检人员的中心地位，明确专业点检人员所承担的责任，让其对自己所管理的设备全面了解，在管理中全面负责制定及修改点检表。指导检查日常点检，进行专业点检，及时安排处理点检工作中发现的问题，制订备件计划和检查计划，建立设备档案。

在设备维护模式中，只要做到准确定位，合理选择维修模式，才能既安全又经济地做好设备管理工作。

二、TPM（全员生产维护）

（一）TPM概述

TPM（Total Productive Maintenance）即全面生产性维护，是以设备为中心开展的活动，就像人类生病了会去看医生一样，设备也是有生命的物体，设备出现故障了，就要请专业维修人员来医治，这叫做事后保全（Breakdown Maintenance，BM）。人为了强身健体，要做预防保健，还要定期去体检，对于设备来讲，就叫做预防保全（Preventive Maintenance，PM）。有些人的疾病是先天性带来的，要预防这一点就要实行优生优育，设备也同样存在先天性的设计缺陷，所以在设备交付使用后要实行改良保全（Corrective Maintenance，CM），还要将改良后的信息情报反馈到设备的采购和制造部门，以生产出保全性能更好、保全费用更低的优良设备，这叫做保全预防（Maintenance Prevention，MP）。

20世纪60年代起源于美国的PM（预防保全），经过日本人的扩展及创新，于1981年形成了全公司的TPM（全员生产维护），并在日本取得巨大成功，随之在世界各地实施开来，1991年在日本东京举行了第一回TPM世界大会，有23个国家700余人参加，瑞典VOLVO（沃尔沃）及新加坡的NACHIINDUSTRIESPTE. LTD.公司成为日本以外最早获得TPM认证的两家企业。亚洲的韩国、中国台湾、新加坡、印尼，欧洲的瑞典、法国、意大利、芬兰、挪威，美国的福特和P&G等，南美的巴西、哥伦比亚，世界各地无数的企业已经导入TPM，取得了令人瞩目的效果。在深圳及沿海地区已有一些外资、私营企业正在推行TPM活动。

TPM源于"全员质量管理（TQM）"。统计学家德明博士在"二战"后不久到日本开展他的工作，他最初只是负责教授日本人如何在其制造业中运用统计分析方法，进而如何利用其数据结果，在制造过程中控制产品质量。最初的统计产生的质量控制原理受到日本人职业道德的影响，形成了具有日本特色的工业生存之道，这种新型的制造概念最终形成了众所周知的TQM。当TQM要求将设备维修作为其中一项检验要素时，发现TQM本身似乎并不适合维修环境。这是由于在相当长的一段时间内，人们重视的是预防性维修（PM）措施，多数工厂也都采用PM，而且，通过采用PM技术制订维修计划以保持设备正常运转的技术业已成熟。然而，在需要提高或改进产量时，这种技术时常导致对设备的过度保养。它的指导思想是："如果有一滴油能好一点，那么有较多的油应该会更好。"这样一来，要提高设备运转速度必然会导致维护作业的增加。

而在通常的维修过程中，很少或根本就不考虑操作人员的作用，维修人员也只是就常用的并不完善的维修手册规定的内容进行培训，并不涉及额外的知识。

TPM将维修变成了企业中必不可少的、极其重要的组成部分，维修停机时间也成了工作日计划表中不可缺少的一项，而维修也不再是一项没有效益的作业。在某些情况下可将维修视为整个生产过程的组成部分，而不是简单地在设备出现故障后进行，其目的是将应急的和计划外的维修最小化。

通过采用TPM，许多公司很快意识到仅仅通过对维修进行规划来满足生产需求是远远不够的。要在遵循TQM原则前提下解决这一问题，需要对最初的TPM技术进行改进，以便将维修纳入到整个质量过程的组成部分之中。

TPM不是什么高深的理论，它是追求设备和物品管理合理性的实践方法。推行TPM总是能够为企业带来意想不到的效果：如提高生产效率，改善产品品质，以及创造安全整洁的工作现场，甚至使得现场的一切都变得合理起来，因为TPM的目标就是通过改善人员和设备的体质来最终提升企业的体质。

（二）TPM的理念

TPM是以设备综合效率为目标，以设备时间、空间全系统为载体，全体人员参与为基础的设备保养和维修体制。从设备管理角度看，TPM就是要最大限度地发挥设备功能，以零故障和零缺陷为追求的目标。从实施过程看，TPM是以降低六大损失（设备故障、安装调整、空转短暂停机、速度降低、加工废品、初期未达产）来提高设备综合效率的。TPM讲三个"全"，即全效率、全系统、全员。全效率又称设备综合效率，就是要追求最大的设备综合效率；全系统包括时序上（设备的一生）、空间上（设备从内到外，涉及每一个零部件）和功能上的全系统；"全员"即在设备管理上贯彻全员的思想。

TPM中的T即Total，强调的是"全"，最关键、最难做的是全员。对于设备使用部门来讲，就是要做好自主保全，也就是自己的身体要自己保养，自己的设备要自己维护。我们人如果生病了，难道能埋怨医生没有做好检查吗？更多的时候，我们比医生还要清楚自己体内发生的微小变化，我们应该反省自己，好好检讨一下自己的饮食起居和日常保健习惯。如果设备的操作者也能够认识到这一点，摒弃过去"我操作，你维护"的陈规陋习，每日或定期进行一些诸如紧固、注油、清扫和点检活动，就可以及早发现设备的缺陷和异常，从而及早采取对策，避免故障的发生。

而要要求全员参加，最重要的是要做到领导率先垂范。必须是从最高领导到第一线作业者全员参与。全员参与设备维修的困难和问题是操作工人是否愿意、制度上是否允许和素质上是否可能。前两个问题是可以解决的，只要把企业文化、行为科学、以人为中心的管理搞上去，可以使操作工人由"要我做"转化为"我要做"，没有制度也可以制定配套的制度。原则上，人的素质也可以培养，但这不是一蹴而就的事。从理论上讲，TPM与TQM（全员质量管理）有以下几点相似之处：①要求将包括高级管理层在内的公司全体人员纳入TPM；②要求必须授权公司员工可以自主进行校正作业；③要求有一个较长的作业期限，这是因为TPM自身有一个发展过程，贯彻TPM需要约一年甚至更多的时间，而且使公司员工从思想上转变也需要时间。

（三）TPM 的推进

TPM 的展开有两点需要特别注意：持续的 5S 活动是 TPM 展开的基础；TPM 是一门功夫，需要三到五年持续不懈的推进方能初见成效。

1. 以 5S 为基础的自主保全

自主保全是 TPM 的一个最大特点，它是指生产一线员工以主人的身份，对"我的设备、区域"进行保护、维持和管理，实现生产理想状态的活动。具体来说，是通过对设备的基本条件（清扫、注油、紧固等）的整备和维持，对使用条件的遵守、零部件的更换、劣化的复原与改善的活动。它以培养熟悉设备并能够驾驭设备的操作专家为目标，分 7 个阶段循序渐进地展开。其中，持续不断的 5S 活动是 TPM 成功的一大基石。5S 指的是整理、整顿、清扫、清洁和修养。

2. 与自主保全相结合的专业保全

TPM 的自主保全通过设备操作者的参与，解决的是设备的微小缺陷，对于设备的定期检修和劣化测定等专业技能强的工作仍然需要依赖于设备维护部门的专业保全。二者的结合就好像自行车的两个轮子，缺少一个前进都很困难。这时候，顾问团队提出了导入专业保全结合自主保全的 TPM 方式，并以工程标准的方式制定出明确的书面标准来稳定和固化改善的成果，在活动中以车间为单位设立了 TPM 示范机台和模范小组，以此为标杆成为其他小组的学习交流对象。

专业保全的根本目的就是降低维持设备一生的总成本，即降低设备的生命周期成本，提高企业的生产性，也就是说以最少的成本发挥设备最佳的机能。专业保全主要有两大活动：一个是提高设备信赖性的活动，尽量减少设备保全，即不让设备发生故障的活动；另一个是提高设备保全性的活动，对设备的保全作业要高效率地处理，即故障发生时快速修理的活动。

案例 1

提倡和强化自主保全，并不等于放松专业保全，专业保全对自主保全也起着很重要的支持作用。有一天，一位维修主管气冲冲地找到 TPM 推进办公室说：你们都让操作工自主保全紧固螺丝，结果，用于调整设备水平的螺丝也被紧固了几圈，这不是弄巧成拙吗？你们说怎么办？TPM 推进办公室意识到失误的发生，同时也感到没有设备专业人员的技术教导和支持，盲目地开展自主保全是有害无益的。以此事件为契机，安排了设备技术人员对生产现场的 TPM 组长进行保全技能培训，根据员工的合理化提案，将只能由专业人员调整的用于控制设备平衡度的螺丝头涂上了红漆，这样做也可以同时帮助设备操作者在进行日常保养的时候发现螺丝是否松动，以通知设备维修人员调整。

案例2

TPM活动推行之初，由于缺少高层领导的参与支持，工作推进十分缓慢，不少干部躲着走。为了快速扭转这种局面，在一次阶段报告会上，顾问给大家讲了一个三星推行TPM的故事。1993年，三星社长李健熙带领三星高层前往法兰克福开会，临上飞机前，收到了一封日本专家的信，在信中日本专家表示，TPM活动开展的效果很不理想，自己却拿着三星给予的优厚报酬，实在愧对期望，请求解除职务，并提出开展TPM活动首先必须是公司的一把手亲自抓，才能见到实效。这封信对李健熙触动很大，下了飞机，李健熙取消了原来的会议主题，改为讨论TPM的推行，并决心从自己开始，身体力行、以身作则，亲自推行TPM。即使这样，三星在推行TPM的过程中也遇到了很大的困难。变革就像昆虫蜕皮一样痛苦。为了体会这种破旧立新的痛苦，从三星集团的社长到普通员工在就餐时，都将右手绑起来，改用左手使用餐具就餐，这种意想不到的苦难，让每一位三星人都感受到了革新的艰难。

总的来说，在开始应用TPM之前，应首先使全体员工确信公司高级管理层也将参与TPM作业。实施TPM的第一步则是聘请或任命一位TPM协调员，由他负责培训公司全体员工的TPM知识，并通过教育和说服工作，使公司员工们笃信TPM不是一个短期作业，不是只需几个月就能完成的事情，而是要在几年甚至更长时间内进行的作业。

一旦TPM协调员认为公司员工已经掌握有关知识并坚信TPM能够带来利益，就可以认为第一批TPM的研究和行动团队已经形成。这些团队通常由那些能对生产中存在问题部位有直接影响的人员组成，包括操作人员、维修人员、值班主管、调度员乃至高层管理员。团队中的每个人都是这一过程的中坚力量，应鼓励它们尽其最大努力，以确保每个团队成功地完成任务。通常这些团队的领导一开始应由TPM协调员担当，直到团队的其他成员对TPM过程完全熟悉为止。

行动团队的职责是对问题进行准确定位，细化并启动修复作业程序。对一些团队成员来说，发现问题并启动解决方案一开始可能并不容易，这需要一个过程。尽管在其他车间工作可能有机会了解到不同的工作方法，但团队成员并不需要这样的经验。TPM作业进行得顺利与否，在于团队成员能否经常到其他合作车间，以观察对比采用TPM的方法、技术以及TPM工作。这种对比过程也是进行整体检测技术（称为水准基点）的组成部分，是TPM过程最宝贵的成果之一。

在TPM中，鼓励这些团队从简单问题开始，并保存其工作过程的详细记录。这是因为团队开始工作时的成功通常会加强管理层对团队的认可，而工作程序及其结果的推广是整个TPM过程成功的要诀之一，一旦团队成员完全熟悉了TPM过程，并有了一定的解决问题的经验后，就可以尝试解决一些重要的和复杂的问题。

三、RCM（以可靠性为中心的维护管理）

完整的 RCM 可能涉及很复杂的理论，但它以可靠性为中心的设备维护理念很适合体育场馆管理中对设备设施在活动中高可靠性的要求。以下我们将介绍一些适合体育场馆管理的 RCM 的管理理念。

（一）RCM（Reliability Centered Maintenance）概述

20世纪50年代末以前，在各国装备维修中普遍的做法是对装备实行定时翻修，这种做法来自早期对机械事故的认识：机件工作就有磨损，磨损则会引起故障，而故障影响安全，所以，装备的安全性取决于其可靠性，而装备可靠性是随时间的增长而下降的，必须经常检查并定时翻修才能恢复其可靠性。基于这种认识，人们认为：预防性维修工作做得越多，翻修周期越短，翻修深度越大，装备就越可靠。但是，对于复杂装备或产品来说，传统的做法常常会遇到两个重大问题，一是随着装备的复杂化，无论机件大小都进行定时翻修，其维修费用就不堪重负；二是有些产品或项目，不论其翻修期缩到多短，翻修深度增到多大，其故障率仍然不能有效控制。

20世纪60年代初，美国联合航空公司通过收集大量数据并进行分析，发现航空机件的故障率曲线有六种基本形式，符合典型的"浴盆曲线"的仅占4%，且具有明显耗损期的情况也并不普遍，没有耗损期的机件约占89%。通过分析他们得到两个重要结论，即：对于复杂装备，除非具有某种支配性故障模式，否则定时翻修无助于提高其可靠性；对许多项目，没有一种预防性维修方式是十分有效的。在其后近10年的维修改革探索中，通过应用可靠性大纲、针对性维修、按需要检查和更换等一系列试验和总结，形成了一种普遍适用的新的维修理论——以可靠性为中心的维修。

以可靠性为中心的维修（RCM）是目前国际上通用的用以确定设（装）备预防性维修需求、优化维修制度的一种系统工程方法。按国家军用标准（GJB1378—92）《装备预防性维修大纲的制定要求与方法》，RCM 定义为："按照以最少的资源消耗保持装备固有可靠性和安全性的原则，应用逻辑决断的方法确定装备预防性维修要求的过程或方法。"它的基本思路是：对系统进行功能与故障分析，明确系统内各故障后果；用规范化的逻辑决断程序，确定各故障后果的预防性对策；通过现场故障数据统计、专家评估、定量化建模等手段，在保证安全性和完好性的前提下，以最小的维修停机损失和最小的维修资源消耗为目标，优化系统的维修策略。

1999年国际汽车工程师协会（SAE）颁布的 RCM 标准《以可靠性为中心的维修过程的评审准则》（SAE JA1011）给出了正确的 RCM 过程应遵循的准则，如果某个大纲制定过程满足这些准则，那么这个过程就可以被称为"RCM 过程"。反之，则不能称之为"RCM 过程"。JA1011 并没有给出一个标准的 RCM 过程，而只是提供了判据准则，用于判断哪些过程是真正的 RCM 过程。按照 SAE JA1011 第五章的规定，只有保证按顺序回答了标准中所规定的七个问题的过程，才能称之为 RCM 过程。

（1）在现行的使用背景下，装备的功能及相关的性能标准是什么？（功能）
（2）什么情况下装备无法实现其功能？（功能故障模式）
（3）引起各功能故障的原因是什么？（故障模式原因）
（4）各故障发生时，会出现什么情况？（故障影响）
（5）各故障在什么情况下至关重要？（故障后果）
（6）做什么工作才能预计或预防各故障？（主动性工作类型与工作间隔期）
（7）找不到适当的主动性维修工作应怎么办？（非主动性工作）

按上述准则对照，现有 RCM 版本中《RCM Ⅱ》、MSG－3、MIL－STD1843、GJB1378 可以称得上是"真正"的 RCM 过程，但以《RCM Ⅱ》为最"正宗"。因为 SAE 标准中包括上述七个问题在内的很多内容与《RCM Ⅱ》相同，由此可以看出：SAE 标准的制订过程受《RCM Ⅱ》的影响较大。

回答上述七个问题，必须对产品的功能、功能故障、故障模式及影响有清楚的定义和了解，为此必须通过"故障模式及影响分析（FMEA）"对所分析的产品进行故障审核，列出其所有的可能的功能及其故障模式和影响，并对故障后果进行分类评估，然后根据故障后果的严重程度，对每一故障作出是采取预防性措施还是不采取预防性措施待其故障发生后进行修复的决策，如果采取预防性措施，选择哪种类型的工作。RCM 分析中对故障后果的评估分类和预防性工作类型的选择是依据逻辑决断图进行的。不同的 RCM 版本所提供的 RCM 决断图略有不同，但大致过程一致。

通过 RCM 分析所得到的维修计划具有很强的针对性，避免了"多维修、多保养、多多益善"和"故障后再维修"的传统维修思想的影响，使维修工作更具科学性。实践证明：如果 RCM 被正确运用到现行的维修中，在保证生产安全性和设备可靠性的条件下，可将日常维修工作量降低 40% 至 70%，大大地提高了资产的使用率。

（二）RCM 分析过程

1．RCM 分析所需的信息

进行 RCM 分析，根据分析进程要求，应尽可能收集下述有关信息，以确保分析工作能顺利进行。

（1）产品概况。如产品的构成、功能（包含隐蔽功能）和余度等。
（2）产品的故障信息。如产品的故障模式、故障原因和影响、故障率、潜在故障发展到功能故障的时间、功能故障和潜在故障的检测方法等。
（3）产品的维修保障信息。如维修设备、工具、备件、人力等。
（4）费用信息。如预计的研制费用、维修费用等。
（5）相似产品的上述信息。

2. RCM 分析的一般步骤

（1）确定重要功能产品。

装备是由大量的零部件组成的，这些零部件都有其具体的功能，也都有可能发生故障。其中有些故障的后果危及安全，有的对完成任务有直接的影响，而大部分的故障对装备整体没有直接影响，这些故障发生后及时进行排除就是了，其唯一的后果就是发生事后修理的费用，且这个费用一般会比预防修理的费用低。因此，制订维修大纲时，没有必要对所有的成千上万个零件逐一进行分析。预防性维修大纲的工作只针对比较少的一部分产品——重要功能产品，即那些发生故障会影响任务和安全性，或有重大经济性后果的产品。这些产品可以是系统或分系统、部件或零件。鉴定重要产品的工作就是确定系统或分系统、部件或零件每一层次中的重要产品。首先，把装备按复杂程度依次列出其所有产品，形成"构造树"，然后把其故障显然对装备没有严重后果的产品从"树"中略去，留下来的产品是必须维修研究的产品。

归为不重要的产品是指下列产品：它们的功能与装备的使用功能没有重大影响；它们在设计上有余度，其功能不会影响使用能力；故障没有安全性和使用性后果，很容易进行修复；根据经验和实际分析不可能发生故障的产品。但是隐蔽功能产品不管它们是否重要都要求做预防性维修。因此，隐蔽功能产品都要作为重要产品。这样的划分具有以下性质：包含有重要产品的任何产品，其本身也是重要产品；任何非重要产品都包含在其上一层的重要产品之中；包含在非重要产品之下的任何产品也是非重要产品。

这样从简化的"构造树"中，我们就可以确定一个重要产品的层次，我们把这个层次的产品作为重要产品进行分析，从而可以使我们的分析工作集中于几十个产品，而不是成千上万个零部件，从而大大简化了分析过程。

（2）进行故障模式影响分析。

RCM 分析的第二步就是对选定的重要功能产品进行故障模式及影响分析（FMEA），通过 FMEA，明确产品的功能、故障模式、故障原因和故障影响，从而为基于故障原因的 RCM 决断分析提供基本信息。

（3）应用逻辑决断图选择预防性维修工作类型。

对于重要功能产品的每一个故障原因，严格按本次培训所提供的 RCM 逻辑决断图进行分析决断，提出针对该故障原因的预防性维修工作与工作间隔期。

各类预防性维修工作间隔期的确定可以参考以下数据与方法：产品生产厂家提供的数据、类似产品的相似数据、已有的现场故障统计数据、有经验的分析人员的主观判断，对重要、关键产品的维修工作间隔期的确定要有模型支持和定量分析。

（4）系统综合，形成计划。

单项工作的间隔期最优，并不能保证总体的工作效果最优。有时为了提高维修工作的效率，我们需要把维修时间间隔各不相同的维修工作组合在一起，这样也许会使某些工作的频度比其计算出的结果要高一些，但是提高工作效率所节约的费用会超过所增加的费用。组合工作时应以预定的间隔期为基准，尽量采用预定的间隔期。确定预定的间隔期时应结合现有的维修制度，尽可能与现有的维修制度一致。如：武器装备可以考虑以训练日、周、月、季、年为预定间隔期，把各项预防性维修工作靠入相邻的预定间隔期，但对安全后果和任务后果的预防性维修工作靠入的预定间隔期，不应大于其分析得到的工作间隔期。

3. RCM 与传统维修观念的差异

维修体制也随着大环境处于维持和探索阶段，但长期以来形成的维修观念并未改变。RCM 的概念和原理展现了系统的、科学的、适应现代化企业设备维修的新概念。从维修工程的发展来看，维修的观念随着技术的进步和先进的制造系统而在不断更新和充实，一些陈旧的观念被逐渐淘汰。为了更深刻地理解，下面仅对具有代表性的 11 个观念差异作解释。

（1）观念差异之一。

几十年传统的维修观念认为，保持有形资产最佳状况的最好方法是定期翻修或更换。这一现象充分表现在我国 20 世纪 50 年代至 70 年代以后的三级维修保养制度中。因为每一个设备都有一个使用寿命的问题，超过这个寿命以后，设备便进入耗损故障期（如图 6-1 所示的第一和第二阶段的故障率曲线的耗损期）。故障的增多使人们认为每个设备在使用中都有一个"正确"的拆修寿命，到达这个寿命就必须停止使用，进行定时拆修，以便减少故障，保证使用的安全性。而且还认为，拆修间隔期的长短是控制故障的重要因素，拆修得越频繁、越彻底，故障发生的可能性就越小，错误地认为这是对付故障普遍适用的有力武器。

然而，现代设备较 15 年前复杂得多，其故障模式已发生了惊人的变化，图 6-1 第三阶段的曲线是美国 20 世纪 70 年代民航业的各种电气和机械产品的故障率随使用年限的变化图形。

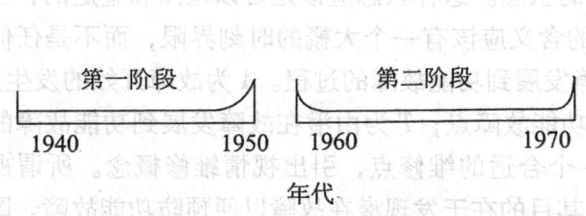
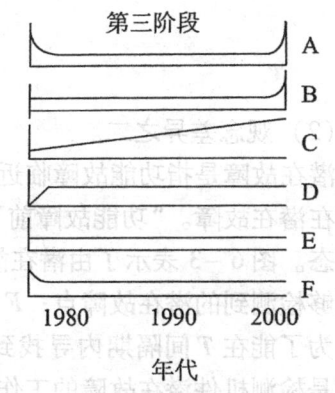

图 4-1

模式 A 是典型的浴盆曲线（占 4%）；
模式 B 是没有磨合期的耗损故障率曲线（占 2%）；
模式 C 显示出故障率随时间缓慢增长而没有具体的耗损期（占 5%）；
模式 D 表示开始时故障率低而后快速增长到一个固定水平（占 7%）；
模式 E 则表示故障率不随时间变化（占 14%）；
模式 F 具有高的早期故障率，而后降到一个固定水平或略增趋势（占 68%）。

值得说明的是，其他工业部门的设备不一定是上述的模式，但随着设备的日趋复杂，越来越多的产品符合模式 E 和 F。作者曾于 1995 年在航空科学基金的资助下，对数控设备故障率进行了研究，所得结论符合上述讨论的 E 模型。一般情况下，A、B、C 三种故障率曲线是具有金属疲劳或机械耗损的机件。这些发现证明过去认为可靠性与使用间隔期之间存在着某种联系的观点是错误的。我们大多数维修人员在熟悉浴盆曲线几十年后现在已认识到这种情况，并认同故障发生的随机性。然而浴盆曲线仍是许多有关维修的教科书的特色内容，这就误导了一些人仍然试图寻找工龄和故障的关系。在实践中，这种误导带来了两个严重的影响：

① 忽略翻修本身是一项极易出错的工作，它会对系统稳定性产生很大的干扰，而且，它很可能会引发早期故障，从而导致它原本想预防的故障发生，如图 6-2 所示。

② 在理念层次上，相信浴盆曲线的人认为，在两次翻修之间不应有故障发生，即使发生了故障也不是维修的问题，"因为我们上周或去年才翻修了它"。这些人会完全忽略翻修本身可能是故障的原因；更为严重的是有这样理念的人会在制定维修策略及大纲时，失去科学、经济、有效的工作方法。

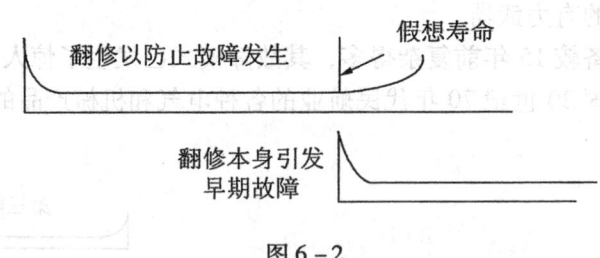

图 6-2

（2）观念差异之二。

潜在故障是指功能故障临近前的状态。这种状态应该是可以检测和鉴定的，否则就不存在潜在故障。"功能故障前"的含义应该有一个大概的时刻界限，而不是任何时刻的状态。图 6-3 表示了由潜在故障发展到功能故障的过程。A 为故障开始的发生点；P 为能够检测到的潜在故障点；F 为功能故障点；T 为由潜在故障发展到功能故障的间隔期。为了能在 T 间隔期内寻找到一个合适的维修点，引出视情维修概念。所谓视情维修就是检测机件潜在故障的工作，其目的在于发现潜在故障以便预防功能故障。图6-3

中的 T_c 为视情维修检测间隔期。合理经济地确定 T_c 是有实际意义的。RCM 理论提出的潜在故障概念，使机件或设备在潜在故障阶段得到更换和修理，使机件或设备能够在不发生功能故障的前提下得到充分利用，达到既经济又安全的使用目的，这是 RCM 的重要思想之一。

传统维修观念常夸大定时维修的作用，当定时维修和视情维修两者在技术上都可行时，优先采用定时维修。而 RCM 理论正好相反，它是在同样的条件下，优先采用视情维修。因为采用视情维修可以充分利用机件的寿命，尽量使每一个机件能实现其几乎全部经济寿命，达到经济的目的。另外，也能通过鉴别潜在故障的办法来防止功能故障的出现。为了达到这一点，图 6-4 给出了各种仪器检测点与潜在故障相对应的示意图。A 为故障开始发生点；P_1 为振动分析仪测出开始的振动特征量变化的潜在故障点；P_2 为油质分析检测出的潜在故障点；P_3 为噪声分析检测出的潜在故障点；P_4 为五官检测发现的潜在故障点；F 为功能故障点。由于检测和诊断手段的不同，同一故障模式在功能故障之前可能有几个潜在故障点。我们可以根据现有的检测手段，及时发现潜在故障，从而使设备的故障率尽可能趋于零。

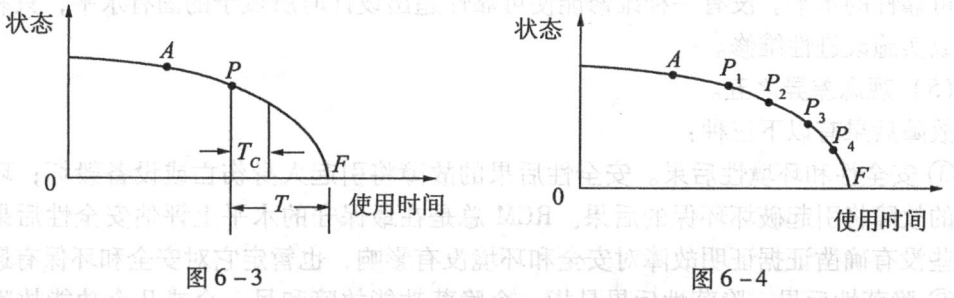

图 6-3　　　　　　　　　图 6-4

（3）观念差异之三。

功能故障是不工作或不能完成规定功能的故障。隐蔽功能故障是使用设备的人员不能发现的功能故障。有两种情况：情况一，正在工作的设备，其功能故障对操作人员是不明显的；情况二，不工作的设备，将要使用时状态是否良好，对操作人员是不明显的。

多重故障是指由连续发生的两个或两个以上独立故障所组成的故障事件，这一事件可能是危害巨大的。因为对任一故障可能只产生小范围的损失，但它们连续发生时会产生系统大范围的危害。

多重故障与隐蔽功能故障有着密切的关系，如果隐蔽功能故障没有及时被发现和排除，就会造成多重故障的可能性。例如：室内火警探测与灭火系统。火警探测属于上述情况一，其功能对室内的人员是不明显的，除非它探测到了火灾；如果它出了某种故障而探测不到火灾，则该故障就是隐蔽的。而灭火系统属于上述情况二，除非探测到了火警，否则灭火系统是不工作的，只有当需要使用它时，使用人员才发现它能否工作。因此，一个隐蔽功能故障本身可能没有直接的后果，但可能增大多重故障的概率。

以可靠性为中心的维修所提出的隐蔽功能故障和多重故障的概念，揭示了故障发生的一些内在的本质关系。它有利于人们重新认识一些不可避免的故障，可以利用可靠性设计来保护设备的正常运转，如备用系统、冗余设计、急救装置、消防装置、救生阀等。随着设备的现代化，这一趋势在不断地增长。

（4）观念差异之四。

过去维修观念认为，设备总可以修好，甚至可以达到比故障前更好的状态，忽视了现代设备的复杂性和严谨性。事实上设备的固有可靠性无论怎样维修也达不到原有的能力，充其量只能接近原有的固有能力。有可靠性工程概念的人都会逐渐认识到，设备的固有可靠性是设计和制造时就确定了的一种属性。它包括：平均故障间隔时间（MTBF）、故障率、故障的后果、故障明显性和隐蔽性、抗故障能力及下降速率、安全寿命和各种维修方式的费用。

有效的预防维修工作能够保持设备的固有可靠性或防止其降低，但不能保持或提高固有可靠性的水平。没有一种维修能使可靠性超出设计时所赋予的固有水平，只有重新设计或实施改进性维修。

（5）观念差异之五。

故障后果有以下三种：

① 安全性和环境性后果。安全性后果的故障将引起人身伤亡或设备毁坏；环境性后果的故障将引起破坏环保的后果。RCM总是在最保守的水平上评估安全性后果，甚至那些没有确凿证据证明故障对安全和环境没有影响，也暂定它对安全和环保有影响。

② 隐蔽性后果。隐蔽性后果是指一个隐蔽功能故障和另一个或几个功能故障的结合所产生的多重故障的影响。往往一个隐蔽性故障影响的可能性并不大，但多重故障的危害将是很大的。

③ 经济性后果。当故障影响设备的使用能力或生产能力，造成了使用性经济损失时，称之为使用经济性后果；当故障不影响设备的使用能力或生产能力，只涉及维修费用时，称之为非使用经济性后果。

RCM认为故障后果的改变不在于维修，而在于设计。维修可以降低故障发生的概率，但不能改变故障的后果。对于具有安全性和环境性后果的故障，可以采取冗余技术和损伤容限设计，使其不再有安全性的后果；或增加安全保护装置，把破坏概率降低到一个可接受的水平。对隐蔽性故障应采取措施使其变为显性故障，以便控制多重故障。传统维修观念往往过高地估计了预防维修的作用，而缺乏故障后果与维修方式之间的内在关系的研究。

（6）观念差异之六。

如何减少维修费用，是各个时期设备管理讨论的话题。过去人们对维修及可靠性知识的缺乏，仅仅注意在某一种维修方式上进行如何节约的工作，忽视了维修策略的变化可以带来质的变化这一问题。就好像我们常说的一句话"光节流不行，要有开源才能有积累"。维修策略也有这样的道理，当我们过多地考虑维修的技术性问题时，维修管理的效率降低则是一种经济上的损失。由于可靠性理论的普及，我们可以进行各种维修策略的权衡。在基于可靠性的数据中可以确定出哪种维修策略更为经济或安全。另外，在选择维修策略时，还应注意一个问题，就是不论哪种维修方式都有它的先进性或经济性。所谓的选择就是能够针对实际情况多进行方案筛选，这一点在实际工作中说起来容易，做起来就不一定简单，因为维修人员要面对的是众多的设备维修工作。

（7）观念差异之七。

现代维修策略的形成应该首先询问和了解用户在使用过程中，需要得到什么样的维修保证，从而建立起设备维修大纲。该大纲的唯一目标是确保用户得到他们所需要的。为了达到这一目标，用户最好能明确表明自己的要求。尽管这有一定难度，但在许多行业是可以做到的，只要有高度的责任心。除了用户说出他们对设备的要求和期望外，操作人员还可以在策略制定过程的其他方面发挥较大的作用。

通过参与故障模式影响分析（FMEA），操作人员知道大量的故障模式是人为差错引起的，从而认识到该做什么才能不再人为地造成停机。他们在评审故障后果中也起关键作用（故障的明显性、风险可接受水平、对产量和质量的影响等）以及可提供宝贵的个人经验。在目前国内外的故障状态检测中，70%仍是靠五官的主观判断。这一操作人员参与的过程可以像TQM中的QC小组实施工作一样，让操作人员切身体会到为什么设备有时需要停机维修，有时要求操作人员做到某一级的维修。

单纯从技术观点看，在许多企业中，没有用户的参与，就不可能开发出一个可行的、持久的维修大纲。

（8）观念差异之八。

有相当一部分人在没有很好地处理维修与更新的关系时，总认为解决可靠性问题的最佳方法是直接回到设计阶段，而事实上改进维修实践是不是最佳办法。因为，第一根据新设计的成本和复杂程度，大多数改型需要一个相当长的过程。第二，企业所面临的可能在表面上看来是较为理想的，而实际上从经济上考虑是不可行的改进设计方案。第三，谁也不能保证新设计就一定会解决问题，有不少企业都有改型不好而闲置在库房的设备。这无形中证明了对初始设计进行改进往往是在做无用功。

然而这并不意味着我们应该重新设计现有系统，当设备的固有可靠度已不能获得满意的产品质量时，维修也无能为力时，我们就需要超越维修寻求解决方法，即更新设备。

（9）观念差异之九。

有相当一部分设备管理人员认为保护好资产是首要任务。中国人受传统的观念的影响，认为在任何情况下，"家当"不能坏在自己手上，否则上对不起"祖宗"，下对不起"子孙"。因而，当资产处于良好状态时会感到满意，而在资产处于不良状态时则会感到恼怒。这些习惯的思维方式在预防维修中占中心位置，从而产生了像"财产保护"这样的概念。正如这个名字所暗示的，是寻求对财产本身的防护。这种思维方式还使维修决策者认为，维修是维持资产的固有可靠性或者资产的固有能力。

今天，当我们对资产在企业中扮演的角色有了更深刻的理解后，当政府对企业的指导职能减少了，企业的自主权增加了，同时要求自负盈亏、自我约束、自我发展，我们开始认识到下列事实的重要性：有形资产投入使用是因为人们想让它做某些工作。因此在我们维护资产时，我们想保护的状态一定是它的用户想让它继续发挥作用的状态。这就是说我们必须把注意力集中于保持每个资产能做什么而不是它是什么。

（10）观念差异之十。

从事设备维修的人员多属于工程技术类型，而这一类型的人常常希望从机械角度根本性地解决问题。同时，他们所面对的问题是就事论事。我们现在使用频率最高的一个词汇是"适合中国特色的……"。这一观点并非为自己找不到解决办法的解脱词，而是有深刻的辩证思想。维修也是一样，由于企业的性质不同、区域不同、环境不同、机制不同等，造成许多约束条件不一样，使得"维修"这一原本专一的工作也变得有它自身的适应性。

我们应该注意到"一口不能吃成一个胖子"，但我们应改变习惯的思维方式。也就是说，应从寻求用一粒子弹一发命中，即 $1 \times 100\%$ 的概率去解决我们的所有问题，转为考虑使用一发散弹，用每粒 0.1 的概率的散弹，1000 粒同样可以保证 100% 的成功，而这种成功的可能性更有把握。

（11）观念差异之十一。

故障停机一直是机械制造业等行业的主要问题。一个很小的故障将很可能使整套设备停产。换句话说，机械化和自动化的日益增长，也意味着在各行各业中，可靠性和可用性已成为关键的问题。

在过去的几十年间，维修费用无论绝对数量还是相对数量都一直在迅速增长（如某钢铁企业一年的维修费用达十几亿元），现已成为第二大乃至是第一大费用消耗。因此，仅仅 40 年的时间，维修已从无足轻重变为企业费用控制中优先考虑的问题，管理人员试图把它们作为唯一重要的维修目标。

然而现在观念已有了一些变化，其原因是现代维修功能具有更广泛的目标。自动化程度的提高意味着一些不易发现的故障影响着产品的质量和产品售后服务水平。同时，安全隐患大或环境污染严重的故障也会增多。世界上的许多地方已出现了这种情况，如前苏联切尔诺贝利电站的核泄漏、美国挑战者号航天飞机升空爆炸、我国许多江河沿岸

工业污染危害沿岸人民健康等事件充分说明了这一点。现在的观点是，要么企业与社会所期望的安全和环境标准一致，要么关闭停产。正是我们对设备完整性的依赖，维修费用已不是经济的问题，而是企业能否生存下去的事情。维修在保持企业的有形资产、资金和竞争能力等方面正在起着日益增长的核心作用。

RCM 的最大优点就在于它认识到故障后果远比故障的技术特性重要得多。RCM 最重要的内容之一就是系统功能的逻辑维修，这些思想都是建立在较深刻的理论和内容之上的。

四、体育场馆设备的维护

维护保养工作要求坚持做到"三好、四会、五良好"。"三好"即对设备用好、修好、管理好；"四会"即是对设备会使用、会保养、会检查、会排除故障；"五良好"即使用性能良好、密封良好、润滑良好、坚固良好、调整良好。对重大的主要设备采用预防性维修，防止设备出现故障，对一般设备做好日常维修保养。

（一）设备的保养

1. 维护保养的内容

（1）清洁。

大气中有灰尘进入设备内，会加快设备的磨损和引起局部的堵塞，还会造成润滑剂的恶化和设备的锈蚀，致使设备的技术性能下降、噪声增加，所以设备的清洁工作看似简单，实际上是维护保养工作中很重要的一种方式。

（2）紧固。

设备运转相当一段时间后，因多次启停和运行时的振动，地脚螺栓和其他连接部分的坚固件可能会发生松动，随之导致设备的更大振动直到螺帽脱落、连接尺寸错位和设备的位移以及密封面接触不严形成泄露等故障，因此必须经常检查设备的坚固程度。在坚固件调正时，应该用力均匀恰当，坚固顺序按规定进行，确保坚固有效。

（3）润滑。

润滑管理是正确使用和维护设备的重要环节。润滑油的型号、品种、质量、润滑方式、油压、油位及加油量等都有严格的规定。润滑管理要求做到"五定"，即定人、定质、定时、定点、定量，并制定相应的润滑管理制度，建立润滑站、润滑卡。此外，对设备的清洗、换油也应有合理的计划，确保润滑管理工作的正常开展。

（4）调整。

设备零部件之间的相对位置及间隙是有其科学规定的，因设备的振动等因素，零部件之间的相对尺寸会发生变化，容易产生不正常的错位和碰撞，造成设备的磨损、发热、噪音、振动甚至破坏，因此必须对有关的位置、间隙尺寸作定量的管理，定时测量、调正，并在调正以后再加以坚固。

(5) 外观表面检查。

指从设备的外观做目视或测量观察、检查。包括：设备的外表面有无损伤裂痕；磨损是否在允许的范围内；温度压力运行参数是否正常；电机有无超载或过热；传动皮带有无断裂或脱落；震动和噪声有无异常；设备密封面有无泄露；设备油漆有无脱落，外表面有无锈蚀；设备的防腐、保温层有无损坏。

同时，对不同类型的设备，应更具其使用特点，采取不同维护保养方式。如对空调设备应在季节变化之前进行检查保养；对水箱类设备需要定期清洗、换水等。

2. 设备维护保养的方式

（1）日常维护保养工作。

要求设备操作人员在班前对设备进行外观检查；在班中按操作规程操作设备，定时巡视记录各运行参数，随时注意运行中有无异声、振动、异味、超载等现象；在班后对设备做好清洁工作。在冬天，如设备即将停用，应做好停运后的观察保养。日常维护保养工作是设备维护管理的基础，应该坚持实施，并做到制度化，特别是周末或节假日前更应注意。

（2）定期维护保养工作。

定期维护保养以操作人员为主、检查人员协助进行。它是有计划地将设备停止运行，进行维护保养。根据设备的用途、结构复杂程度、维护工作量以及人员的技术水平等来决定维护的整个周期和维护停机时间。

定期维护保养工作需要对设备进行部分解体，做好以下工作：彻底内外清扫、擦洗、疏通；检查运动部件运转是否灵活及其磨损情况，调整配合间隙；检查安全装置；检查润滑系统油路和油过滤器有无堵塞；检查油箱，检查油位指示器，换油；检查电器线路和自动控制的元器件的动作是否正常。

设备的定期维护保养能够消除事故隐患，减少磨损，延长寿命，发挥设备的技术功能和经济特性。

（3）设备点检。

① 设备的点检。设备的点检就是对设备有针对性地检查。一些主要的设备在出厂时，制造厂商会提供该设备的点检卡或者点检规程，其内容包括检查内容、检查方法、检查周期以及检查标准等。设备点检时可按制造厂商指定的点检点和点检方式进行工作，也可根据各自的经验补充增加一些点检。设备点检时可以停机检查，也可以随机检查。检查时可以通过听、看、摸、闻等方式，也可利用仪器仪表进行诊断。通过设备的点检，可以掌握设备的性能、精度、磨损等情况，及时清除隐患，防止突发事故，不但保证了设备的正常运行，又为计划检修提供了正确的信息依据。

设备的点检包括日常点检和计划点检。设备的日常点检由操作人员随机检查。日常点检的内容主要包括：运行状态及参数，安全保护装置，易磨损的零部件，易污染堵塞、需要经常清洗更换的部件，在运行中经常要求调整的部位，在运行中出现不正常现象的部位。

设备的计划点检一般以专业维修人员为主，操作人员协助进行，计划点检应该使用先进的仪器设备和手段，可以得到正确可靠的点检结果。计划点检的内容主要有：记录设备的磨损情况，发现其他异常情况；更换零部件；确定修理的部位、部件及修理时间；安排检修计划。

② 设备点检制。设备点检制是以点检为中心的设备维修管理体制。这种制度被广泛地应用于实行 TPM 的企业，是现代设备管理中比较科学的一种管理制度和管理方法。专职点检人员负责设备的点检，又负责设备管理，是操作和维修之间的桥梁与核心。点检员对其管理区内的设备负有全权责任，严格遵守标准进行点检，制定维修标准、编制点检计划、检修计划、管理检修工程、编制材料计划及维修费用的预算。点检体系由五个方面组成：岗位操作人员的日常点检、专业点检人员的定期点检、专业技术人员的精密点检、专家的技术诊断和倾向性诊断、技术专家的精度测试检查。

设备点检汇集操作人员、专业点检人员、专业技术人员、维修技术人员等"全员"的力量，在不同专业和不同阶段协调于同一目标下，使这些各类专业技术的各个层次的人相互配合、协调，形成完善有效的设备管理体系。点检系统工作体系如图 6-5 所示。

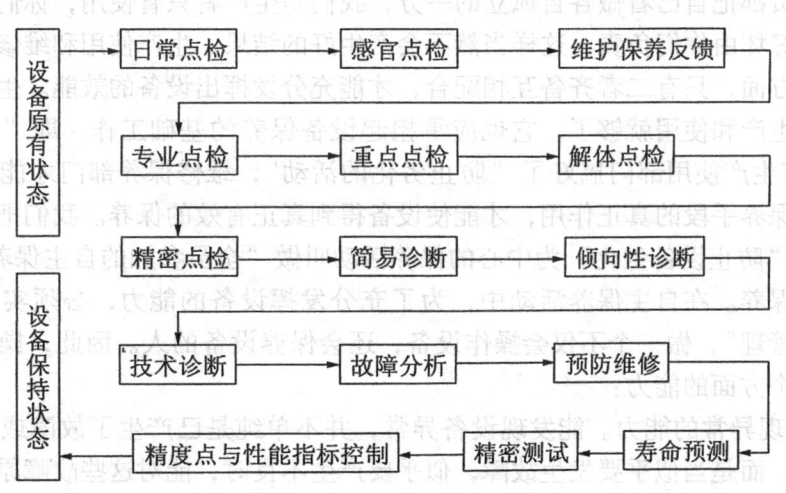

图 6-5 点检系统工作体系

对专业点检人员要求很高，要求他们具有相当的专业知识和实际工作经验，掌握各种技术和管理标准，能制定维修计划、材料计划、资金预算，分析故障及处理意见，提出改善设备的对策等。制定设备点检作业卡、周点检计划卡、长期点检计划表等，使点检成为标准作业。

点检制有"三位一体"及五层防护线的概念,"三位一体"指岗位操作员的日常点检、专业点检员的定期点检、专业技术人员的精密点检三者结合起来的点检制度。五层防护线是：第一层防护线：岗位操作员的日常点检；第二层防护线：专业点检员的定期点检；第三层防护线：专业技术人员的精密点检；第四层防护线：对出现问题进一步通过技术诊断等找出原因及对策；第五层防护线：每半年或一年的精密检测。

点检制的特点就是八"定"：

a. 定人：设立兼职和专职的点检员；
b. 定点：明确设备故障点，明确点检部位、项目和内容；
c. 定量：对劣化侧向的定量化测定；
d. 定周期：对不同设备、不同设备故障点给出不同点检周期；
e. 定标准：给出每个点检部位是否正常的依据；
f. 定计划：作出作业卡、指导点检员沿规定的路线作业；
g. 定记录：定出固定的记录格式；
h. 定流程：定出点检作业和点检结果的处理程序。

（4）设备的自主保养。

设备的直接应用涉及两方面的人员：一是生产使用人员，二是保养维修人员。如果两方面的人员都把自己看做各自孤立的一方，我们是生产者只管使用，你们是维修保养者，设备的好坏由你们负责，这样当然不会产生好的结果。生产使用和维修保养是一个整体的两个方面，只有二者齐备互相配合，才能充分发挥出设备的效能。生产使用部门并不是只管生产和使用就够了，它也应承担起设备保养的基础工作，即"防止劣化的活动"。只有生产使用部门搞好了"防止劣化的活动"，维修保养部门才能发挥出其所承担的专职保养手段的真正作用，才能使设备得到真正有效的保养。我们把生产使用部门进行的以"防止设备劣化"为中心的保养活动叫做"全员参加的自主保养活动"，通常称为自主保养。在自主保养活动中，为了充分发挥设备的能力，必须实行"自己的设备由自己管理"，做一个不仅会操作设备，还会保养设备的人。因此，操作人员还须具备以下四个方面的能力：

① 能发现异常的能力。能发现设备异常，并不单纯是已产生了故障或产生不良时才发现异常，而是当似乎要发生故障，似乎要产生不良时，能对这些故障原因之类的异常一目了然，只有这样，才能称作为真正的"发现异常能力"。

② 能正确、迅速地处理异常的能力（处理复原能力）。对于已发现的异常现象，要能及时使之恢复至原来的正确状态，发挥设备本来的功能，而且还应能根据异常的程度来决定是否向上级及维修保养部门报告，该怎样处理。

③ 条件设定能力。发现异常的能力常常取决于各人的水平和经验，由于水平和经验的不一，就可能影响对异常的发现。为了防止这种现象，就应该决定一个确定的量，

以判断设备是否正常。判断基准应定量。以温度为例，其定量应确定为"应在××度以下"，而不能模糊地描述为"不得有异常的发热"。这里要强调的是，与其重视判断基准的正确度而延迟了执行，还不如先定一临时基准，再多次修正，以定出更为合适的基准。这种方法更具现实意义。

④ 维持管理能力。设备发生了故障再维修总没有预防在先的好，为此，就必须确实地遵守既定标准，比如"清扫、加油标准"、"自主检查标准"等。能力是如何形成的？它主要靠工作中的不断学习和积累，因此工作本身就是一种学习，能力的不断提高可取得更多的工作成果，它们三者之间是一种相互依存、相互促进的关系。要培养出能驾驭设备的操作人员，要形成自主保养的体制，一方面要注重人才的培养，另一方面要根据其实际能力对工作有切实的效果，也即这个效果是能得到维持的。在开展自主保养时，不可寄希望于一下子解决许多问题，为此应将目标和内容整理为7步，这就是"步进式自主保养"。理想的方法是，彻底地做到每一步，待达到一定程度，再进入下一步。

从自主保养的过程来看，可分为7个步骤：

第一步：初期清扫。

初期清扫就是以设备为中心彻底清扫灰尘、垃圾等。我们要将清扫变检查，检查能发现问题，发现设备的潜在缺陷，并及时加以处理。同时通过清扫，有助于操作人员对设备产生爱护之心。

第二步：寻找发生源、困难部位的对策

为了保持和提高第一阶段初期清扫的成果，就要杜绝灰尘、污染等的根源（发生源），为此可采取消除或加盖、密封等对策。对难以维护保养的部位，如加油、清扫、除污等，也应采取有效对策，提高设备的可维护保养性。

第三步：编写清扫、加油基准。

根据第一、第二步活动所获得的体会，编写一个临时基准，以保养自己分管的设备，如清扫、加油，紧固等基本条件。

第四步：综合检查。

为了充分发挥设备的固有功能，要学习设备结构、功能及判断基准，检查设备各主要部分的外观，发现设备的缺陷并使之复原，同时使自己掌握必要的检查技能。再者，对以前编写的基准可考虑不断完善，以利检查。

第五步：自主检查。

在第三步编写的清扫、加油基准的基础上，加上第四步学到的内容，并完全遵照执行，这就是自主检查基准。在学习和执行的过程中，还要不断学习和熟悉设备的操作和动作、质量和设备等的关联性，具有正确操作设备和早期发现异常情况的能力。

第六步：整理、整顿。

从现有的以设备为中心的活动向外围设备、整个车间扩大活动范围，在掌握了上述5步能力的基础上，发展为实现并维持整个车间应有的形象。

本步所说的整理是指明了车间内的工夹具、半成品、不良品等，并制定出管理基准，减少物、事等管理对象，尽量简化。

整顿就是要遵守（维持）既定基准并逐步完善，以便作业人员易于遵守。车间实行目视管理和管理实行标准化。

第七步：自主管理的彻底化。

通过以前6步的活动，已获得了不少的成果，人员也得到了很大的锻炼，所以这一步就要建立起不断改善的意识，不断地进行PDCA循环，结合公司的方针、目标，制定出适合自己的新的小组活动目标，做到自主管理的彻底化。

（二）设备的修理

1. 设备的计划检修

对在用设备，根据运行规律及计划点检的结果，可以确定其检修间隔期。以检修间隔期为基础，编制检修计划，对设备进行预防性修理，这就是计划检修。实行计划检修，可以在设备发生故障之前就对它进行修理，使设备一直处于完好能用的状态。

根据设备检修的部位、修理工作量的大小及修理费用的高低，计划检修工作一般分为小修、中修、大修和系统大修4种。

（1）小修。主要是清洗、更换和修复少量易损件，并作适当的调整、紧固和润滑工作。小修一般由维修人员负责，操作人员协助。

（2）中修。除包括小修内容之外，对设备的主要零部件进行局部修复和更换。

（3）大修。对设备进行局部或全部的解体，修复或更换磨损或锈蚀的零部件，力求使设备恢复到原有的技术特性。在修理时，也可结合技术进步的条件，对设备进行技术改造。

中修、大修应由专业检修人员负责，操作人员只能做一些辅助性的协助工作。

（4）系统大修。这种检修方式是一个系统或几个系统甚至整个物业设备系统的停机大检修。系统大修的范围很广，通常将所有设备和相应的管道、阀门、电器系统及控制系统都安排在系统大修中进行检修。在系统大修过程中，所有的相关专业检修人员以及操作人员、技术管理人员都应参加。

设备的计划检修不能绝对消除计划外检修（偶然性的故障抢修和意外事故的恢复性检修），但如果认真贯彻各项操作规程和规章制度，认真完成设备的日常维修和计划检修工作，那么计划外的检修是可以减少或者避免的。

2. 抢修

建立适合于体育场馆特点的设备维修保养方案，要遵循"安全、经济、合理、实用"的原则，有计划、有步骤地进行，做好设备的预防性维修保养，将设备故障隐患消灭在萌芽状态，才能更好地保障场馆举办的各种社会活动的顺利进行。但无论如何，也需考虑现场各种特殊情况的出现，必需的设备设施故障应急预案有：供电突发性事故的应急措施、中央空调系统应急处理方案、电梯故障应急处理方案、故障或停电困人救援方法、液化气泄漏应急预案、水浸应急预案、抢修服务工作程序、严重漏水泄水应急措施等。

3. 经验维修与规范维修

经验维修是最常见的维修方式，维修人员依据过去的维修经验进行检查或诊断故障，检修时间快，但人员因素影响很大。经验作为优秀的维修人员的必备条件，在维修行业得到认可。在面对维护要求越来越高的现代设备设施时，经验不足是普遍现象，经验维修方式常常无力应对复杂多样的现代设备。科学规范维修则是经验维修的继承和发扬，它把维修纳入了科学严谨的轨道上，是先进有效的维修方式。

经验维修是一项很有效的工作方式，通过积累维护经验，可以在排故过程中少走弯路，找到快捷有效的方法。例如总结更换部件的过程使用工具，更换先后次序，下次再次更换时就会优化程序，缩短时间。在结构相对简单的设备面前，机械传动部件较多，部件之间往往通过机械传动连接，出现故障一般都是由于某个机械部件磨损老化造成的，所以故障总是会重复出现在一个地方上。通过总结经验可以缩小排故范围，很快找到故障点。

但是现代设备都是机械和电气综合的机电设备，一旦出现故障，判断的难度也大大加强。再依靠以前的经验维护，往往工作一夜也不一定能排除故障。因为经验代替不了科学的分析检查，所以经验维修在现代设备维护中的作用降低了。并且经验维修容易使人主观片面，忽视故障隐患。经验维修依靠的是人在维护过程中反复操作所积累起来的感觉和总结的方法。人在社会实践中总是希望以最小的代价获取最大的利益，维护经验最后往往被总结成一些小经验、小窍门。这非常容易使人陷入主观片面。如果过分依赖维护经验，会使我们忽视很多细节，从而让故障隐患在眼皮下溜走。所以经验维修像一把双刃剑，使用得好可以给工作带来便利，盲目相信经验就会给自己带来伤害和悔恨。

只有在经验维修中注入科学规范才能更好地发挥它的作用。科学规范维修才是现代维护的根本方法。大量最新科技成果被运用到各种设备上，这要求每一位维护人员必须提高自己的业务理论水平，坚持以科学规范的维修态度和方法去维护设备，才能保证设备安全。科学规范维修是经验维修的升华，它以严谨科学的维护方式对待设备问题。

科学维修管理可以使维修系统发挥更大的效率，规范日常维修工作就是保证设备安全运行的根本因素。规范维修的根本就是依法、科学、按照相应技术手册的规定去从事维修工作。有人说：什么都按规章走，做事就做死了，要灵活。这种态度在维修工作中是错误的，任何技术文件上的安全规范对于安全生产具有非常强的指导性，任何一个工作单上要求检查的项目都是经过严谨科学的论证得出来的，必须严格执行。要把规范维修落实到实际工作中，无论做什么工作，手里只要有工作单，就要按照工作单要求一项一项地完成，既不能超越要求自作主张，也不能省略步骤。例如，有人嫌拿单子干活不方便，相信自己记住了检查项目，结果工作一多就丢三落四，很多该看的项目没有检查，未能及时发现隐患。给自己和单位造成损失。所有这些都是因为不能正确对待规范维修，不依靠科学维护造成的。

过去，优秀的维修人员都应具备丰富的维护经验和过硬的维修技术。现在，要通过加强新技术的学习和掌握，普及科学的工作和管理方式，将旧的维护经验注入科学规范的新内涵，使它焕发新的生命力。以前的维护经验很多是停留在主观意念上的，是孤立的，往往存在不考虑环境条件盲目照搬的缺点。但是它也有很多优点，老的维修人员听设备声音就可以判断工作是否正常，看一眼部件就能马上说出固定螺栓的大小尺寸等，这都是值得学习的宝贵经验。所以对待经验维修应该采取扬弃的态度，吸收优秀的，放弃不符合发展需要的。科学规范维修和经验维修并不是冲突的，它是经验维修的升华和提高，只有在科学的前提下总结出来的经验才是经得起考验的方法。

4. 维修工程的管理
（1）内部维修。
维修主管部门应根据年度检修计划及设施、设备运行情况填写《维修工程审批表》，制定维修方案及预算，上报审批。

维修主管组织维修工按照设备维修操作规程进行维修。

设备维修完成后，维修主管应及时组织设备责任人及值班人员进行试运行。设备鉴定标准参照国家部级行业验收规范执行。

维修内容及结果要详细记录在《设施维修保养记录表》中。

（2）委外维修。
合同内的保修或难以处理的问题，要专业供货方或其他专业厂商解决。

外方检修时，维修主管部门应在施工现场设置标志，并要求检修人员或单位做好围挡或安全护栏。维修主管部门对施工现场要进行监督检查。

如果需要将设施设备业务实行外包管理，就应选择在服务质量和服务价格方面均满足企业需要的合格承包方。

① 承包方评估。通常要从以下几个方面对承包方进行评估：企业品牌状况，企业规模，资信信誉，技术能力（是否具备相关技术资质证书等），企业质量保证能力（如是否有质量保证体系），管理维护计划、标准，预算价格、付款方式。

在评估时应注意：选取多家单位进行综合价格比较；同等条件下原承包方优先；不以价格为唯一选择标准；评估参与人与承包方有特殊关系时应予回避；秉承公开、公正、公平的原则；根据分包项目的内容，采取资料审核、现场考察、分项评分、逐级审核、评估会议等方式对承包方进行评估。

② 订立外包管理合同应注意的事项。由于设施设备的重要性和发生故障所产生的损失和影响可能较大，在合同起草和签订过程中，应特别注意以下几个方面：

a. 在签订合同时要注意保证签约主体与实施主体一致。

b. 在合同中应明确因设施设备故障、事故造成的人员、财产等损失，明确在出现问题时的责任方，以免在出现问题时产生纠纷。

c. 应在合同中明确服务的技术指标标准，并尽量采取量化形式，便于检验。

d. 委托方应尽量保留受托方在服务过程中的有关质量记录文件，既便于监督服务过程，也便于掌握设施设备状况，保证设施设备历史资料的完整性。

③ 外包管理合同实施应注意的问题。

a. 建立针对承包方的检查监控制度并落实专人负责实施。

b. 建立与承包方的定期沟通会议制度，及时解决合同履约过程中出现的问题。

c. 建立定期效果评估制度。对评估过程中发现的较大或普遍存在的问题，以书面形式通知承包方，并提出整改要求，限期整改。

d. 定期对承包方的基本情况进行全面更新，以及时掌握承包方的企业状况，适时采取对策，确保承包方有能力持续履约服务合同。

(3) 维修的监督。

维修主管部门定期全面检查监督保养维修工作，发现问题及时处理，并记录在相应的专门表格中。日检、周检、月检、季度检查和委外检修都应有专门的记录。将设备及设备检修情况、重要零部件更换情况在档案中予以记录，并在相应的《设施维修保养记录表》中予以记录，以便今后维修工作的开展。应设专人负责保存必要的、与运行设备设施相符合的技术图纸、产品说明书及相关资料，以便系统地、历史地掌握设备状态。

五、体育场地维护

（一）塑胶跑道

作为运动设施的塑胶跑道，每天都要进行清理，每个季节都要进行必要的高水平保养。维修的适当时间要考虑周到，如置换用坏的表面塑胶，还要考虑到足够的预算资金。

1. 塑胶跑道的维护要具备的条件

（1）适宜的设备。

一个塑胶场地的正常保养，下列设施是必要的：人工清洗的手工工具（水管、刷子）、用旋转式尼龙（非金属）刷制成的拖把、高压式（水压式）清洗器（带高压和水箱式的拖把设备）、喷冰盒、合成材料的修理工具、画线与喷洒工具。

（2）必要的材料。

小修小补所需要的颜色画线粉、合成材料和胶水。

管理的要求最重要的是跑道的清理、跑道表面准确的画线以及标准记号（准确的形式与颜色）。足够的保养能保证这些目标的实现。

2. 塑胶跑道维护的程序

（1）常规程序。

日常保养，每天检查损坏、松动的设施后，由人工用拖把或水龙头进行部分或全部冲洗，清除废物，如垃圾、玻璃片、叶子或沙坑里的沙子，或拧紧松动的设备。

（2）基本程序

塑胶跑道的某本保养程序：用水管（刷子）进行人工清洗；用坐骑式清扫机进行机械式清洗（根据需要选择大小）；用耙子或被认可的化学药剂清除野草、藻类、青苔；用喷冰冷冻清除口香糖；检查场地上最上一层是否牢固地和底层粘在一起，起壳的地方要立即固定；在钉鞋经常跑过的地方实行特别保护；检查所有的画线与标志，需要时进行更新；设置可供训练的跑道。

3. 季节性的保养与维修

季节性的保养（包括大规模的清洗）应每年进行两次，建议不要用水管冲刷整个场地，而要用高压水冲洗，也就是用带高压装置的拖把进行彻底冲洗。在塑胶跑道上严禁使用化学物质。需要时应更新画线与标志。清除积雪时，一定要用扫帚扫。

4. 使用限制

要保证高水平的保养，塑胶跑道的使用一定要有限制：塑胶面不允许行驶机动车辆，在允许大吨位的车辆进入场地时，要用木板进行保护；严禁运动员在场地内使用化学物质（例如治疗肌肉的药物）；严禁在塑胶场地燃放爆竹与吸烟；场地内的跑道用栅栏封闭，不得对外开放；为防止足球鞋上的泥土进入跑道，应在场地连接处用覆盖物盖住。

5. 场地改造

塑胶跑道的使用寿命由其质量、使用及保养水平所决定。总的说来，标准的塑胶场地在使用8～10年后就需要翻修。

在平时定期进行维修以防止整体损坏，而翻修的时候就需要完全更新了。场地更新应有不同的程序：用新材料完全换取用坏的塑胶面；再对坏的场地部分进行更新；重新用足够的塑胶材料进行覆盖或封住；在用破的地方进行覆盖。

在场地完全维修后，要重新做标志。场地的某个部分的更新完成后，就应该决定是否需要进行一次全面的重新标志。

应该指出的是，渗水型塑胶面层跑道，用封口或喷散涂料的方式维修会减少地表面水的渗透功能。

（二）人造草坪

与天然草坪相比，人造草坪保养简单，投资也少。适当的保养旨在提高人造草坪的寿命和美观。

1. 维护保养的基本要求

当运动场人造草皮安装完成后，至少需要两周时间用于稳固草纤维。这段时间虽然可以举行体育赛事，但建议所有的重型器械和不必要的交通车辆不要进入运动场。而且在这段时间内，要把清扫的次数降到最低限度，尤其是不要在高温时清扫。

另外，人造草皮不像天然草地，往往需要几个星期时间的使用和风化后才能达到最佳的运动性能。这段时间不仅要求草纤维稳固，而且需要颗粒填充适度，以达到舒适的、宜于长期运动的理想状态。

2. 清洁及除污

雨是人造草最好的清洁工。它能轻柔地清洗掉草纤维上的灰尘、花粉以及空中散播的其他污染物质。在大多数抗污纤维中，聚乙烯是被人们熟知的，因为多数污点的产生是因为潮湿，但聚乙烯本身并不吸潮。因此，聚乙烯纤维上的"污点"用清水或肥皂水清洗就行了。人造草上的污点在变干、变硬之前是非常容易清洗的。

3. 小规模的清扫

在赛后用吸尘器及时清扫纸张、花生壳、瓜子、胶带等会比较容易。一台令人满意的吸尘器能吸进碎纸、食物残渣和表面的灰尘等。当使用这些机器时，有几点值得注意：

（1）刷子类型。

清洁机须具有类似于尼龙或聚烯烃之类的合成纤维毛刷，刷子的最小长度为2.5吋，刷子不能含有金属或金属线。

（2）刷子安装。

正确使用清洁机，不会带走填充在草皮中的橡胶颗粒，所以刷子的安装值得特别注意。具体的安装方法取决于清洁机的型号，当安装的刷子几乎不能碰到草纤维的顶端时，清洁机将工作得非常好。不要将刷子安装过低以至于伸进草纤维、填充物或衬垫物里。当刷子安装太低会损伤草皮和影响填充物时，不建议用清洁机清除泥土。

（3）温度限制。

在夏季，如果温度超过33℃，请不要使用清洁机。

（4）车辆气体排放。

为了防止着火或者因为温度过高熔化草纤维，不要将没有熄火的车辆停置在草皮上。不论使用何种车辆都不要将车辆的气体排放在运动场内。

（5）溢油等。

在清扫期间要防止润滑油、润滑脂、液体等溢出或滴到你的草皮表面上，因为这些液体会使草纤维变色，一定不要将类似于电池的酸性液体溢到草地上。

(6) 频率。

一般在需要的时候才清扫松散的垃圾，在人造草地使用的频繁期，清扫一般为一个月两次。

(三) 天然草坪足球场

草坪运动场从要求低修剪的高尔夫球果岭到高修剪的赛马场，再到足球场地，一个比一个更严格。但无论哪一种形式的草坪运动场，都要有以下条件：土壤抗板结能力强、耐践踏，土壤板结和草坪损坏后恢复快，草种茎叶密植性强，能形成美丽的草坪，草种耐低修剪，弹性好，苗床表面结实、不易被成块挖起。这些必备的条件满足以后，还要进行病虫害的防治等，还有草坪的颜色也是一个好的足球场非常重要的条件。

1. 足球场草坪建植的注意事项

足球场草坪建植主要包括建植时间、草种的选择、坪床处理及播种等方面。

(1) 建植时间。

由于不同草种适宜的生长温度有所不同，因而建植时间的选择也有一定的区别。冷季型草坪草种适宜的生长温度是15～25℃，因此冷季型草坪的建植多选择初春及秋季；春播草坪的洒水压力大，易受杂草侵害。相比之下，秋季为最佳建植时间。在我国冷季型干旱区，夏初雨季来临前建植草坪也较好。暖季型草坪草种适宜生长温度为25～39℃，暖季型草坪的建植时间主要以夏季为主。

(2) 坪床处理。

坪床处理是建坪的重要步骤。主要包括土壤清理、翻耕、平整、改良、施肥及排水灌溉系统的安装等几项工作。要认真清除坪床中的建筑垃圾、杂草等杂物，施入细沙或泥炭，改善土壤的通透性。根据土壤的肥力状况，播种时可适量施入磷酸二铵、复合肥、有机肥等为底肥，施肥量以每平方米30～40克为宜（有机肥可适当加大），建植草坪要充分考虑到地面排水问题。

(3) 草种选择及混配比例。

选择适宜当地气候、土壤条件的草坪草种是成功建植草坪的重要前提，其基本原则是：首先要选择适合当地土壤气候条件的草种，即先选择生存问题，再选择颜色、质地、均一性等问题；其次要依据不同的管理条件选择适宜的品种有序互补，因此混合播种是目前足球场草坪普遍采用的方式。草坪草种混配的重要依据是，要充分考虑到混播建植草坪的外观、质地等方面的均一性，即要有完整均一的景观效果。不同地区、同一地区不同用途的足球场地，草种混配及比例均有所不同，而且管理条件的好坏，其混播比例也有所不同。

(4) 播种方式及播种量。

足球场地草坪播种以撒播为主，播种量因品种的不同而有区别，不同草种的播种量可查阅有关书籍。

2. 草坪足球场地管理

草坪管理的好坏，决定着草坪建植的成败，草坪日常管理主要包括以下几方面：

（1）灌溉。

草坪建植后进入养护管理阶段，播种后应及时灌溉，可采用地表移动、地下固定等多种喷灌方式。充足的水分供应是保证建坪成功的关键。苗期要保证充足的水分，新草坪建植过程中不及时灌溉是建坪失败的重要原因之一。成熟草坪的灌溉，主要应考虑灌水时间、灌水量及土壤性质等方面。在夏季高温季节，草坪灌水应避免中午或傍晚进行，要防止因高温而引起的病害对草坪的危害。

（2）修剪。

修剪是建植高质量草坪的重要措施，其遵循的基本原则是剪去总高度的1/3。第一次修剪在草长到7cm左右时进行。对新建草坪适时修剪，可促进草的分蘖和增加草坪密度。成熟草坪在返青前进行修剪，可促进草坪提前返青。适当使用草坪矮化剂，可减少草坪修剪次数，促进分蘖，增加草坪密度，提高草坪的抗逆性。当草坪受到不利因素胁迫时，要适当提高草坪修剪高度，以提高草坪草的抗性。草坪修剪的质量取决于所用剪草机的类型、修剪方式、修剪时间等。

（3）追肥。

追肥对草坪管理来说，与灌溉、修剪同样重要。草坪生长季节以施用磷、钾肥为主。因为使用氮肥会促进草坪茎、叶的迅速生长，导致草坪的耐热、抗旱、耐寒和耐践踏性降低，因而在高温高湿季节应尽量避免施用氮肥，应以钾肥为主。

（4）杂草控制。

草坪杂草的控制涉及的领域较广，主要包括杂草的发生、农药的使用、草坪管理措施等方面的综合控制措施。加之我国为农业大国，长期使用除草剂对农田杂草的防除，导致杂草对除草剂产生了抗药性。抗药性杂草种群迅速扩展和蔓延，为以化学防除为主体的杂草综合管理措施提出了新的课题。因此草坪杂草的防除已成为草坪建植管理中的主要问题之一。根据杂草的发生规律，草坪杂草防除的最佳方法是生物防除，即通过选择适宜的草种混配组合和最佳播种时期，避开杂草的高发期，对草坪进行合理的水肥管理，增加修剪频率，促进草坪草的生长，增强与杂草的竞争能力，抑制杂草的发生。

（5）病虫害防治。

病虫害防治在草坪养护管理中占有极其重要的地位，应引起草坪管理者的足够重视。草坪要有适当的条件，才能进行正常的生长发育、繁殖后代。当草坪受到不适宜的环境条件的影响，或者受到其他有害生物的侵染时，就不能进行正常的生长和发育，病害严重时还会造成成片草坪的死亡。草坪病害发生的原因，一方面是由不适宜的环境条件引起的，称为非传染性病害，又称生理性病害；另一方面是受到其他有害生物的侵染

而引起的，称为传染性病害。

（四）运动木地板

体育场馆木地板投资大，维修难度大、费用高，所以正确的养护方法直接影响到使用效果和地板的使用寿命。

运动木地板严禁打蜡。以木制产品本身来讲，打蜡是保护产品的通用方法，但运动木地板对地板表面的摩擦系数有严格要求，如果地板表面过于光滑，运动员在运动过程中，由于摩擦系数的降低而容易造成脚底打滑，影响正常竞技水平的发挥，严重时还会发生滑倒事故。所以运动场馆的漆面保养不是打蜡，而是"消光"（某一区域经鞋底长期摩擦，将漆面磨光，导致该区域摩擦系数降低）。消光是指利用专用机械除去漆面光泽或使用专用消光剂除掉油化光泽。

严禁用溶剂型油类产品清洁地板。溶剂型油类产品包括汽油、煤油、醇类、酯类等溶解油漆表面的产品。因溶剂型产品会对地板油漆造成损伤，同时会降低油漆表层的摩擦系数，增加光洁度而影响运动地板的正常使用。

地板通风孔、伸缩缝及暖器、体育器械安装部位等死角应定期清洁，不可堵塞，可用吸尘器或空压机气吹的办法进行清理。如因尘粉堆集过多，该部位容易产生霉烂、生虫、堵塞等后果。

每日定时对地板表面用吸尘器清洁，用不滴水的湿拖布进行擦拭，干燥季节应增加拖地次数，以保证场馆内空气湿度。

进入场馆的要求：

（1）任何人进入场馆，必须穿运动鞋，且鞋底无泥土或沙等杂物；其他工作人员临时进馆时必须穿厚绒布鞋套。

（2）严禁在地板表面上进行硬物的推运或滚动，以防弄伤地板表面。

（3）严禁在场馆内随地乱洒水，乱丢垃圾、烟头、金属制品及带尖的物品。

（4）如遇馆内安装施工，应在施工场所地板之上铺垫保护层方可施工。

本章小结

现代体育场馆设施设备种类复杂多样，除了一般物业的基础设备外，还有众多的比赛设施。由于体育赛事和文艺表演等活动的特殊性，对相关设备设施有着很高的安全性和可靠性的要求，这是体育场馆设备设施管理的最大特点。基于此，相应的管理也要有科学、实际的方法。掌握设备设施的特点是科学管理的基础，而设备的多样性决定了它们缺乏共性，唯有细致地做好基础工作，详实地把每一种设备的基础资料整理好，把握每一种设备的特点，才能真正科学地管理。前面第一节列举部分典型体育场馆设施设备的特点，以及基础工作的内容，包括相应法规文件、技术档案和备件等。在管理理念上，介绍了零故障的管理思想，其意义在于能区分自然劣化和强制劣化，认识到设备能实现零故障，故障是人为造成的，要从"设备会产生故障"的观念转变为"设备不会产生故障"，并列举了相应对策，同时介绍了安全管理的主要要求。

维护管理作为设备设施管理的最重要环节之一，我们把其作为第二节的主要内容。设备后半期的管理是否成功，是通过操作使用和保养维修直接体现出来的。操作正确与否对设备的影响极大，但管理较为容易。因此，可以说后半期的管理重点在维护。理论简单但很实用的维护管理模式是TPM，其亮点是设备操作者要与专业维护人员合作维护设备。并且，它考虑到了现实情况，也就是实际工作中操作者参与进来会有很大的阻碍，因此，特别提出领导要率先垂范。体育场馆可能是操作者和维护人员都归设备工程部门管，这一阻碍没有一般企业突出，但让操作者参与维护工作这一科学的思想对场馆设备设施的管理仍具有非常积极的意义。RCM模式在理论上涉及了较深的知识，但它的一些理念突破了传统的修理模式，有很强的科学性，值得借鉴。RCM依据事实说明设备故障曲线的多样性，由此反对简单地根据使用时间制定修理级别，并提出根据故障的影响效果来确定维护方式，这种理念非常适合体育场馆设备的特点。点检作为一切维护的基础，书中也作了较为详细的介绍。

本章还列举了部分设备设施的具体维护措施，这些措施有一定的典型性和普遍意义，但不可作为具体某种相应设备的维护措施，书中的内容仅作参考，具体设备的维护还要根据其技术文件和生产商的要求，以及使用单位的具体情况来确定。

复习思考题

1. 谈谈对比赛用照明系统的认识。
2. 设备零故障管理的理由是什么？有什么相应对策？
3. TPM是什么意思？如何开展？
4. RCM是什么意思？与传统维修观念有什么不同？
5. 说说设备点检制的特点。
6. 如何做好设备的自我保全？
7. 什么是维护定位？
8. 备件管理的目标和任务是什么？说说备件的ABC分类管理。
9. 谈谈对经验维修和规范维修的看法。

实训环节

1. 实训项目：撰写《某体育场馆设备设施备件管理方案》。

2. 实训目标：初步掌握制订场馆设施设备备件管理方案的流程与要点。

3. 实训内容与要求：

（1）实训内容：以小组为单位，选取本地区一到两个体育场馆进行参观，了解该场馆的经营特点和设备设施运用状况，了解设备设施对易耗件的要求，了解备件库的管理方式。最后，根据自己了解的场馆的实际情况，结合本章学习过的相关知识，撰写该体育场馆设备设施备件管理方案。

（2）实训要求：撰写的备件管理方案要根据实际情况，判定备件的重要性、必要性，考虑经济成本，确定备件的品种范围，最后明确备件库的管理办法。方案应有具体的、较全面的分析，针对性强，体现出科学性与经济性。

4. 完成步骤：

（1）以小组为单位，选取某一体育场馆实地参观设备设施，参观备件库。

（2）在该场馆的设备设施管理部门了解该设备设施的运用特点，了解各类场馆活动对设备设施的要求。

（3）搜集备件管理的文件与其他相关信息。

（4）撰写该体育场馆设备设施备件管理方案。

5. 结果与总结分析：以小组为单位进行宣讲，其他小组与教师为其打分评价。

第七章　体育场馆的安全管理

知识目标

1. 体育场馆安全管理的内容。
2. 体育场馆安全管理的方法。
3. 体育场馆消防应急管理。

技能目标

1. 熟悉体育场馆的安全管理内容与方法。
2. 熟悉体育场馆消防应急管理的过程。

案例导入

体育场馆是人员大量集中的地方，尤其是在举行国际或国内重大体育赛事期间，除有国际著名的运动员外，还将会有国际体育界的要员以及国际或国内领导出席。各方面人员的安全，对于体育盛会举办城市、国家来说，一方面是件光荣的事情，同时对于安全问题来说，又是一件责任非常重大的事情。纵观国际大型运动赛事期间所发生的历史悲剧，这是国际体育界所面临的重大问题。

1972年第20届奥运会在德国慕尼黑举行，在奥运会举办期间的9月5日，血腥笼罩着奥运会。巴勒斯坦恐怖组织"黑九月突击队"冲进奥运村，袭击了以色列运动员驻地，枪杀了两名队员，劫持了9名人质，并最终将他们杀害，制造了举世震惊的血腥事件。1996年美国亚特兰大奥运会（第26届奥运会），当人群聚集在奥林匹克公园时，突然发生了爆炸事件，当场造成一人死亡，100多人受伤。奥运会期间血腥的一幕，让世人永远不能忘怀。此外，国际上还出现过多起球迷闹事，造成众多无辜的观众伤亡的事件。血的教训，让世人对于体育场馆的安全提高到一个新的高度。从2000年悉尼奥运会到2004年希腊雅典奥运会，均投入了大量的资金，用于体育场馆的安全措施。

安全（Safety），指"免除了不可接受的损害风险的状态"。一方面是指安全主体"不存在威胁"、"不受威胁"、"不出事故"、"不受侵害"等外部安全威胁，同时还必须满足安全主体内部"没有疾患"，即没有外在威胁和没有内在疾患两个方面。因此，安全管理就包括外在威胁的消除和内在疾患的消解两个方面。对于体育场馆而言，首先应对体育场馆发生不安全的因素进行分类，然后采取有针对性的措施。

体育场馆不安全因素主要可分为两部分：外部产生和内部产生两大类。

外部产生的因素主要有：
- 自然灾害，如地震等。
- 恐怖袭击、人为寻事（不同球队球迷之间的流氓滋事、个别观众的滋事）、人为放火等。

内部产生的方面主要有：
- 设备故障、线路故障引起的火灾。
- 照明断电，而应急照明故障引起观众的恐慌。

概括起来，体育场馆安全管理主要包括社会治安、消防、卫生等几个部分。

第一节　体育场馆社会治安管理

社会治安是任何一个体育场馆赖以维持其正常运作的最基本的条件。可以说，没有一个稳定的社会治安秩序，体育场馆就无法正常运行。本节主要介绍体育场馆社会治安管理的内容和方法。

一、体育场馆社会治安管理的内容

所谓社会治安，是指国家通过法律、法规和运用警察职能以及治安行政管理手段所建立起来的一种稳定安宁的社会秩序。体育场馆社会治安特指体育竞赛期间体育场馆区域内的一种稳定安宁的社会秩序。体育场馆社会治安管理的内容包括以下几个方面。

（1）体育场馆区域内的刑事犯罪状况。

我国《刑法》规定："一切危害国家主权和领土完整，危害无产阶级专政制度，侵犯全民所有的财产或者劳动群众集体所有的财产，侵犯公民私人所有的合法财产，侵犯公民的人身权利、民主权利和其他权利，以及其他危害社会的行为，依照法律应当受刑罚处罚的，都是犯罪。"刑事犯罪状况是社会治安的主要内容，也是影响社会治安的重要因素。特别是杀人、抢劫、强奸、爆炸等重大恶性案件对体育场馆社会治安管理构成严重威胁。

（2）体育场馆区域内的治安案件状况。

治安案件状况也是社会治安的重要内容和影响社会治安的基本因素。所谓治安案件，就是违反《中华人民共和国治安管理处罚条例》的行为。这种行为主要是指扰乱社会秩序，妨害公共安全，侵犯公民人身权利和公私财产，尚不够刑事处罚的，应当给予治安管理处罚的行为。各类治安案件都在不同程度上危害社会治安，给社会治安带来消极影响。此外，公共场所的治安秩序、交通安全秩序，重大节日、群众集会和重要外事活动的安全秩序以及灾害事故，也都属于社会治安的内容和范围，这些方面的安全和秩序的好坏，对社会治安的影响也很大。

（3）场馆解决社会治安问题的能力。

刑事、治安案件、公共安全和秩序是社会治安问题的重要外部威胁内容。社会治安还包括另一方面更为重要的内容，即管理部门解决社会治安问题的能力。具体包括：

① 政府的治安对策，治理治安的手段和措施，是否能有效地保护公民的生命财产安全，惩治犯罪，维护良好的治安秩序。

② 维护社会治安队伍是否坚强有力，警察职能的运用和发挥程度，是否能有效地惩治犯罪，解决社会治安问题。

③ 人民群众的治安心理状况，以及对维护社会治安的参与程度，是否敢于同违法犯罪行为作斗争，形成坏人怕好人、罪犯怕群众、群众有安全感的治安环境。

二、体育场馆社会治安管理的方法

管理方法是指用来实现管理目的而采取的手段、方式、途径和程序的总和。也就是运用管理原理，实现组织目的的方式。任何管理，都要选择、运用相应的管理方法。体育场馆治安管理方法主要有行政方法、教育方法、信息系统管理方法三类。

（1）行政方法。

体育场馆治安管理由于范围小、对象少，宜于多用行政方法进行管理。行政方法即通过建立行政系统，采用行政手段，对场馆治安人员进行管理的方法。是指安全管理主体运用行政权力，按照行政层次，通过下达各种行政命令、指示、决议、规定、指令性计划和安全管理规章制度等手段，直接控制组织和个人的行为，以保证安全管理目标实现的方法。与其他管理方法相比，行政方法最主要的是其权威性，即行政方法的运用要以行政组织或行政领导具有一定的权力和威信、下级行政组织对上级行政组织的无条件服从为前提，否则，就不能发挥作用。

（2）教育方法。

按照一定的目的、要求对受教育者从德、智、体诸方面施加影响的一种有计划的活动。管理的人本原理认为，管理活动中人的因素第一，管理最重要的任务是提高人的素质，充分调动人的积极性、创造性。而人的素质是在社会实践和教育中逐步发展、成熟起来的。通过教育，不断提高人的政治思想素质、文化知识素质、专业水平素质，是管理工作的主要任务。教育方法的作用主要有：一是传播安全观念和方法，使人能迅速适应场馆安全环境；二是使人不仅能知其然，而且能知其所以然，从根本上提高观众的安全素质。

（3）信息系统管理方法。

信息系统管理（MIS）主要包括对信息的收集、录入，信息的存贮，信息的传输，信息的加工和信息的输出（含信息的反馈）五种功能。它把现代化信息工具——电子计算机、数据通信设备及技术引进管理部门，通过通信网络把不同地域的信息处理中心联结起来，共享网络中的硬件、软件、数据和通信设备等资源，加速信息的传递，为管理者的决策及时提供准确、可靠的依据。信息系统管理方法的具体表现就是安全防范系统的建立，包括采用多种手段，达到安全举办赛事的目的。最常用的是设置闭路电视监视系统、防止非法入侵探测系统、门禁系统、安全检测系统等。

知识拓展

奥运安全知识：防踩踏篇

在空间有限，而人群相对集中的场所如体育场馆、影院、酒吧、狭窄的街道、楼梯等，遇有突发情况，容易发生踩踏事件，对此国内外有过不少惨痛的教训，如麦加朝觐2004年2月踩踏事件造成500人死伤，2006年1月又造成362人死亡；2004年2月5日北京市密云灯会的踩踏事件造成37人死亡，数十人受伤。

2008年北京奥运会，云集了世界各国运动员、裁判员、媒体记者及观众，作为一名志愿者，应该配合各部门维持好比赛场馆内外秩序，防止拥挤踩踏事件的发生。

可能导致踩踏事故的原因：

- 人群较为集中时，前面有人摔倒，后面人未留意，没有止步。
- 人群受到惊吓，产生恐慌，如听到爆炸声、枪声，出现惊慌失措的失控局面，在无组织无目的的逃生中，相互拥挤踩踏。
- 人群因过于激动（兴奋、愤怒等）而出现骚乱，易发生踩踏。
- 因好奇心驱使，专门找人多拥挤处去探索究竟，造成不必要的人员集中而踩踏。

预防踩踏发生：

- 要时刻保持冷静，提高警惕，尽量不要受周围环境的影响。
- 要事前熟悉所管辖范围内所有的安全出口，同时要保障安全出口处的畅通无阻。
- 当身不由己混入混乱人群中时，一定要双脚站稳，抓住身边一件牢固物体。
- 志愿者有权利和义务组织安排在场人员有序疏散。
- 志愿者在指挥过程中，应尽量及时联系外援求助。

安全脱险：
- 在行进中，发现慌乱人群向自己方向涌来，应快速躲到一旁，或蹲在附近的墙角下，等人群过去后再离开。
- 在拥挤混乱的情况下，双脚站稳，抓住身边一件牢固物体（栏杆或柱子），但要远离店铺和柜台的玻璃窗。
- 在人群拥挤中前进时，要用一只手紧握另一手腕，手肘撑开，平放于胸前，微微向前弯腰，形成一定空间，以保持呼吸道通畅。
- 一旦被人挤倒在地，设法使身体蜷缩成球状，双手紧扣置于颈后，保护好头、颈、胸、腹部。

第二节 体育场馆消防安全管理

体育场馆人员密集，尤其是在一些有重大影响的赛事期间，观众人数基本达到饱和程度，一旦发生火灾，会对场内的观众造成心理上的恐慌，从而引起场内的秩序混乱。

一、体育场馆消防安全管理的内容

（一）消防档案管理

消防档案是反映场馆基本情况和消防安全管理工作情况的重要载体，体育场馆管理部门应当按照有关法律法规的规定建立健全消防档案，并严格管理。档案内容应含以下两个方面：

1. 消防安全基本情况
（1）单位基本概况和消防安全重点部位情况。
（2）消防设计审核、验收以及消防安全检查法律文书。
（3）消防安全管理组织机构和各级消防安全责任人。
（4）消防安全制度和消防安全操作规程。
（5）消防设施、灭火器材情况。
（6）义务消防队人员及其消防装备配备情况。
（7）与消防安全有关的重点工种人员情况。
（8）新增消防产品、防火材料的合格证明材料。
（9）消防安全疏散图示、灭火和应急疏散预案。

2. 消防安全管理情况
（1）消防设施检查、自动消防设施测试、维修保养记录。
（2）火灾隐患及其整改情况记录。

（3）防火检查、巡查记录。
（4）电气设备检测等记录。
（5）消防宣传教育、培训记录。
（6）灭火和应急疏散预案的演练记录。
（7）火灾情况记录。
（8）消防奖惩情况记录。
（9）公安消防机构填发的各种法律文书。
3. 保管
确定消防档案保管人员。
（二）场馆建筑消防设施配备及使用
1. 消火栓
（1）室外消火栓布置间距不应大于120m，距路边距离不应大于2m，距建筑外墙不宜大于5m。
（2）下列场馆建筑空间结构应设置室内消火栓：
a. 超过5层或体积≥10000m^3的建筑。
b. 体积超过5000m^3的空间结构。
（3）设置在高层办公建筑内。
2. 火灾应急照明
（1）建筑的下列部位应设有火灾应急照明：
a. 封闭楼梯间、防烟楼梯间及其前室、消防电梯间及其前室或合用前室。
b. 设有封闭楼梯间或防烟楼梯间建筑的疏散走道及其转角处。
c. 疏散出口和安全出口。
d. 消防控制室、自备发电机房、消防水泵房以及发生火灾时仍需坚持工作的其他房间。
（2）火灾应急照明的设置应符合下列要求：
a. 火灾应急照明灯宜设置在墙面或顶棚上，疏散用的应急照明灯照度不应低于0.5Lx，发生火灾时仍需坚持工作的房间应保持正常的照度。
b. 火灾应急照明灯应设玻璃或其他不燃烧材料制作的保护罩。
c. 火灾应急照明灯的电源除正常电源外，应另有一路电源供电，或采用独立于正常电源的柴油发电机组供电，或可采用蓄电池作备用电源，其连续供电时间不应少于20min，或选用自带电源型应急灯具。
d. 正常电源断电后，火灾应急照明电源转换时间应不大于15s。
3. 疏散指示标志
（1）场馆建筑的下列部位应设置灯光疏散指示标志：

a. 安全出口或疏散出口的上方。
　　b. 疏散走道。
　（2）疏散指示标志的设置应符合下列要求：
　　a. 疏散指示标志的指示方向应指向最近的疏散出口或安全出口。
　　b. 设置在安全出口或疏散出口上方的疏散指示标志，其下边缘距门的上边缘不宜大于0.3m。
　　c. 设置在墙面上的疏散指示标志，标志中心线距室内地坪不应大于1m（不易安装的部位可安装在上部），灯光疏散指示标志间距不应大于20m（如设置在地下建筑内，不应大于15m）。
　　d. 灯光疏散指示标志应设玻璃或其他不燃烧材料制作的保护罩。
　　e. 灯光疏散指示标志可采用蓄电池作备用电源，其连续供电时间不应少于20min。
　4. 灭火器
　（1）灭火器的选择应符合下列要求：
　　a. 扑救A类（固体）火灾应选用水型、泡沫、磷酸铵盐干粉、卤代烷型灭火器。
　　b. 扑救B类（液体）火灾应选用干粉（磷酸铵盐或碳酸盐类，下同）、泡沫、卤代烷、二氧化碳型灭火器，扑救极性溶剂B类火灾不得选用化学泡沫灭火器。
　　c. 扑救C类（气体）火灾应选用干粉、卤代烷、二氧化碳型灭火器。
　　d. 扑救带电火灾应选用卤代烷、二氧化碳、干粉型灭火器。
　　e. 扑救A、B、C类火灾和带电火灾应选用磷酸铵盐干粉、卤代烷灭火器。
　　f. 扑救D类（金属）火灾的灭火器材应由设计单位和当地公安消防机构协商解决。
　（2）一个灭火器设置点的灭火器不应少于2具，每个设置点的灭火器不宜多于5具。
　（3）手提式灭火器宜设置在挂钩、托架上或灭火器箱内，其顶部离地面高度应小于1.5m，底部离地面高度不应小于0.15m。

二、体育场馆消防安全管理的方法

（1）数据化管理。
　　通过建立完善的消防档案，并对其进行科学的分类和归档管理。作为场馆的安全防范系统设计，应做到全方位的监视，为可疑情况留下取证的第一手资料。
（2）应急管理。
　　消防管理具有很强的突发性和应急性，因此需要通过应急决策对下级进行管理。当组织高层管理者确定了消防应急管理目标后，必须对其进行有效分解，转变成各部门以及各个人的分目标，根据分目标的完成情况对下级进行指挥和管理。
（3）宣传和教育。

教育方法是用不同的形式解决被管理人员思想问题的方法，人们常说的精神激励、思想政治工作、行为科学就属于教育方法。在运动会期间，许多举办国和举办城市为了保证在此期间的安全，调用大量的警力和人力，也给予想恣意闹事者心理上的震慑作用。

三、体育场馆消防应急管理

体育场馆应有消防应急预案。所谓消防应急预案指面对突发消防事件的应急管理、指挥、救援计划等。它一般应建立在综合防灾规划之上。其几大重要子系统为：完善的应急组织管理指挥系统，强有力的应急工程救援保障体系，综合协调、应对自如的相互支持系统，充分备灾的保障供应体系，体现综合救援的应急队伍等。体育场馆在使用时聚集了成千上万的公众，因而，场馆要严格遵循国家关于场馆使用的规定，制定完善的制度和"应急预案"，在发生事故或灾害时组织实施。场馆和城市的应急状态系统要有机衔接，智能安防系统、应急通信系统要保障通信和安全。

应急预案要形成完整的文件体系。通常完整的企业级应急预案由总预案、程序文件、指导说明书和记录四部分构成。

（一）应急预案主要内容

重大事故应急预案可根据2004年国务院办公厅发布的《国务院有关部门和单位制定和修订突发公共事件应急预案框架指南》进行编制。应急预案主要内容应包括：

（1）总则。说明编制预案的目的、工作原则、编制依据、适用范围等。

（2）组织指挥体系及职责。明确各组织机构的职责、权利和义务，以突发事故应急响应全过程为主线，明确事故发生、报警、响应、结束、善后处理处置等环节的主管部门与协作部门；以应急准备及保障机构为支线，明确各参与部门的职责。

（3）预警和预防机制。包括信息监测与报告、预警预防行动、预警支持系统、预警级别及发布（建议分为四级预警）。

（4）应急响应。包括分级响应程序（原则上按一般、较大、重大、特别重大四级启动相应预案），信息共享和处理，通讯，指挥和协调，紧急处置，应急人员的安全防护，群众的安全防护，社会力量动员与参与，事故调查分析、检测与后果评估，新闻报道，应急结束等11个要素。

（5）后期处置。包括善后处置、社会救助、保险、事故调查报告和经验教训总结及改进建议。

（6）保障措施。包括通信与信息保障，应急支援与装备保障，技术储备与保障，宣传、培训和演习，监督检查等。

（7）附则。包括有关术语、定义，预案管理与更新，国际沟通与协作，奖励与责任，制定与解释部门，预案实施或生效时间等。

（8）附录。包括相关的应急预案、预案总体目录、分预案目录、各种规范化格式文本、相关机构和人员通讯录等。

（二）应急预案的编制方法

应急预案的编制一般可以分为5个步骤，即组建应急预案编制队伍、开展危险与应急能力分析、预案编制、预案评审与发布、预案的实施。

1. 组建编制队伍

预案从编制、维护到实施都应该有各级各部门的广泛参与，在预案实际编制工作中往往会由编制组执笔，但是在编制过程中或编制完成之后，要征求各部门的意见，包括高层管理人员，中层管理人员，人力资源部门，工程与维修部门，安全、卫生和环境保护部门，邻近社区，市场销售部门，法律顾问，财务部门等。

2. 危险与应急能力分析

（1）法律法规分析。

分析国家法律、地方政府法规与规章，如安全生产与职业卫生法律、法规，环境保护法律、法规，消防法律、法规与规程，应急管理规定等。

调研现有预案内容包括政府与本单位的预案，如疏散预案、消防预案、工厂停产关闭的规定、员工手册、危险品预案、安全评价程序、风险管理预案、资金投入方案、互助协议等。

（2）风险分析。

通常应考虑下列因素：

① 历史情况。本单位及其他兄弟单位、所在社区以往发生过的紧急情况，包括火灾、危险物质泄漏、极端天气、交通事故、地震、飓风、龙卷风等。

② 地理因素。单位所处地理位置，如邻近洪水区域，地震断裂带和大坝；邻近危险化学品的生产、贮存、使用和运输企业；邻近重大交通干线和机场，邻近核电厂等。

③ 技术问题。某工艺或系统出现故障可能产生的后果，包括火灾、爆炸和危险品事故，安全系统失灵，通讯系统失灵，计算机系统失灵，电力故障，加热和冷却系统故障等。

④ 人的因素。人的失误可能是因为：培训不足、工作没有连续性、粗心大意、错误操作、疲劳等原因造成的。

⑤ 物理因素。考虑设施建设的物理条件、危险工艺和副产品、易燃品的贮存、设备的布置、照明、紧急通道与出口、避难场所邻近区域等。

⑥ 管制因素。彻底分析紧急情况，考虑如下情况的后果：出入禁区、电力故障、通讯电缆中断、燃气管道破裂、水害、烟害、结构受损、空气或水污染、爆炸、建筑物倒塌、化学品泄漏等。

（3）应急能力分析。

对每一紧急情况应考虑如下问题：
① 所需要的资源与能力是否配备齐全。
② 外部资源能否在需要时及时到位。
③ 是否还有其他可以优先利用的资源。
3. 预案编制
4. 预案的评审与发布
5. 预案的实施

{知识拓展}

某企业消防安全应急预案

为加强和规范公司消防安全管理，预防火灾和减少火灾危害，根据《中华人民共和国消防法》以及《机关、团体、企业、事业单位消防安全管理规定》，结合公司实际，特制定本消防安全应急预案。

一、指导思想

以"三个代表"重要思想为指导，坚持科学发展观，从维护广大员工的人身安全和公私财产安全，实现公司全面、协调、可持续发展，建设"一强三优"现代公司的发展战略的目标出发，构造"集中领导，统一指挥，反应灵敏，运转高效"的消防安全应急体系，全面提高公司应对火灾的能力。

二、制定预案的目的

制定消防应急预案，是为了在公司面临突发火灾事故时，能够统一指挥，及时有效地整合人力、物力、信息等资源，迅速针对火势实施有组织的控制和扑救，避免火灾现场的慌乱无序，防止贻误战机和漏管失控，最大限度地减少人员伤亡和财产损失。

三、制定预案的依据

以《中华人民共和国消防法》、《机关、团体、企业、事业单位消防安全管理规定》、本省的消防法规、本公司消防安全制度为依据，严格依法实施。

四、组织机构及职责

公司成立消防安全应急指挥部，负责公司火灾现场指挥，消防安全应急指挥部由公司总经理和公司分管安全保卫的副总经理及有关部门（单位）成员组成。

总　指　挥：由公司董事长、总经理担任。
副总指挥：由公司各分管副董事长、副总经理担任。
成　　员：
消防应急指挥部职责：指挥协调各工作小组和义务消防队开展工作；迅速引导人员疏散；及时控制和扑救初起火灾；协调配合公安消防队开展灭火救援行动。
下设六个专门工作组：
（一）义务消防队（灭火行动组）
　队　　长：
　副队长：
　成　　员：
义务消防队职责：现场灭火、抢救被困人员。
义务消防队可进一步细分为灭火器灭火小组、水枪灭火小组、物资疏散小组等。
（二）疏散引导组
　组　　长：
　副组长：
　成　　员：
疏散引导组职责：引导人员疏散自救，确保人员安全快速疏散。在安全出口以及容易走错的地点安排专人值守，其余人员分片搜索未及时疏散的人员，并将其疏散至安全区域。
（三）安全防护救护组
　组　　长：
　副组长：
　成　　员：
安全防护救护组职责：对受伤人员进行紧急救护，并视情况转送医疗机构。
（四）火灾现场警戒组
　组　　长：
　副组长：
　成　　员：
火灾现场警戒组职责：控制各出口，无关人员只许出不许进；火灾扑灭后，保护现场。
（五）后勤保障组
　组　　长：
　副组长：
　成　　员：

后勤保障组职责：负责通信联络、车辆调配、道路畅通、供电控制、水源保障。

（六）机动组

组　　长：

副组长：

成　　员：

机动组职责：受指挥部的指挥，负责增援行动。

五、火灾处置一般程序

1. 报警：员工、值班人员发现火情后应立即向消防中心和保卫部报警，根据火情可直接报"119"火警。

2. 接警：保卫部、消防中心接警后，应立即向主管领导和消防应急指挥部报告，通知各工作小组和义务消防队启动应急预案。

3. 处置：指挥各工作小组、义务消防队迅速集结，按照职责分工，进入相应的位置开展灭火救援行动。

4. 清点：处置结束后或在公安消防队到场后，及时清点人员和已疏散的重要物资，查清有无人员被困于火场中以及有哪些重要物资需要疏散，并将情况及时告知火场指挥员。

六、善后工作

火灾扑灭后，由保卫部协助公安消防部门：

1. 保护火灾现场。

2. 查明火灾原因。

3. 调查火灾损失。

七、责任追究

对发生火灾事故、损失严重的单位（部门）负责人、直接责任人依据有关法律、法规及公司规章制度给予严肃处理。

八、附则

1. 本应急预案自印发之日起执行。

2. 本应急预案由本公司保卫部负责解释。

第三节 体育场馆卫生安全管理

一、体育场馆卫生安全管理的内容

卫生指个人和集体的生活卫生和生产卫生的总称。一般指为增进人体健康，预防疾病，改善和创造合乎生理、心理需求的生产环境、生活条件所采取的个人的和社会的卫生措施。对体育场馆而言，卫生管理主要包括以下几个方面的内容。

（一）严格执行体育场馆卫生标准

"标准"一词原意为目的，也就是标靶。"用来判定是不是某一事物的根据。技术意义上的标准就是一种以文件形式发布的统一协定，其中包含可以用来为某一范围内的活动及其结果制定规则、导则或特性定义的技术规范或者其他精确准则，其目的是确保材料、产品、过程和服务能够符合需要。标准往往对应该严肃对待的方面有深远影响。

标准是对重复性事物和概念所作的统一规定。它以科学、技术和实践经验的综合成果为基础，经有关方面协商一致，由主管机构批准，以特定形式发布，作为共同遵守的准则和依据。其本质属性是一种"统一规定"。这种统一规定是作为有关各方"共同遵守的准则和依据"。根据中华人民共和国标准化法规定，我国标准分为强制性标准和推荐性标准两类。强制性标准必须严格执行，做到全国统一。推荐性标准国家鼓励企业自愿采用。但推荐性标准如经协商，并计入经济合同或企业向用户作出明示担保，有关各方则必须执行，做到统一。

卫生标准是指根据健康要求对生产、生活环境中化学的、物理的及生物的有害因素的卫生学容许限量值，即最高容许浓度。它是根据环境中有害物质和机体间的剂量—反应关系，考虑到敏感人群和接触时间而确定的一个对人体健康不会产生直接或间接有害影响的"相对安全浓度"。环境中有害物质的最高容许浓度是通过现场调查研究和科学实验确定的，由相关单位提出制订卫生标准的科学依据，结合经济和技术的可行性，由国家主管部门批准并正式颁布后，成为法定卫生标准。卫生标准一经批准，就是技术法规，各级生产、建设、设计、文教部门和企事业单位都必须贯彻执行。在卫生行政部门领导下，卫生监督机构（卫生防疫、劳动卫生与职业病防治、环境卫生监测、放射卫生防护与工业卫生等机构）对贯彻执行情况，应实行预防性和经常性卫生监督。凡不符合标准要求而又坚持不改的，可根据情节轻重，分别予以批评、处分、经济制裁，直至追究法律责任。日常饮食中，我们还要有一定的判断能力，什么能吃、什么不能吃，都要在自己的心中有一个大概的标准。

{知识拓展}

体育馆卫生标准

（中华人民共和国国家标准 GB9668—1996（代替 GB9668—88））

1. 主题内容与适用范围

主题内容规定了体育馆内的微小气候、空气质量、通风等标准值及其卫生要求。本标准适用于观众座位在 1000 个以上的体育馆。

2. 引用标准

GB 5749 生活饮用水卫生标准

GB 9663 旅店业卫生标准

3. 标准值和卫生要求

3.1 标准值

体育馆卫生标准值

项目	标准值
温度，℃	采暖地区冬季 ≥16
相对湿度，%	40～80
风速，m/s	≤0.5
二氧化碳，%	≤0.15
甲醛，mg/m^3	≤0.12
可吸入颗粒物，mg/m^3	≤0.25
空气细菌数	
a. 撞击法，cfu/m^3	≤4000
b. 沉降法，个/皿	≤40
照度，lx	比赛时观众席 >5

3.2 卫生要求

3.2.1 体育馆应有机械通风装置。使用空调时观众席的新风量每人每小时不低于 20m^3。

3.2.2 体育馆内禁止吸烟。

3.2.3 根据观众厅的座位数分设有相对蹲位的男女厕所，厕所应有单独通风排气设施并无异味。

3.2.4 供观众饮用的水须经消毒，其水质应符合 GB 5749 规定。

3.2.5 应采用湿式清扫，及时清除垃圾，保护环境整洁。

3.2.6 公用茶具、口巾等要在专用消毒间消毒，消毒的茶具应达到 GB 9663 中表 2 的要求。

3.2.7 体育馆作其他公共场所使用时应执行相应的公共场所卫生标准。

4. 监测检验方法

本标准的监测方法按《公共场所卫生标准监测检验方法》执行。

（二）健全体育场馆卫生管理规范

所谓规范是对某一工程作业或者行为进行定性的信息规定，因无法精准定量地形成标准，所以，被称为规范。体育场馆卫生管理规范包括如下内容。

一是体育场馆经营单位必须领取"公共场所卫生许可证"后方能营业。"公共场所卫生许可证"必须悬挂在场内显眼处，并按国家规定定期到卫生监督部门复核。逾期3个月未复核，原"卫生许可证"自行失效。

二是体育馆应有机械通风装置并运转正常，使用空调时观众席的新风量每人每小时不低于 $20m^3$。新建、改建、扩建或变更许可项目必须报卫生监督部门审核，验收合格并取得卫生许可后方能营业。

三是经营场所的卫生条件和卫生设施必须符合 GB9668—1996《体育馆卫生标准》的要求。应建立卫生管理制度和卫生管理组织，配备专职或兼职卫生管理人员，应建立和健全卫生档案。应协助、支持和接受卫生监督部门的监督、监测。

四是从业人员必须持有效"健康证明"和"卫生知识培训证明"上岗，并按国家规定定期进行复检和复训。

五是体育馆内应设有吸烟区，并有禁烟标志。观众禁止在馆内吸烟。有空调的室内场馆应有新风供应，新风入口应设在室外，远离污染源，空调器过滤材料应定期清洗或更换。

六是根据观众席的座位数分别设置相应蹲位的男女卫生间。卫生间应有单独通风排气设施并无异味。卫生间应有有效的独立机械排气装置。间内应保持清洁卫生，设座厕者必须使用一次性座厕垫纸。

七是供观众饮用的水须经消毒，其水质应符合《生活饮用水卫生标准》的要求。公用茶具要在专用消毒间消毒，消毒的茶具应符合卫生标准规定的要求。

八是馆内应设有卫生室或急救室，并配有必要的器材、常用的急救药品及医护人员。

九是体育馆作其他公共场所使用时，应执行相应的公共场所卫生标准。

知识拓展

奥运场馆医疗卫生突发事件，是指在竞赛场馆、训练场馆和非竞赛场馆内发生的群体中暑、看台坍塌、地震、火灾、群体踩踏、爆炸、中毒、不明原因的群体性疾病和恐怖袭击，导致群体伤亡的事件。

一旦发生突发事件怎么应对？医务人员的基本职责是什么？伤员应该得到怎样的救治？北京奥组委以及北京市卫生局等相关部门已制定了应急预案。

突发事件如何分级

对于突发事件的应急救治，应根据群体伤亡的数量、引发的原因以及伤亡程度进行分级并采取相应的措施。轻度是指一次伤病3～5人或死亡1～2人，中度是指一次伤病6～19人或死亡3～9人，重度是指一次伤病20～49人或死亡10～19人，一次伤病50人以上或死亡20人以上为特重度。

突发事件等级为轻度的由场馆层面解决，突发事件等级为中度以上的，由场馆层面联合城市层面解决。对于特殊灾害，如核辐射、化学恐怖事件等，由安保部门牵头解决。

先救命后治伤

救治的基本原则是"先救命，后治伤"。首先考虑呼吸、循环等致命因素，尽早给氧、积极止血、适当补液、呼吸循环支持始终是医疗救援的关键。危重症患者必须在进行必要的现场处置后再转运，避免二次损伤；同时也不要过多地延长现场救治和转运时间，避免延误进一步治疗或早期手术治疗的情况发生。

在救治原则方面，区域救治要与巡回救治相结合，救治队伍应专门配备一组经验丰富的医护人员及救护车。场馆救援要与属地救援相结合，保证救援工作的迅速展开。分级救治要与合理转运相结合，不能单纯以伤病情轻重来决定伤病员分级处理及转运的先后次序。应合理利用有限的人力物力，达到救治尽可能多的有生存希望的伤病员的目的。

现场医疗救援强调安全第一，不应作出任何不科学的冒险救治，避免造成更多人员的伤亡。

伤员标牌分红黄绿黑

出现人员伤亡时，应用明显标志牌对伤病员进行检伤分类，以便当现场医疗资源不足时，尽可能拯救可被拯救成功的伤者。根据伤员受伤程度进行合理分流。

红色标牌为第一优先。红色标牌为危重患者，是指有危及生命的严重创伤，但若及时处理就有机会生存的伤病员。红色表示优先处置、转运。危重损伤包括气道阻塞、昏迷、开放性胸部创伤、开放性腹部创伤、腹部或骨盆压伤、大出血及休克等。

黄色标牌为第二优先，即重症患者。他们身上有较大创伤但可短暂等候，不危及生命或导致肢体残缺。黄色标牌表示次优先处置、转运。重症患者包括烧伤范围在20%～30%的烧伤患者、严重头部创伤但清醒的患者以及除颈椎外的脊柱受伤者等。

绿色标牌为第三优先，即轻症患者。是指伤病员可自动行走，无严重创伤、损伤可延迟治疗或不需送院治疗。绿色标牌表示可延期处置、转运的患者。损伤包括普通皮裂伤、不造成休克的轻微流血等。

黑色标牌为第四优先，即死亡或无法救治的创伤造成的濒死状态者。在医疗资源不足时可暂不作处置。

设置公共疏散区

突发事件发生后，在场馆的特定区域设定突发事件公共疏散区，作为在突发事件时对大批的伤病员进行分拣、救治、转运的区域。公共疏散区适用于一般突发事件的伤亡处理，对于脏弹、核辐射等突发事件，应就地划出区域，由场馆管理和安保部门直接负责。疏散区设置原则是在场馆安保区内选择一处开阔、平坦、易于停放车辆、易于转运、最好有水源的区域，地面为草地或水泥地均可。

公共疏散区由场馆主任发布启用命令，场馆各业务口人员将全力配合医疗人员及时展开医疗急救转运工作。

场馆医疗经理是协调中枢

场馆一旦发生突发事件，场馆医疗经理作为应对突发事件的协调中枢，负责现场医疗救治的指挥、协调和联络。他们会在突发事件的第一时间进入现场，并迅速组织现场医疗卫生队伍实施救治；同时向场馆主任报告，由场馆主任决定是否向奥组委指挥中心发出请求，要求城市外围保障支援并安排伤亡人员转诊地点。

出现重大的突发事件时，场馆医疗经理被授权使用特定频道向医疗保障组领导直接报告，所有相关信息的报告应确保其准确性和保密性。除了人员调配、组织救治等工作外，场馆医疗经理还负责配备常规医疗卫生服务设备设施，应对突发事件相应的设备设施，如氧气面罩、对讲机等。

救援梯队分三级

在场馆医疗经理的统一协调下，遇有突发事件时，场馆医疗团队要各司其职，分救援梯队进行救治工作。

第一救援梯队由场馆医疗经理、副经理、医生、护士、急救车组人员、医务助理等组成，主要工作是了解事故类型和现场安全情况，向总部报告增援要求，进行初步检伤分类，参与负责建立各急救区域。其中医疗副经理负责医疗信息报送；医生负责现场检伤分类、紧急医疗救治；护士协助医生进行现场紧急医疗救治；急救车组人员负责急救伤病员的转运；医务助理负责动员场馆其他人员协助搬运伤病员。

城市层面外接为第二救援梯队，主要负责建立检伤分类站，对病人详细分拣；建立临时医疗站对病人进行现场抢救；建立伤员运送站将患者向指定医院分流等。

对于大规模的伤亡事件,应考虑医疗救治人员的短缺问题,动员志愿者和工作人员参加救治应为应急措施的原则之一。为此,应对参加赛事的服务人员,特别是志愿人员进行上岗前培训,如进行自救工作的动员和疏导,组织临时观众志愿者参与伤员的搬运等。

外围医院如何保障

场馆内急救转运的病人需要场外"接头"支援。场馆外围保障医院由北京奥组委与北京市卫生局共同协商、指定,按"就近"原则,选择二级以上医院。这类医院在突发事件时专门收治转运伤病员,并在赛事期间预留若干病床,配备充足的急诊值班力量,提供绿色通道服务,保证突发事件的伤病员优先就诊。

二、体育场馆卫生安全管理的方法

(一)标准化管理方法

所谓标准,是指依据科学技术和实践经验的综合成果,在协商的基础上,对经济、技术和管理等活动中,具有多样性的、相关性征的重复事物,以特定的程序和形式颁发的统一规定。标准可分为技术标准和管理标准两大类。根据世界各国的经验,标准化是制度化的最高形式,是一种非常有效的工作方法,就是通过制定能确切反映体育场馆卫生管理需求的产品或服务标准来达到技术储备、提高效率、防止再发、教育训练的目的。具体过程中要求现场管理的工作都要达到"五按五干五检",即:按程序、按线路、按标准、按时间、按操作指令;干什么、怎么干、什么时间干、按什么线路干、干到什么程度;由谁来检查、什么时间检查、检查什么项目、检查的标准是什么、检查的结果由谁来落实。

(二)目标管理法

目标管理是指由下级与上司共同决定具体的绩效目标,并且定期检查完成目标进展情况的一种管理方式。由此而产生的奖励或处罚则根据目标的完成情况来确定。目标管理法属于结果导向型的考评方法之一,以实际产出为基础,考评的重点是员工工作的成效和劳动的结果。通过一种专门设计的过程使目标具有可操作性,这种过程一级接一级地将目标分解到组织的各个单位。组织的整体目标被转换为每一级组织的具体目标,即从整体组织目标到经营单位目标,再到部门目标,最后到个人目标。在此结构中,某一层的目标与下一级的目标连接在一起,而且对每一位员工而言,MBO都提供了具体的个人绩效目标。

目标管理一般包括以下4个步骤和4个要素。步骤包括:

① 制定目标,包括制定目标的依据、对目标进行分类、符合SMART原则、目标须沟通一致等。

② 实施目标。

③ 信息反馈处理。
④ 检查实施结果及奖惩。
要素包括：明确目标、参与决策、规定期限和反馈绩效。

本章小结

本章主要介绍了体育场馆社会治安管理、消防安全管理和卫生安全管理的内容和方法，以及安全应急预案的制订，配有大量的案例，便于读者理解和掌握。

复习思考题

1. 体育场馆安全管理的内容有哪些？
2. 体育场馆安全管理的方法有哪些？
3. 一个完整的消防应急预案包括哪些环节？

实训环节

1. 实训标题：《大型体育竞赛活动场馆消防安全管理预案》。
2. 实训目标：通过《大型体育竞赛活动场馆消防安全管理预案》的撰写，使学生掌握大型活动场地消防安全管理的程序与内容。
3. 实训内容与要求：
（1）实训内容：通过本章所讲内容，以小组为单位，选取本地区一到两个体育场馆进行参观，了解该场馆的平面结构图、安全管理制度以及硬件设施的平面位置及其功能与使用方法，然后有针对性地为该场馆设计一套大型活动消防安全应急预案。
（2）实训要求：
① 有针对性地选取体育赛事活动中的某一特定类型的活动进行撰写。
② 方案撰写要有可行性，针对所参观体育场馆的具体情况进行设计。
4. 完成步骤：
（1）以小组为单位，选取某一体育场馆进行实地参观，或通过平面结构图的研究，了解其整体布局。
（2）收集该场馆的相关部门设置和具体的工作职责。
（3）根据所掌握的信息策划消防应急预案。
5. 结果与总结分析：
以小组为单位进行宣讲，其他小组与教师为其打分评价。

TIYU CHANGGUAN JINGYING GUANLI SHIWU

第八章　体育场馆的经营

知识目标

1. 体育场馆商业物业分布规划应考虑的因素。
2. 体育场馆商业物业的类型。
3. 物业租金价格形成的影响因素。
4. 招商推广的概念及规划。
5. 大型活动项目设置类型。
6. 大型活动场地服务与保障的一般流程。
7. 体育场馆群众体育活动价格制定的方法。
8. 场馆广告发布权、场馆冠名权。
9. 体育场馆的其他经营。

技能目标

1. 能够应用体育场馆的招商推广规划流程。
2. 能够制定体育场馆物业租赁合同。
3. 能够根据不同活动制定相关的场地服务与保障方案。
4. 能够进行体育场馆无形资产的开发。

案例导入

玫瑰碗球场（Rose Bowl Stadium）

玫瑰碗球场位于美国洛杉矶郊区的 Pasadena 市，得名于其形状。1897 年，Pasadena 市当局购得位于 Arroyo Seco 的十公顷土地，修建了第一代场馆，并于 1920 年通过预售 10 年期包厢的方式，筹资 272198 美元，历时两年建成新馆，几经改造，现在可容纳 92542 人。

玫瑰碗球场由Pasadena市当局委托玫瑰碗运营公司运营管理，该公司是从市议会成员中选举组成的非盈利性组织。玫瑰碗运营公司（RBOC）将代表帕萨迪纳市发行2250万美元债券。投资近530万美元于城市基金，每年约有3%～3.5%的收益。玫瑰碗运营公司有一个依附于其一般账户的投资账户，即自动化Overnight投资账户。每天夜间一般账户会自动调节平衡至Overnight投资账户中，该项投资每年可赢利近2.3%。

玫瑰碗球场是奥林匹克运动会赛场成功转型的范例，曾经举行过1932年洛杉矶奥运会Cycling Events及1984年洛杉矶奥运会开幕式，在奥运会结束以后，一直是加利福尼亚大学洛杉矶分校Bruins橄榄球队的主场，同时，加利福尼亚大学洛杉矶分校所有的大型活动都在玫瑰碗体育场举行，其他还包括玫瑰碗杯赛、全美橄榄球全国冠军赛、巴莎迪纳市的活动、加州理工大学海狸队的主场、青年玫瑰碗杯赛、超级碗杯赛等，同时也是洛杉矶银河队在1996—2002年间的主体育场。

玫瑰碗球场主要以新年足球赛闻名，每一个元旦，世界各地球迷的眼光都集中在玫瑰碗球场。当然它也举办其他活动，如音乐会、宗教仪式、欢迎宴会、公司会议、产品发布、论坛、团队建设、退休聚会、颁奖典礼、玫瑰游行，并且还是世界上最大的跳蚤市场，每个月的第二个星期日展开的加利福尼亚最隆重的跳蚤市场，两千名以上的商人在这里进行古董、珍藏品、美术作品、工艺品等的展示。

玫瑰碗球场是全美体育场馆的典范，因为它一直强调顾客满意、合理的赛事安排和社区参与。自1992年起，玫瑰碗球场开始建造世界顶级体育场标准的豪华包厢。每个包厢14～18个座位，每个包厢有电视显示器、VIP停车许可、为聚会成员提供的特别节目、包厢就餐服务、包厢服务私人电梯、独立洗手间等。

思考：美国玫瑰碗球场的经营项目有哪些？

第一节 体育场馆经营内容概述

经营是企业通过对人、财、物等资源的运作，提供产品及服务来满足客户有效需要的一系列经济活动，来使企业获得经济效益的一种外向市场行为。体育场馆经营在中国是一个崭新的概念，在广义上它包含了体育场馆建设融资、场馆多功能设计和场馆的赛后经营与管理。体育场馆经营管理的目标是为了充分挖掘我国现有体育场馆的潜力，使其更好地为运动训练、运动竞赛和全民健身服务，并通过场馆的经营管理活动，求得社会效益和经济效益的同步增长。

大型体育场馆如何利用其基础建设的优势，进行多功能开发以提高其利用率，是世界各国都很关注的问题。国外虽然将体育场馆作为社会公益事业，在经费和政策上进行扶持，但他们也越来越深刻地认识到：保证体育场馆的运作更多的还是要靠经营创收，必须走多功能开发的道路。为了满足不同人群的需要，国外在新建的多数大型体育场馆中都装有移动看台或升降挂幕。移动看台可以扩大体育场馆活动空间，解决单一训练或单一比赛馆存在的结构性缺陷。1998年法国世界杯主会场就是采用移动看台。升降挂幕可以随时根据参加体育比赛活动人数的多少和项目不同，用挂幕将场馆分割成不同大小的场地。国内的上海体育馆经过改造，在主席台对面加建一个舞台，场地中央可安装2000个座位；同时挂上"上海大舞台"的牌子，使之更适于文艺演出。另外，国内外大型体育场馆在看台较好的位置均设置包厢，既可迎合消费较高观众的需求，又可常年出租。

体育场馆的经营以承办大型体育活动为主，而其经济效益与项目种类的多样性有着直接关系。体育场馆的经营主要包括体育场馆商业物业经营、大型活动场地租赁经营、体育场馆群众体育活动的开展、体育场馆无形资产的经营及其他经营等内容。例如美国体育场馆的经营内容体现了"以体为主、多种经营并存"的特点，经营结构比较完善，即不仅注重体育竞赛表演、体育健身、培训等体育本体产业的发展，而且还提供康复理疗健身咨询、按摩、桑拿、美容以及餐饮服务。项目越多，种类相对齐全，形成健身娱乐系列服务，消费者有更多的选择，就能形成集中的体育娱乐消费市场，从而获取最大的经营效益。

体育场馆商业物业经营主要包括商业物业分布规划、商业物业类型、物业租金价格制定、招商推广、租赁合同等内容。

体育场馆大型活动场地租赁经营主要包括承接大型活动项目设置、场地租赁价格制定、场地租赁推广、大型活动场地服务与保障流程等内容。

体育场馆群众体育活动的开展包括群众体育活动项目设置、价格制定、会员卡设置、群众体育活动培训等内容。

体育场馆无形资产经营包括场馆广告和场馆冠名权开发等内容。

影响体育场馆经营状况的因素是多方面、多层次的，主要包括：国家、地方政策与法规，场馆地理位置、交通环境，场馆经营面积，场馆设施水平与环境状况，包括停车场、餐饮在内的场馆配套设施，场馆营销手段、经营方式的多元化，环境与天气等。

{ 知识拓展 }

万乔维亚中心球场（Wachovia Center）

美国的万乔维亚中心球场，建造于1996年，当时造价为两亿一千万美元，融资渠道主要来自于Comcast Spectacor的私人贷款和赞助以及市和州政府的补贴。万乔维亚中心球场隶属于 Comcast Spectacor 公司，并由其旗下的 Global Spectrum 运营。

体育场馆的冠名权收入一直是万乔维亚中心球场资金的主要来源之一。自建馆以来，万乔维亚中心球场进行了一系列成功的命名权交易：Core States 银行花费四千万美元购买场馆的 29 年的命名权 CoreStates Spectrum and CoreStates Center。预付一百五十万美元，然后其后 20 年中每年付二百万美元，余款在第 21～29 年内付清。1998 年 First Union 银行耗资一百六十三万美元获得场馆的命名权。2003 年 Wachovia 银行以一百四十万美元的资金取得体育馆的命名权。

万乔维亚中心球场是一个大型的综合性体育场馆，可以举办多种比赛，是费城飞人队、费城魅影队、费城飞翼队、费城幽灵队（曲棍球）和费城 KIXX 队（室内足球）的主场。

作为美国最繁忙、最成功的场馆之一，万乔维亚体育中心每年举办 330 场赛事，吸引三百万观众。活动除主场球队比赛之外，还积极引进其他赛事，如 1998 年美国全国 Figure Skating、亚特兰大 10 人男子篮球赛、LaSalle and Villanova 大学篮球队。其他活动还有家庭表演、演唱会和竞赛，Ringling Brothers 和 Barnum&Bailey 马戏团、迪士尼乐园冰上表演、冰上运动表演和比赛、芝麻街剧场、卡车拉力表演、大型音乐会等。在 2008—2009 年万乔维亚体育中心一年举办的 330 场赛事中，体育赛事为 200 场，约占整体的 61%，其他非体育活动约占 39%。

第二节　体育场馆商业物业经营

一、商业物业分布规划

（一）商业物业概述

商业物业是指为公众提供商品、服务、设施和场地的场所。商业物业具有经营性、公众性和服务性的特点，正是因为有这些特点，使得商业物业的经营管理比居住物业、工业物业和特殊物业更为复杂。

商业物业的经营管理有如下特点：

（1）顾客流量大。

商业物业的进出人员复杂，客流量大，易发生意外，安全保卫工作非常重要；同时商业物业在发生突发事件时，疏散相对较慢，所以安全管理应特别慎重，对于安保和消防工作的要求更为严格。

（2）服务要求高。

物业管理服务要面向商业物业的业主和使用人，不同的商业物业所需求的服务是千差万别的，要提供差异化、个性化的服务，一切为他们着想，促进商业物业保值、增值；同时为使用人和顾客营造一个安全、舒适、便捷、优美的经营和购物环境。

（3）管理点分散。

商业物业人员流动量大，废弃的商品包装杂物会使得商业场所内的垃圾增多，环境卫生变差。出入口多，电梯（客梯、观光梯、自动扶梯等）分散，需要的保洁、保安人员相对较多。管理点分散，管理难度较大是商业物业管理的特点。

（4）营业时间性强。

顾客到商业物业购物或者休闲娱乐的时间大多集中在节假日、双休日等时间，对于体育场馆而言，大型赛事或者会展等的活动时间会影响到商业物业的营业时间。

（二）体育场馆商业物业分布规划应考虑的因素

体育场馆的商业物业分布应当根据体育场馆自身的"中心任务"来规划，确定商业物业经营是以营利作为商业经营的主要目的还是将其作为体育场馆大型活动的配套服务来运作；同时，充分发挥市场配置资源的基础作用，依法规范项目准入和退出制度，对体育场馆商业物业分布作出科学、合理的规划。

（1）国家法规、政策对于体育场馆商业物业分布的影响。

企业应当严格根据国家相关的法规、政策来指导商业领域的投资和经营，深入了解各类商业物业的开设条件及其内涵，充分认识各类商业物业的经营规律，企业应当进行理性投资，减少盲目重复投资，避免资源浪费，根据不同商业物业的经营特点，实行差别化经营，防止无序竞争。

（2）体育场馆所处的地理位置及其周边环境。

体育场馆建设在市区中心还是远离市区，体育场馆周围是否有成熟的商圈，交通是否便利，体育场馆是否靠近居民区等因素都会影响到对体育场馆商业物业分布的规划。如果体育场馆位于市区中心，则可以考虑开设超市、餐饮等商业经营形态。例如北京工人体育馆位于临路独立铺面，周围休闲娱乐业发展成熟，因此，其商业物业经营形态主要以餐饮、娱乐为主。

（3）体育场馆建设的目的以及功能对于商业物业分布规划的影响。

体育场馆的建设目的以及主要经营项目影响着体育场馆整体的商业物业分布，制约着体育场馆引进的商业物业经营种类。

（4）消费者的需求。

消费者消费行为的差异与商业物业分布的互动性日益增强：一方面，消费者的消费差异呼唤多种商业物业经营形态与之相适应；另一方面，商业物业经营形态的引进与创新又进一步推动消费者消费行为的多样化。消费者的需求影响着体育场馆商业物业分布的规划。

总之，对体育场馆商业物业分布的规划要遵循"统一规划、统一布局、统一招商"

的宗旨，对项目进行统一的规划组合，根据需求成立专业的经营管理公司进行管理，以保证商业物业分布的合理性和商业物业经营的可持续性。

（三）体育场馆商业物业的类型

根据商业物业具有的经营性、公众性和服务性的三个特点，以及体育场馆自身的特点，体育场馆商业物业大致分为以下类型：

（1）商贸物业。

商贸物业是为商品流通、销售而进行经济活动的场所。商贸物业可以分为百货店、超级市场、大型综合超市、便利店、仓储式商场、专业店、专卖店、购物中心等类型。

（2）餐饮物业。

体育场馆可以根据自身的经营宗旨、物业情况以及消费群体的需求，相应开设茶餐厅、西餐厅、咖啡厅、快餐店等形式的餐饮服务。

（3）办公物业。

办公物业是指各种商业机构用于从事经营管理的场所，又称为商务楼。体育场馆附属的物业可以开发成为办公物业。

按照不同的角度，商务楼可以分为如下不同类型：

① 按建筑面积的大小，可以分为小型、中型和大型。

② 按商务楼的功能可分为单纯型、商住型和综合型。

③ 按大楼现代化程度可分为智能化大楼和非智能化大楼。

④ 按建造等级和所处区位、收益能力等综合因素可分为甲级写字楼、乙级写字楼、丙级写字楼。

（4）酒店物业。

酒店是提供饮食产品及客房、各项设施与无形的服务的综合型产品与服务，从而获得利润的经济单位。体育场馆可以根据经营宗旨以及自身物业情况开发酒店物业经营类型。

（5）娱乐休闲物业。

娱乐休闲物业主要指为人们提供娱乐休闲活动的场所。按照设施与功能来划分，娱乐休闲物业可分为综合性的娱乐休闲物业（社区会所、会员制俱乐部等）和专项性的娱乐休闲物业（舞厅、卡拉OK厅等）。

二、物业租金价格的制定

（一）物业租赁的种类

物业租赁按照租赁时间的长短划分为长期租赁的物业与短期租赁的物业。

（1）长期租赁的物业。

长期租赁的物业包括：写字楼租赁，餐厅、茶吧、会所等物业的租赁。

(2) 短期租赁的物业。

短期租赁的物业包括：群众健身活动服务租赁，大型活动场地租赁（赛事活动、文艺演出活动、会展活动等）。

（二）物业租金价格形成的影响因素

(1) 宏观区位和级差地租。

不同城市有不同的社会经济环境和经济周期，使土地在不同城市的价值存在较大差异，物业的价格差异更加明显，其受区位条件的影响较大。受级差地租的影响，大城市中心的物业租金较高，而远离市区的物业租金较低。

(2) 土地条件。

商业用地的价值，首先和它的周边环境密切相关，主要包括土地周边的道路类别、人流聚集的方便度、交通条件和商业设施。

(3) 临街性和道路类别。

道路依用途可分为交通枢纽、连接通道、交通干道、商业干道。对商业选址来说，商业干道是最好的道路类别，其次就是靠近商业区的交通干道。可及性原理表明，土地价值随临街距离的增加呈指数式递减。临街道路状况越好，利用率越高，其价值也越高。但是若位于街角地之商业房地产，尤其是大型商业房地产，如门前没有足够的缓冲场地，包括停车场地，将影响人流出入的方便度，价值会受影响。

(4) 物流密度。

其影响因素包括用地规模、形状、地表形态、排水状况、底土状况、周围用地状况、基础设施、城市土地利用功能分区、环境影响、相邻物业对地段升值影响和视野开阔性。

(5) 体育场馆物业自身的状况。

体育场馆物业自身的建筑质量以及建筑面积也会制约着物业租金价格的制定。

(6) 市场因素。

周边同类型的物业销售价格以及物业租金价格也会影响到物业租金价格的制定。

三、招商推广

（一）招商推广概述

招商推广是一个过程的两个部分，一般来说，推广在先，招商在后，但二者又是相辅相成、紧密联系的。

我们所说的招商推广，指的是通过各种途径和手段，将企业的信息推销到目标受众。招商推广是企业营销过程中的关键环节之一，是企业将产品推向市场的必由之路。

（二）招商推广规划

在新形势下，如何应对激烈的竞争和挑战，以及招商推广面临的新情况、新问题，我们必须做好招商推广的规划和统筹，大力提高招商推广的工作水平，实现科学、高效和良性循环的招商推广机制。

1. 以项目为中心来确定适合自己的目标客户群

招商推广规划要做到有准确的目标定位，综观全局，立足长远，要知己知彼，把握优势，要突破成规、求新求实。要以项目来确定适合自己的目标客户群，项目是招商推广之本，要增强项目对客户的吸引力，必须认真搞好项目论证和包装。企业在招商推广前一定要结合自己的实际需求，根据自身体育场馆的商业物业质量、规模，做好充分的市场调研和分析，确定适合自己的客户群，进行有针对性、有选择性的招商推广。

2. 确定招商推广的方式

企业应当根据不同的目标客户群确定不同的招商推广方式。主要有以下几种招商推广方式。

（1）广告招商推广。

广告招商推广是我们常见的一种招商方式，它主要是通过各种广告媒体将企业的招商信息传播出去，通过电话、传真、信件等方式来收集客户资料，通过进一步谈判，确定企业双方的合作意向。

广告招商推广可以通过电视、电台媒体，报纸、杂志媒介，网络推广，户外（招牌式）广告等形式推广。广告招商推广的优势在于传播面广，能够找到很多的潜在客户。其缺点是费用高、招商推广质量低、针对性差。

（2）业务人员走访招商推广。

业务人员走访招商推广是最直接的一种招商推广方式，它主要是在企业确定招商推广的客户群后，针对竞争对手和相关产品的客户有目的地进行走访和沟通，传达企业的招商推广信息，进行招商推广。

业务人员走访招商推广的优势是针对性强，速度快，可以节省大量的广告费。其缺点是无法找到有闲置资金的潜在客户，对业务人员的素质要求较高。

3. 与目标客户深入洽谈，签订协议

在与目标客户的接触中，对有合作意向的客户要进行深入的协商和洽谈，确定双方的权利和义务，签订相关的协议。

4. 对招商推广项目的管理和评估

体育场馆应当加强对客户的监管力度，使客户的商业经营符合体育场馆的经营目标和宗旨，体育场馆应当处理好"招商"和"安商"的关系，提高为客户服务的水平，扩宽为客户服务的范围。此外，应当对招商推广项目进行评估。招商推广项目评估必须制定和掌握好原则、方法、步骤以及评估指标体系，并进行正反经验总结，充分认识招商推广形势，正确评估招商推广成果，进一步坚定招商推广信心，促进思想和理念的变革和创新，不断拓宽招商推广的思路。

四、租赁合同

（一）租赁合同的概念

租赁合同是出租人将租赁物交付承租人使用、收益，承租人支付租金的合同。租赁合同中提供物的一方是出租人，使用物的一方是承租人，双方约定交付承租人使用的物是租赁物，承租人使用出租物的代价是租金，出租人和承租人是租赁合同的双方当事人。

（二）租赁合同的主要内容与格式

1. 租赁合同的主要内容

（1）租赁物的名称。

这是租赁合同的首要条款，没有租赁物租赁合同就不可能存在，如果名称规定得不详细、不具体，容易导致双方发生误解，因此，当事人在合同中必须详细、具体规定租赁物的名称，有的要注明编号、商标、型号、规格、等级等。

（2）租赁物的数量、质量。

租赁物的数量要精确规定，不能含糊不清。对租赁物的质量标准也必须规定清楚，这是确保承租人得以正常使用租赁物的关键。对于体育场馆的物业租赁合同，则要规定清楚物业的地址、面积，以及物业内部所有物及其附属设施。

（3）租赁物的用途。

在合同中规定租赁物用途是租赁合同起码的要求，写明租赁物的用途，目的是为了使承租人能按照租赁物的性能正确、合理地加以使用，避免由于使用不当而使租赁物受到损失。

（4）租赁期限。

租赁期限是合同的主要条款之一。当事人可以明确约定期限，也可以不明确约定期限。对于明确约定期限的租赁合同，到期后合同自然终止，承租人返还原物。但双方当事人可以依明示或默示的方式将租赁的期限延长，也就是"续租"，租赁期限内双方当事人的权利义务不变。

（5）租金。

租金是租赁合同的本质特征之一，是双方当事人经济利益的集中体现。租金由双方当事人协商约定，当事人在订立租金条款时，应注意以下几个问题：

① 租金的标准。对于租金的标准，国家有统一规定的，按统一规定执行；没有统一规定的，当事人自行协商确定。租金的构成一般说来应包括租赁物的维修费、折旧费和投资的法定利息、上缴利税、必要的管理费及保险费等，还要考虑市场需求状况、出租方合理的盈利等。出租方不得将收取租金作为获得高利的手段，租金标准过高的，国家法律是禁止的。

② 租金的支付及结算方式。租金一般以货币支付，但当事人也可以在合同中约定以其他物代替货币支付。以货币支付的，还应对租金的结算方式及结算银行、银行账号等作出规定。

③ 租金的支付时间。租金是定期支付还是不定期支付，是一次性支付还是分期分批支付，应在合同中明确规定，并且将总金额及每次分别支付的金额及期限都规定清楚，如果需要预付租金，也应在合同中注明。

（6）押金或保证金。

押金或保证金并不是法定的合同必要条款。押金或保证金是出租人要求承租人预付的担保出租财产的安全以及租金的支付的抵押财产。租赁期满或合同解除后，租赁押金或保证金除抵扣应由承租人承担的费用、租金以及承租人应承担的违约赔偿责任外，剩余部分应如数无息返还承租人。

（7）租赁物的维修。

租赁物的维修保养责任具体由哪方承担，双方可以根据实际情况协商确定。一般情况下，出租方承担租赁物的维修和保养责任，但在某些特殊情况下，出租方进行维修和保养有困难，也可以约定由承租方在租赁期限内承担维修和保养的责任。实践中的一般做法是：如果承租方按约定正常使用租赁物而发生磨损或出现损坏，需要大修，那么，应由出租方负责。

双方当事人对这些都要协商决定，并在合同中明确规定出来，至于租赁物的日常保养维修，由承租方负责进行也切合实际。对于这项工作的费用支出，也应在合同中作出规定，如果没规定，一般要由出租方支付。

2. 出租方与承租方的变更

按照合同法的规定，双方当事人在合同中互相约定变更合同的情况和条件。

3. 违约责任

在违约责任条款中应明确规定违约金额的计算方法，赔偿要公平、合理。

承租方的违约责任主要有：

（1）按合同规定负责日常维修保养的，由于使用、维修不当，造成租赁物损坏、灭失的，应负责修复或赔偿。

（2）因擅自拆改房屋、设备等租赁物而造成损失的，必须负责赔偿。

（3）未经出租方同意，擅自将租赁物转租或用租赁物进行非法活动的，出租方有权解除合同。出租方也可以要求承租方偿付一定数额的违约金。

（4）未按规定的时间、金额交纳租金，出租方有权追索欠租，应加罚利息，过期不返还租赁物，除补交租金外，还应偿付违约金。

出租方的违约责任主要有：

（1）未按合同规定的时间和质量提供租赁物，应向承租方偿付违约金，承租方还有权要求在限期内继续履行合同或解除合同，并要求赔偿损失。

（2）未按合同规定的质量标准提供租赁物，影响承租方使用的，应赔偿因此而造成的损失，并负责调整或修理，以达到合同规定的质量标准。

（3）合同规定出租方应提供有关设备、附件等，如未提供致使承租方不能如期正常使用的，除按规定如数补齐外，还应偿付违约金。

（三）租赁合同范本

场地租赁协议

出租人：＿＿＿＿＿＿（以下简称甲方）

承租人：＿＿＿＿＿＿（以下简称乙方）

根据《中华人民共和国合同法》、《＿＿＿＿＿＿》等有关法律、法规的规定，双方就租赁场地从事＿＿＿＿＿＿的有关事宜经协商达成协议如下：

第一条　租赁场地

乙方承租甲方＿＿＿＿＿＿（层/厅）＿＿＿＿＿＿号场地，面积＿＿＿＿＿＿平方米，用于＿＿＿＿＿＿。

第二条　租赁期限

自＿＿＿＿年＿＿＿月＿＿＿日起至＿＿＿＿年＿＿＿月＿＿＿日止，共计＿＿＿＿年＿＿＿个月；

免租期为自＿＿＿＿年＿＿＿月＿＿＿日起至＿＿＿＿年＿＿＿月＿＿＿日。

第三条　续租

本协议续租适用以下第＿＿＿＿＿＿种方式：

1. 乙方有意在租赁期满后续租的，应提前＿＿＿＿＿＿日书面通知甲方，甲方应在租赁期满前对是否同意续租进行书面答复。甲方同意续租的，双方应重新签订租赁协议。租赁期满前甲方未作出书面答复的，视为甲方同意续租，租期为不定期，租金标准同本协议。

2. 租赁期满，乙方如无违约行为的，则享有在同等条件下对场地的优先租赁权；如乙方无意续租的，应在租赁期满前＿＿＿＿＿＿日内书面通知甲方；乙方有违约行为的，是否续租由甲方决定。

第四条　租金

租金共＿＿＿＿＿＿元，实行＿＿＿＿＿＿（一年/半年/季/月）支付制，以＿＿＿＿＿＿（现金/支票/汇票）为租金支付方式；签协议＿＿＿＿＿＿日内乙方交＿＿＿＿＿＿元，＿＿＿＿＿＿年后再交租金＿＿＿＿＿＿元，然后依次交纳。

第五条　保证金

是否收取保证金由双方协商约定。

第六条　保险

1. 甲方负责投保的范围为：公共责任险、火灾险、＿＿＿＿＿＿＿＿＿＿。
2. 乙方自行投保的范围为：＿＿＿＿＿＿＿＿＿＿＿＿＿＿＿＿。

第七条　甲方权利义务

1. 依法制订有关治安、消防、卫生、用电、营业时间等内容的各项规章制度并负责监督实施。
2. 协助各级行政管理机关对违反有关规定的乙方进行监督、教育、整顿。
3. 应按约定为乙方提供场地及相关配套设施和经营条件，保障乙方正常使用。
4. 除有明确约定外，不得干涉乙方正常的经营活动。
5. ＿＿＿＿＿＿＿＿＿＿＿＿＿＿＿＿＿＿＿＿＿＿＿。

第八条　乙方权利义务

1. 有权监督甲方履行协议约定的各项义务。
2. 自觉遵守甲方依法制订的各项规章制度及索票索证制度，服从甲方的监督管理。
3. 应按期支付租金并承担各项税费。
4. 应爱护并合理使用场地内的各项设施，如需改动应先征得甲方同意，造成损坏的还应承担修复或赔偿责任。
5. 将场地转让给第三人或和其他租户交换场地的，应先征得甲方的书面同意，按规定办理相关手续，并不得出租、转让、转借营业执照。
6. 应按照甲方的要求提供有关本人或本企业的备案资料。
7. 建筑物外立面及建筑物内部非乙方承租场地范围内的广告发布权归甲方所有，未经甲方同意，乙方不得以任何形式在上述范围内进行广告宣传。
8. 租赁期间，乙方不得改变租赁物的用途。
9. ＿＿＿＿＿＿＿＿＿＿＿＿＿＿＿＿＿＿＿＿＿＿＿。

第九条　协议的解除

乙方有下列情形之一的，甲方有权解除协议，乙方应按照＿＿＿＿＿＿＿的标准支付违约金：

1. 未按照约定的用途使用场地，经甲方＿＿＿＿＿＿次书面通知未改正的。
2. 进行其他违法活动累计达＿＿＿＿＿＿次或被新闻媒体曝光造成恶劣影响的。
3. 将场地擅自转租、转让、转借给第三人，或和其他租户交换场地的。
4. 逾期＿＿＿＿＿＿日未支付租金或水电、＿＿＿＿＿＿等费用的。
5. 违反保证金协议的有关约定的。
6. 未经甲方同意连续＿＿＿＿＿＿日未开展经营活动的。
7. ＿＿＿＿＿＿＿＿＿＿＿＿＿＿＿＿＿＿＿＿＿＿＿。

甲方或乙方因自身原因需提前解除协议的，应提前_____日书面通知对方，经协商一致后办理解除租赁手续，并按照_____的标准向对方支付违约金。因甲方自身原因提前解除协议的，除按约定支付违约金外，还应减收相应的租金，并退还保证金及利息。

第十条 其他违约责任

1. 甲方未按约定提供场地或用水、用电等设施或条件致使乙方不能正常使用的，应减收相应租金，乙方有权要求甲方继续履行协议或解除协议，并要求甲方赔偿相应的损失。

2. 甲方未按约定投保致使乙方相应的损失无法得到赔偿的，甲方应承担赔偿责任。

3. 乙方未按照约定支付租金或水电等费用的，应每日向甲方支付迟延租金或费用_____%的违约金。

4. _____。

第十一条 免责条款

因不可抗力或其他不可归责于双方的原因，使场地不适于使用或租用时，甲方应减收相应的租金。如果场地无法复原的，本协议自动解除，甲方应退还乙方保证金及利息，双方互不承担违约责任。

第十二条 专用设施、场地的维修、保养

1. 乙方在租赁期间享有租赁物所属设施的专用权。乙方应负责租赁物内专用设施的维护、保养、年审，并保证在本协议终止时专用设施以可靠运行状态随同租赁物归还甲方。甲方对此有检查监督权。

2. 乙方对租赁物附属物负有妥善使用及维护之责任，对各种可能出现的故障和危险应及时消除，以避免一切隐患。

3. 乙方在租赁期限内应爱护租赁物，因乙方使用不当造成租赁物损坏的，乙方应负责维修，费用由乙方承担。

4. 在租赁期限内如乙方须对租赁物进行装修、改建，须事先向甲方提交装修、改建设计方案，并经甲方同意，同时须向政府有关部门申报同意。如装修、改建方案可能对公用部分及其他相邻用户造成影响的，甲方可对该部分方案提出异议，乙方应予以修改。改建、装修费用由乙方承担。

5. 如乙方的装修、改建方案可能对租赁物业结构造成影响的，则应经甲方及原设计单位书面同意后方能进行。

第十三条 租赁场地的交还

租赁期满未能续约或协议因解除等原因提前终止的，乙方应于租赁期满或协议终止后_____日内将租赁的场地及甲方提供的配套设施以良好、适租的状态交还甲方。乙方拒不交还的，甲方有权采取必要措施予以收回，由此造成的损失由乙方承担。

第十四条 声明及保证

甲方：

1. 甲方为一家依法设立并合法存续的企业，有权签署并有能力履行本协议。

2. 甲方签署和履行本协议所需的一切手续均已办妥并合法有效。

3. 在签署本协议时，任何法院、仲裁机构、行政机关或监管机构均未作出任何足以对甲方履行本协议产生重大不利影响的判决、裁定、裁决或具体行政行为。

4. 甲方为签署本协议所需的内部授权程序均已完成，本协议的签署人是甲方的法定代表人或授权代表人。本协议生效后即对协议双方具有法律约束力。

乙方：

1. 乙方为一家依法设立并合法存续的企业，有权签署并有能力履行本协议。

2. 乙方签署和履行本协议所需的一切手续均已办妥并合法有效。

3. 在签署本协议时，任何法院、仲裁机构、行政机关或监管机构均未作出任何足以对乙方履行本协议产生重大不利影响的判决、裁定、裁决或具体行政行为。

4. 乙方为签署本协议所需的内部授权程序均已完成，本协议的签署人是乙方的法定代表人或授权代表人。本协议生效后即对协议双方具有法律约束力。

第十五条 保密

双方保证对从另一方取得且无法自公开渠道获得的商业秘密（技术信息、经营信息及其他商业秘密）予以保密。未经该商业秘密的原提供方同意，一方不得向任何第三方泄露该商业秘密的全部或部分内容。但法律、法规另有规定或双方另有约定的除外。保密期限为_____年。

一方违反上述保密义务的，应承担相应的违约责任并赔偿由此造成的损失。

第十六条 不可抗力

本协议所称不可抗力是指不能预见、不能克服、不能避免并对一方当事人造成重大影响的客观事件，包括但不限于自然灾害如洪水、地震、火灾和风暴等以及社会事件如战争、动乱、政府行为等。

如因不可抗力事件的发生导致协议无法履行时，遇不可抗力的一方应立即将事故情况书面告知另一方，并应在_____天内，提供事故详情及协议不能履行或者需要延期履行的书面资料，双方认可后协商终止协议或暂时延迟协议的履行。

第十七条 通知

1. 根据本协议需要发出的全部通知以及双方的文件往来及与本协议有关的通知和要求等，必须用书面形式，可采用_____（书信、传真、电报、当面送交等方式）传递。以上方式无法送达的，方可采取公告送达的方式。

2. 各方通讯地址如下：_____。

3. 一方变更通知或通讯地址，应自变更之日起_____日内，以书面形式通知对方；

否则，由未通知方承担由此而引起的相应责任。

第十八条　争议的处理

1. 本协议受＿＿＿＿＿国法律管辖并按其进行解释。

2. 本协议在履行过程中发生的争议，由双方当事人协商解决，也可由有关部门调解；协商或调解不成的，按下列第＿＿＿＿＿种方式解决。

（1）提交＿＿＿＿＿仲裁委员会仲裁。

（2）依法向人民法院起诉。

第十九条　解释

本协议的理解与解释应依据协议目的和文本原义进行，本协议的标题仅是为了阅读方便而设，不应影响本协议的解释。

第二十条　补充与附件

本协议未尽事宜，依照有关法律、法规执行，法律、法规未作规定的，甲乙双方可以达成书面补充协议。本协议的附件和补充协议均为本协议不可分割的组成部分，与本协议具有同等的法律效力。

第二十一条　协议效力

本协议自双方或双方法定代表人或其授权代表人签字并加盖公章之日起生效。有效期为＿＿＿＿＿年，自＿＿＿＿＿年＿＿＿＿＿月＿＿＿＿＿日至＿＿＿＿＿年＿＿＿＿＿月＿＿＿＿＿日。本协议正本一式＿＿＿＿＿份，双方各执＿＿＿＿＿份，具有同等法律效力；协议副本＿＿＿＿＿份，送＿＿＿＿＿留存一份。

甲方（盖章）：＿＿＿＿＿　　　　乙方（盖章）：＿＿＿＿＿

授权代表人（签字）：＿＿＿＿＿　　授权代表人（签字）：＿＿＿＿＿

＿＿＿＿年＿＿＿＿月＿＿＿＿日　　＿＿＿＿年＿＿＿＿月＿＿＿＿日

签订地点：＿＿＿＿＿　　　　　　　签订地点：＿＿＿＿＿

第三节　体育场馆大型活动场地租赁经营

所谓租赁经营，是一种经营形式，是企业的所有者与经营者之间通过订立合同而实现企业经营管理权的转移。租赁经营的内容不单是企业中的固定资产，而且包括企业生产资料的占有、使用和收益权以及对职工的管理指挥权。出租者有义务把企业交给承租人占有、使用和收益，同时有权规定企业的经营方向和目标。承租者作为企业的经营者，享有对企业的经营管理权，有义务按出租者规定的经营方向和目标完成企业的各项经济技术指标，并对企业的经营管理承担全部责任。承租者不仅要向出租者交纳租金，而且要承担财政上缴或税收任务。

而大型活动的场地租赁经营是指体育场馆通过与活动的主办方订立合同交由活动主办方使用，活动主办方作为场馆合同租用期的使用者，享有对场馆承租期间的使用权，并且有责任和义务按体育场馆规定的要求完成各项内容，并对订立合同的该次活动承担责任，场馆活动的主办方不仅要向体育场馆交纳租金，而且要承担财政上缴或税收任务。

一、承接大型活动的项目设置

（一）大型活动项目设置的主要影响因素

（1）市场因素。

市场因素是大型活动项目设置的主要影响因素。体育场馆为了自身的生存，在活动项目的设置上就要以市场为导向，选择消费者喜爱的活动作为租赁的对象。

（2）自身场馆因素。

体育场馆在承接大型活动项目时，也要依据自身场馆的特点来选择。如广州体育馆的特点是座位多、场馆新、设施先进，那么它就可以承接一些大型的个人演唱会和大型的体育赛事等。

（3）效益因素。

效益因素主要指承接大型活动时要考虑的社会效益和经济效益。社会效益指体育场馆通过承接大型活动所取得的社会影响力，而经济效益指所能够取得的经济收入。

（二）项目设置类型

（1）赛事。

中国体育赛事行业近年来的发展有目共睹。在中国举行的体育赛事无论是数量，还是规模、规格都呈上升趋势。国内赛事如全国运动会、城市运动会、CBA联赛、各单项锦标赛等稳步发展。国外赛事如F1、NBA季前赛、上海网球大师杯、中国网球公开赛等加速引进，大型国际性综合运动会如2008年北京奥运会、2010年广州亚运会等，使中国体育赛事行业在多层次、多区域呈现生机盎然、充满活力的发展态势。大型体育赛事的特点之一是对体育场地要求专业、高水准，而大型的体育场馆则可满足这一需求。广州体育馆就经常承接大型的体育赛事，如2009年5月苏迪曼杯世界羽毛球混合团体锦标赛、乒乓球世界杯等。

（2）演出。

随着生活水平的提高，人们越来越需要精神上的满足。因此各种演出就备受消费者的喜爱。体育场馆承接的演出包括个人演唱会、大型的文艺表演等。

（3）会议。

随着经济全球化、贸易自由化和信息网络化趋势的日益形成，会议业也呈现蒸蒸日上的局面。会议经济正成为一个能带动区域经济发展、辐射能力强的经济形态，各大城

市认识了会议经济的这一特性后,也纷纷把发展会议经济的工作列为区域经济发展的重点和亮点。由于会议是在固定的时空中进行的商议活动,因此会议的空间就是会场,而体育场馆正好可以为此提供会场。如广州体育馆在2009年3月举办了"沃尔玛中国2009新年准备会议"。

(4) 展览。

展览是指通过实物并辅以文字、图形或示范性的表演来展现社会组织成果,以提高组织形象、促进产品销售的专题活动。展览展销会有大量的公共关系内容,是各社会组织力求塑造最佳组织形象的好机会。

展览展销是一种十分直观、形象生动的复合型传播方式。展览展销会可为社会组织和公众提供直接的双向交流、沟通的机会。它可以同时用产品说明书、宣传手册、活页广告等文字媒介,照片、幻灯片、录像片及电影等音像媒介,讲解、交谈和现场广播等声音媒介,现场表演、示范等动作语言媒介以及实物媒介等多种形式,进行全方位的宣传。

对于公众来讲,可以通过触摸、使用、品尝或其他方式对展览商品加以检验,能形成较完整的感性认识;同时,由于展览展销会集中了许多行业不同的产品,而且价格也较优惠,可以为公众节约大量的时间和费用。因此,很多公众都比较喜欢这种形式,新闻媒介也常对其进行追踪报道。

举办展览会要求展览中心具有以下特点:建筑规模宏大、展览设施齐全、设施功能多样。而一般大型的体育场馆则具有上述特点。

(5) 其他。

根据活动的特点及体育场馆的特点,体育场馆还会承接一些其他活动。

例如美国的万乔维亚体育中心,场馆的利用率非常高,经常举办各类大型活动,在这里每年平均举办的比赛都在300场以上,包括组织职业篮球赛和冰球赛大约185场,另外还组织100至120场音乐会、文艺演出、家庭活动、马戏,以及学校、社会集会等活动,吸引三百万观众;再如玫瑰碗球场,所有的活动项目中,38%的活动是体育赛事,20%是音乐会,11%是家庭活动,31%是其他类活动(包括展销会、产品发布会、宗教活动、公司活动以及政治活动等)。

知识拓展

丰田体育中心

丰田体育中心是一座位于美国德克萨斯州休斯敦市中心的室内体育馆,竣工于2003年10月,造价1.75亿美元,拥有者为德克萨斯州哈里斯县休斯敦体育管理局,由屡获殊荣的场馆运营部门 Clutch City 体育与娱乐公司经营，由日本丰田汽车公司冠名赞助。丰田中心在举行篮球比赛时可容纳约18300名观众，在举行冰球比赛时可以容纳17800人，而举行音乐会时则最多可容纳19000人。体育馆内另设有2900个俱乐部座位，以及103间豪华套房，每年观众数量逾百万。

丰田体育中心不仅是休斯顿火箭队（NBA）、休斯敦航空队（AHL）（全美冰上曲棍球联盟）和彗星队（WNBA）的主场，而且每年还有多场业余冰球联赛和青年冰球联赛在该场馆的两块向公众开放的冰上场地举行。

丰田体育中心现已成为休斯敦地区举办重大活动的主要场馆之一，每年至少举办200场比赛和活动，最多的时候可以达到225场。单从天数上看，这个场馆的利用率已经超过了60%。活动内容繁多，除了举办各种体育比赛活动之外，还有其他文娱活动，如大型音乐会、剧院迪士尼表演、迪斯尼冰上表演、世界摔跤娱乐制作付费收看节目WWE Vengeance、UFC主办的格斗赛事，日常还会有常规NHL冰球比赛。并且在周一到周四及周六的非活动日早上十点到下午三点，有偿开放球馆给游客参观——Backstage Tour，门票5～7美元，十人以上的团体可以享受一定的折扣。通过表8-1可知，体育赛事占丰田体育中心全年赛事的60%，而非体育赛事则占40%。

表8-1　2008—2009年丰田体育中心球场赛程

体育赛事（场）	文艺活动（场）	家庭活动（场）	其他（场）
火箭队　46	演唱会　20	30	招聘会　2
休斯敦航空队　18	杂技　8		社区活动　4
其他　50	舞台剧　5		公益活动　5

丰田体育中心的建造是公私合作的结果。火箭队在场馆建设的时候曾经与市政府一道进行了资金投入，现在每个赛季还要支付850万美元的场租费用，并且持续30年，还要承担场馆每年大约160万美元的修缮费用。除市政府给予一定补贴之外，与日本丰田汽车集团的冠名权交易，每年可以收益约400万美元。体育中心还大力开发季票、俱乐部坐席票、附赠式有奖销售，而且致力开发特许经营权，在102、113、125、403、410、427、433区后面，设有许多特许经营销售店，包括各种特色餐厅和小吃店，如Space City DogS、Rocket Taeos、Crunehtime Salads，等等。

Clutch City 体育与娱乐公司是体育、娱乐、艺术场馆的推广者，受丰田体育中心的委托，全权负责该中心的运营工作。公司在整体运营丰田体育中心的同时，将部分业务委托给一些专业机构，如Flash Seats公司负责管理丰田中心的票务，包括门票促销、门票销售、市场调查等。公司致力于售票系统的改进，推出电子门票，既节省成本，又能更好地服务顾客。Clutch City 体育与娱乐公司还委托AGE公司全权负责该场馆的冠名权交易，包括从市场调查到最终谈判，丰田体育中心成功冠名，获得了可观的收入。

广州体育馆场地平面图及场地基本数据

广州体育馆是广州市政府为举办第九届全国运动会而建设的一项综合性多功能体育设施。由世界著名的法国建筑师保罗·安德鲁担纲设计，广州珠江实业集团有限公司总承包设计，1999年2月奠基，2001年6月30日落成。九运会在这里举办了体操比赛和盛大的闭幕式。

广州体育馆占地面积24万平方米，总建筑面积近10万平方米，拥有世界一流的文化体育场地设施，主要包括1号馆、2号馆、3号馆、行政办公楼、能源中心、停车场和"听云轩"酒家。

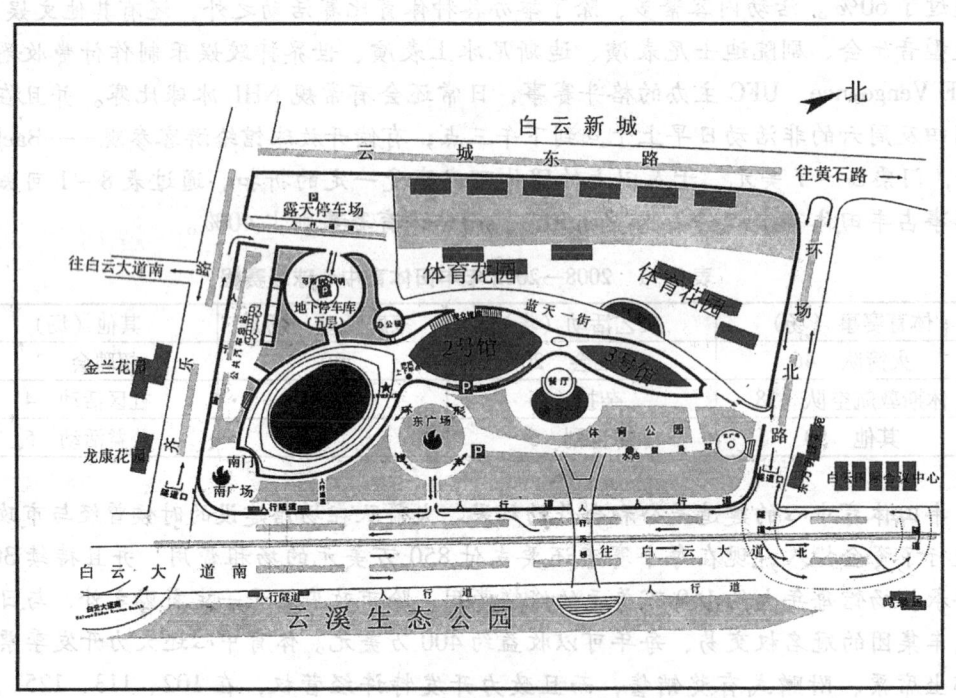

广州体育馆地域位置平面图

1号馆：建筑面积为39635平方米，活动座椅收缩后场地面积达5000平方米，可容纳标准的室内田径场，配有1500平方米符合国际标准的活动木地板，汽车通道直入馆内。观众席和比赛（演出）场地均为椭圆形环状设计。观众席最大容量为11874个座位，其中主席台座位21个，固定座位6063个，电动座位3790个，比赛（演出）场地可摆放临时座位2000个。观众区有24个包厢，首层环廊宽敞通畅，设有商业铺面、销售票网和保安监控中心。功能区分别设有贵宾室、记者室、会议室、化妆室、休息室、急救室。信息宽带网、程控电话网、治安监控网构成了强大的电子网络，可为举办各种活动提供周到的信息服务和安保服务。

2号馆：首层面积为6400平方米，宽敞的实木地板场地和高大的拱形屋架，为运动健身、专业展览和团体活动提供了广阔的空间。根据不同需要，可设为比赛馆、宴会厅和演艺厅。负一层设有184个座位的阶梯会议报告厅。负二层分别设有符合国际标准的游泳池和篮球场。

3号馆：首层面积为2300平方米，具有与2号馆首层同样功能。负一、负二层设置有餐厅和集休闲、娱乐、养生于一体的健康中心。

停车场：广州体育馆拥有多个功能各异的停车场，可停泊车辆1700多台。

二、大型活动场地租赁价格的制定

（一）影响因素

（1）场馆自身特点。

体育场馆自身的特点会制约大型活动场地租赁价格的制定。如广州体育馆的座位多、场馆新、设施先进，这就会抬高它的场地租赁价格。

（2）市场因素。

市场因素包括市场接受能力和市场竞争因素。如果该地区消费者接受能力强，则价格高；消费者接受能力弱，则价格低。同样，若同类型的场馆租赁市场竞争激烈，则租赁价格低；反之，则租赁价格高。

（3）大型活动的特点。

场地租赁价格也要依据活动自身的特点来制定。活动的规模大、时间长、要求高，价格也相应要贵。即使是同一活动，由于举办届数不同，价格也不同。如在广州体育馆举办的羽毛球赛，第一届羽毛球赛只举办了三天，而第二届同一赛事则举行了5天，比赛时间长，规模大，因此相应的场馆租赁价格也要高。

此外，还值得注意的是：对于政府类的活动项目，要区别于其他一般商业活动，不能完全按照以上因素来定价。因为政府类的活动项目有时对体育场馆而言属于强制性任务，它的价格受政府项目预算影响较大。

总之，大型活动场地租赁价格的制定不是固定的，主要依据活动的特点、要求、目的、活动对象来制定。

三、大型活动场地租赁的推广

推广活动，从理论上讲："是一个业务战略过程，它是指制定、优化、执行并评价协调的、可测度的、有说服力的商业传播活动计划，这些活动的受众包括消费者、顾客、潜在顾客、内部和外部受众及其他目标。"租赁招商推广简单来说，就是指为了达到预期的租赁招商目标，所制定的相关广告和推广方案以及具体的实施计划。

犹如用兵打仗，在战役开始前的战役策略的制订显得非常关键。战役策略对兵力的部署、武器的装备、粮草的支持、将帅的选择等都起着统帅和支配的作用。要取得全局的成功，就必须提前制订综合的、详细的、全面的策略。大型活动场地的租赁推广工作也是一样。在租赁推广之前，就要仔细分析自身场馆的特点，明确自身场馆适合做什么。同时，要分析自己的目标顾客群是谁，制订出相应的场地租赁推广计划。大型活动场地租赁推广具体包括以下几方面的内容：

① 明确推广背景；
② 确定推广思路；
③ 把握推广的节奏及不同阶段的特点；
④ 确定推广实施细则；
⑤ 进行公关活动；
⑥ 辅助推广产品的制作，包括软广告、硬广告及户外广告等；
⑦ 推广执行及预算；
⑧ 推广活动后期监控及调整等。

大型活动场地租赁的推广对于体育场馆的发展至关重要。体育场馆对场地的推广对象主要有以下三个部分。

（1）与政府部门公关。

如今，很多体育赛事或是一些大型的活动主办方是政府部门，那么这些活动在哪里举行，主办方具有决定权，因此体育场馆要与政府部门进行公关。

（2）与商业活动主办单位沟通。

现在体育场馆可以举办很多具有商业性质的大型活动，这就要求体育场馆的相关负责人还要经常与商业活动的主办单位进行沟通。

（3）通过群众宣传。

群众的口碑效应是非常巨大的。因此体育场馆场地的租赁也可以通过在此参加过的群众进行口碑宣传。

四、大型活动场地租赁合同范本

大型活动场地租赁合同包括赛事场地租赁合同、演出场地租赁合同、合议场地租赁合同及展览场地租赁合同等。

下面以体育赛事场地租赁合同范本为例进行说明。

附：

体育赛事场地租赁合同范本

甲方：_____　　　乙方：_____
办公地址：_____　　　办公地址：_____
联系电话：_____　　　联系电话：_____
传真：_____　　　传真：_____
邮政编码：_____　　　邮政编码：_____

　　为了顺利举办体育比赛，合理利用体育场馆，甲乙双方根据各自职能签署_____体育场馆租赁协议。本协议中，甲方是体育场馆权益人，即出租人；乙方是体育赛事运作机构，即承租人。经甲乙双方友好协商，根据《中华人民共和国合同法》、《中华人民共和国体育法》以及有关的法律法规的规定，为明确双方的权利义务，就有关事宜达成如下协议：

　　第一条　定义

　　乙方租赁的体育场馆名称是_____，场馆的地址是_____。租赁的内容包括场馆的主体建筑和附属建筑，租赁物的用途用于体育赛事的举办。

　　第二条　租赁期限

　　租赁期限自_____年_____月_____日起至_____年_____月_____日止，共计_____天。

　　第三条　租金与支付期限和方式

　　3.1　租金总额为_____元人民币；租金支付方式为（现金/支票/汇票/）；本合同租金分_____次支付，第一次租金的支付时间为_____年_____月_____日，支付金额为_____元人民币；第二次租金的支付时间为_____年_____月_____日至_____年_____月_____日，支付金额为_____元人民币。

　　3.2　本合同签订之日起_____日内，乙方应支付本合同约定租金总额_____%，计_____元的保证金，作为履行合同的担保。

　　第四条　甲方权利

　　4.1　甲方有权依法制订有关治安、消防、安全、用电、营业时间等内容的各项规章制度并负责监督实施。有权协助各级行政管理机关对违反有关规定的乙方进行监督、教育、整顿，直至单方解除合同。

　　4.2　甲方有权要求乙方按照合同约定的用途使用租赁的场馆。乙方在使用场馆过程中，根据需要对场馆进行修缮、增设设施，应将修改的方案提前____天提交甲方，经甲方同意后方可进行。甲方有权要求乙方赔偿因修缮、增设场馆造成场馆的磨损，以及要求乙方使用后将场馆恢复原状。

4.3 甲方有权要求乙方于租赁期满或合同终止后____日内将租赁的场地及甲方提供的配套设施以良好、适租的状态交还甲方。乙方未按照约定交还的,甲方有权采取必要措施予以收回,由此造成的损失由乙方承担。

4.4 甲方如因满足乙方的租赁要求,损害了原有的广告商、赞助商利益,根据损害利益的实际大小,乙方应该给予全部补偿。

4.5 甲方可以依据合同条款的规定,在不影响乙方的广告权益情况下,开发与赛事有关的广告资源,广告收益按照合同的约定进行分配。

第五条 甲方义务

5.1 甲方应当按照约定将体育场馆交付乙方使用,为乙方提供场地及相关配套设施和比赛条件,保障乙方正常进行比赛。

5.2 除有明确约定外,甲方不得干涉乙方正常的赛事活动。

5.3 甲方应对场馆进行管理,维护并改善场馆所具有的赛事功能。

5.4 甲方负责场内的安全防范和体育设施的建设及维护,包括:建筑物的管理及维修保养;对乙方装置体育设备和器材的审查和监督;水、电、气、空调、电梯、扶梯等设备、管道、线路、设施及系统的管理、维修及保养;清洁管理;保安管理并负责场内的公共安全;消防管理;内外各种通道、道路、停车场的管理。

5.5 甲方应当在租赁期限内拆除租赁场馆内外可以拆除的广告牌,在比赛期限内,甲方还应当拆除体育场馆周围、广场的广告牌,保障乙方的广告权益。

第六条 乙方权利

6.1 乙方有权监督甲方履行合同约定的各项义务。

6.2 乙方拥有比赛期间场馆内部及其周围一定范围内的所有广告收益的权利。如果甲方在不影响乙方原有广告收益的前提下,开发广告资源,须得到乙方的同意,并约定好双方的广告收益分配方案。

6.3 乙方有权安排甲方广告资源开发的范围。甲方开发的广告业务,都应报请乙方批准,包括但不限于赛场内外广告牌的位置、广告内容、广告的设计样品等内容。

6.4 乙方有权要求甲方在比赛期间,提供停车位____个,以及其他因比赛惯例必须由甲方提供的服务和帮助。

第七条 乙方义务

7.1 乙方应具备合法的举办赛事资格,并按照体育行政管理部门核准的项目比赛。

7.2 乙方应按照甲方的要求提供有关本人或本法人的备案资料。

7.3 乙方应按照约定的用途开展体育比赛活动,自觉遵守甲方依法制定的各项规章制度及索票索证制度,服从甲方的监督管理。

7.4 乙方应按期支付租金并承担因赛事所产生的各项税费。

7.5 乙方应爱护并合理使用场内的各项设施和器材，如需改动应先征得甲方同意，造成损坏的还应承担修复或赔偿责任。

7.6 乙方应本着公平合理、诚实信用的原则使用场地，不得损害国家利益及其他人的合法权益，并承担因违法经营造成的一切后果。

7.7 乙方将场地转让给第三人或和其他人交换使用场地的，应先征得甲方的书面同意，按规定办理相关手续。

第八条 保险

甲方负责投保的范围为：责任险、火灾险等财产保险险种。乙方自行投保的范围包括但不限于赛事公众责任险、观众意外伤害险、赛事财产险、赛事取消、延期保险。

第九条 违约责任

9.1 乙方承租期间，甲方应保证没有第三方主张权利，如因第三方主张权利，致使乙方不能正常举办比赛，甲方应当赔偿乙方的损失，并支付乙方租金总价款的_____%违约金。

9.2 甲方未按约定提供场地或用水、用电等场所内的比赛设施设备、器材，致使乙方不能正常进行比赛的，应免除相应的租金，乙方有权要求甲方继续履行或解除合同，并要求甲方赔偿相应的损失。

9.3 甲方未按约定投保致使乙方相应的损失无法得到赔偿的，甲方应承担赔偿责任。

9.4 乙方未按照约定支付租金的，应每日向甲方支付迟延租金_____%的违约金。

9.5 因不可抗力或其他不可归责于双方的原因，使场地不适于使用或租用时，甲方应减收相应的租金。如果场地无法复原的，本合同自动解除，应退还保证金及利息，双方互不承担违约责任。

第十条 合同的解除、变更、终止

10.1 甲乙双方均不得无故解除、变更合同，否则承担违约责任。

10.2 甲方或乙方因自身原因需提前解除合同的，应提前_____日书面通知对方，经协商一致办理解除租赁手续，按照____的标准向对方支付违约金，其他手续由乙方自行办理。因甲方自身原因提前解除合同的，除按约定支付违约金外，还应减收相应的租金，并退还保证金及利息。

10.3 乙方有下列情形之一，甲方有权解除合同，乙方应按照____标准支付违约金：

10.3.1 因违法比赛被有关行政管理部门命令停赛的。

10.3.2 未按照约定的用途使用场地，经甲方_____次书面通知未改正的。

10.3.3 利用场地进行违法活动的。

10.3.4 被新闻媒体曝光造成恶劣影响的。
10.3.5 将场地擅自转租、转让、转借给第三人，或和其他人交换场地的。
10.3.6 逾期_____日未支付租金的。
10.3.7 违反保证金协议的有关约定的。

10.4 甲方有下列情形之一，乙方有权解除合同，甲方按照_____标准支付违约金：

10.4.1 甲方不能按照合同的约定，拆除场馆内外的原有广告。
10.4.2 甲方未按照合同约定开发广告资源。
10.4.3 甲方未按照合同约定履行义务，致使比赛不能正常举行。

第十一条 保证陈述

双方互相陈述、保证和承诺如下：

11.1 双方均具有完全的权利和法律权限或有效的授权签订和履行本合同。

11.2 本合同经双方签署，即依其中条款构成对双方合法、有效和有约束力的责任。

11.3 以上陈述、保证和承诺不仅在文首日期真实，而且也在本合同期限内都是真实的。双方确认以上的每一条陈述、保证和承诺都是关键性的。

第十二条 有效期和终止

12.1 本合同自双方签署盖章之日起生效，有效期至合同终止或者双方权利义务均履行完毕之日（以较晚发生者为准）。

12.2 除了本合同中或根据法律规定的补救方法以外，在不影响提出终止的一方的其他法律权力的前提下，任何一方有权在出现下列情况时终止本合同，自另一方收到终止通知时生效。

12.2.1 另一方在执行本合同条款时发生重大违约，而且在违约方收到违约通知之_____天内未能纠正。

12.2.2 另一方在本合同中的任何陈述或保证被证明有重大的不正确或不准确。

12.3 如乙方单方面终止本合同，则乙方仍须向甲方支付本合同约定的竞赛组织费。如甲方单方面终止本合同，则应将已收取的本合同约定的竞赛组织费返还给乙方。

12.4 本合同因为在此所述的任何原因而终止，都不解除任何一方履行至终止生效日的责任，或者是履行终止后仍然有效的条款的责任。

第十三条 遵守法律

如果有合理的原因相信本合同的任何条款违反了国家或地方法律，或者影响一方履行本合同的工业商贸团体的守则、规定、法规或指示（统称"法律"），那么双方须及时修改本合同以遵守法律。但是如果修改令本合同丧失了其根本目的，那么将认同双方同意终止。如果本合同因本条而终止，款项应支付至终止日的履行程度。那些为将来而已支付的款项应按比例退还，除了明确规定在协议终止后仍然有效的条款以外，任何一方将不就本合同而负任何义务或责任。

第十四条　不可抗力

14.1　由于水灾、火灾、地震、暴乱、罢工、劳工运动、疾病或本届赛事比赛日程正式公布后政府部门颁布的命令等不可预见、无法避免和无法控制，不是由于一方的过失而引起的情况（不可抗力事件），致使无法履行或延迟履行本合同，遇有上述不可抗力事件的一方不应被视为违约和应对另一方就无法履行或延迟履行负责。

14.2　受不可抗力影响的一方须及时将不可抗力的性质、影响程度通知另一方并提供证据。双方在所有合理情况允许下为减轻影响或制定替代安排而进行真诚的协商。

第十五条　争议解决方式

因本合同引起或与本合同有关的任何争议，由双方协商解决，协商不成，双方可选择以下争端解决机制：

15.1　提请北京仲裁委员会按照该会仲裁规则进行仲裁。

15.2　诉至有管辖权的人民法院。

第十六条　其他

16.1　场地在租赁期限内所有权发生变动的，不影响本合同的效力。

16.2　双方对合同内容的变更或补充应采用书面形式，并由双方签字盖章作为合同附件，附件与本合同具有同等的法律效力。

16.3　本合同构成双方之间就本合同所述内容的全部理解，取代所有先前其他或同期的有关所述内容的协议。

16.4　乙方和甲方确认，在合作期间，一方可能得到另一方的保密资料。双方同意除非为了履行本合同而需要使用保密资料，双方将保护保密资料，本合同终止之后保密责任继续有效。

16.5　本合同未经双方同意并特别指明是对本合同的修改，以书面形式经双方授权代表签署，不得修改。

16.6　一方未对另一方违反本合同条款行为或之后的违约行为作出反对或采取行动不得视为弃权。本合同中的权利和补救方式是累积性的，任一方行使一项权利或补救不排除或放弃其对其他权利和补救方式的行使。

16.7　本合同中标题是只为方便查阅，不构成本合同的实质内容。

16.8　本合同一式两份或多份签署，每一份都是原件。所有这些文本构成同一份文件。

16.9　如果本合同中的任何条款不成立或无法由具有有效管辖权的法院执行，余下的其他条款将继续有效，而前述不成立或无法执行的条款应当依据最大可能执行的法院执行。

16.10 双方是独立承办机构。在任何情况下本合同不构成双方之间的代理、合伙、合营或雇佣关系，双方确认并同意各自没有也不会表现为它有法律授权以任何方法对另一方产生约束或保证。

16.11 任何一方没有另一方的事先书面许可不得转让或授权本合同下的权利和/或责任。本合同和其中所有条款对双方有效，也对双方各自的继承和批准的转让人有效。在任何情况下，允许的转让都不能免除出让人的责任。

16.12 本合同附件构成本合同的一部分，与合同条款同样有效，对合同双方构成约束力。

16.13 本合同正本一式_____份，双方各执_____份。

16.14 本合同未尽事宜，由双方另行协商解决。

甲方_____（公章）　　　乙方_____（公章）

代表_____（签字）　　　代表_____（签字）

电话：_____　　　　　　电话：_____

_____年_____月_____日　　_____年_____月_____日

五、大型活动场地服务与保障流程

（一）一般流程

一般来说，大型活动场地服务与保障流程分为以下5个部分：

1. 熟悉大型活动的基本情况

大型活动的基本情况包括：

（1）活动的规模。

主要包括参加的国家数、教练员、运动员人数、工作人员、新闻记者等，还包括观众的人数等。

（2）活动日程安排。

对每天的活动行程给出具体的安排。

（3）场地安排。

① 使用场地。

② 出入口设置。

③ 停车场安排。

④ 围蔽方案。

（4）体育场馆的主要任务和责任。

指体育场馆方面所要做的事情和应承担的责任。如负责体育场馆日常保安与消防工作，配合主办方安保部制订相应的保障方案；保障活动期间水、电和空调的正常使用，并协助主办方装、拆台工作；负责配合各相关单位做好临时设施的搭建工作；负责对服务人员的管理及岗位培训工作等。

2. 体育场馆方领导分工

一般而言，体育场馆的总经理负责活动的全面工作，场馆其他领导按分工管理相关部门和工作。

3. 各部门主要工作职责和任务

（1）行政部。

一般负责草拟体育场馆关于举办此次活动的保障方案、督促主办方与垃圾清运公司及时清运垃圾、负责员工纪律督导工作、负责部门加班申请的审核工作、负责临时工作证件的发放和管理、负责组织活动所需的志愿者、负责应急临时广播等工作。

（2）市场经营部。

主要是负责综合协调工作，记录与主办方召开的有关会议精神并撰写会议纪要；负责组织协调本次活动的社会配套服务工作，根据主办方要求布置功能房和安检门的桌椅；负责活动场地的管理工作，对场地卫生保洁、各工作区域的消防应急通道、贵宾室、功能房的管理情况进行监管，发现问题及时与相关部门和单位进行沟通处理；负责准备好活动需要的各功能房、仓库和各种物品，及时与主办单位办理交接管理手续等工作。

（3）财务部。

主要负责向活动主承办单位收取场租、有偿服务费用和违约金等工作。

（4）保安部。

主要负责场馆区域的社会治安、安全保卫和防火安全的巡查工作；负责组织车辆的指挥导泊、保管和维持车场的治安秩序工作；负责消防控制中心的监控、管理；负责对新入职的保安人员进行防火、治安等相关培训工作；对驻馆单位的治安、消防安全管理工作进行检查并抓好整改落实的工作，向驻馆单位通报活动的基本情况并提出配合要求等工作。

（5）设备工程部。

主要负责在活动开始前对各场馆和各工作区域的电源、空调、灯光、音响、消防监控系统、灭火设施设备、应急照明和紧急出口指示、给排水系统进行一次全面检查，确保各设备系统工作正常、稳定；负责本次活动供电保障的综合协调，落实本次活动的供电保障方案和措施，审定所有用电和灯光等设备吊装方案，监督用电和吊挂的安全检查，处理和纠正违规行为；负责活动期间的设备保障工作，保证安全运行，不出故障；负责临时用电的安排、检查与监督工作；保证活动期间场馆正常用电和按时提供空调；负责各工作区域的电话安装与调试、网络设施设备管理与服务；制定网络、通信保障紧急情况处置预案，组织好活动期间的相关抢修工作；协调供电和空调、消防监控和场馆

改造建设等单位进馆检测有关设备和参与活动的保障工作等内容。

4. 工作时间安排

对每个部门的工作时间给出具体的安排。

5. 其他要求

如对活动中工作人员的着装要求、实际操作中与方案发生冲突问题时，应如何解决等其他补充要求。

（二）体育赛事的场地服务与保障

大型体育赛事的特点是：

（1）不可替代性。

由于体育比赛结果的不可预测性，使得每项比赛、每场比赛都是唯一的，具有不可替代性。

（2）时效性强。

体育赛事是具有时间性的，在既定的时间、规定的地点举办。

（3）专业性强。

观赏体育比赛一般需要较强的体育专业知识或专业技能，观众起码应了解该项目的比赛规则、项目特点、参赛双方的技术风格、各自的实力等相关知识。

（4）安全系数低。

体育赛事的人为因素可控性差，比赛期间人多混杂，再加上赛事竞争激烈，人们往往难以控制自己的情绪，造成事故的发生。

（5）社会效应大。

体育赛事以独特的魅力吸引着新闻媒体，一经新闻媒体报道或炒作随即成为世人注视的焦点。

（6）可再生性强。

体育赛事是取之不尽、用之不竭的永久性、可再生、并会随着社会的发展被不断充实的资源，如果不能及时善加利用，实属巨大浪费。

因此对于体育赛事的场地服务与保障而言，在按照上述一般流程做好的同时，还要考虑其自身的特点，尤其要做好比赛时群众观看比赛的安全保障，随时留意观众的情绪波动，发现有意外情绪马上上报主管领导，及时处理。同时要维护好与媒体之间的关系。因为大型体育赛事举办的成功与否与媒体的报道有很大关系，同时，又因为体育赛事是一种可再生资源，每一次赛事的举办都在为其场馆做口碑宣传。

（三）文艺演出的场地服务与保障

文艺演出的场地服务与保障除遵循以上流程之外，还要注意一些重要问题、突发事件的处理。如假票、重票、争执、观众不遵守场内规定（如站起来影响其他观众、吸烟等）；场内人员发生急症；发生火警、爆炸、斗殴；发现盗窃和危及场内人员、设备安全的其他情况以及停电、空调、音响、灯光、大屏幕故障等。

处置的措施是：

（1）发现爆炸时应立即报告现场公安人员，并采取断然措施保护人民生命和国家财产安全。

（2）发生盗窃：由保安人员将犯罪嫌疑人扭送现场公安人员处理。

（3）需要紧急疏散人员时：通道大门附进人员打开通道大门，各类人员要保持高度冷静，在公安部门和体育场馆领导统一指挥下，引导观众有秩序离开，同时要有广播、大屏幕的声音和文字引导，注意控制观众的情绪。

（4）停电及其他设备故障：设备运行处加强设备检查工作和预防，提前与电力局联系，保障电力供应。发生局部停电时，由设备处采取应急措施先行解决问题，并组织应急抢修人员，及时排除故障。发生全场停电时，设备处应及时向供电部门报告情况，请示解决办法。场内各类管理人员要劝导观众保持冷静和安静，根据公安部门和体育场馆领导指示做好处置工作。通知指挥部、引导员、保安要听从指挥部的命令，疏导观众离场。

（5）场内人员发生急症和伤情，服务部应立即组织医务人员进行救治，必要时应立即联系就近医疗，派车将伤病员送院救治。

（6）假票问题：由引导员交巡场人员，领到公安值班室处理。

（7）重票问题：由各区引导员向观众道歉，耐心做好解释劝导工作，寻找适当位置妥善安排好观众，对当天有票无座位的观众可安排次日进场观看演出。

（8）不遵守场内规定：由区内引导员劝止，如果不能有效处置，交由保安处理。

发生危及场内人员生命安全的特殊情况时，应立即发出警报。非上述情况，各类人员不准用任何形式发出警报，发出警报时应立即向现场民警和体育场馆领导报告。

（四）会展的场地服务与保障

会展的场地服务与保障除具上述一般流程外，还有自身的特点。会议举办的时间一般包括上午、下午和晚上，因此体育场馆应为与会人员准备好餐饮的供应。这就要注意餐饮的食品安全问题，防止食物中毒。

展览的举办时间一般为上午和下午，因此中午可为参观人员准备午餐，也可以不准备。如果准备午餐，同样要注意食品的安全问题。展览区别于其他活动的一个重要特点是在举办展览时，观众是动态的，与其他活动观众坐在座位上的静态不同，因此就要求体育场馆的工作人员要合理安排路线，做好人员的疏散工作，防止由于拥堵产生人员踩踏事件。

总之，各类大型活动场地服务与保障在遵循一般流程的基础上，还要根据自身的特点做好有针对性的服务与保障。

第四节 体育场馆群众体育活动的开展

一、体育场馆群众体育活动的项目设置

（一）群众体育项目设置的基本原则

（1）经济效益原则。

在市场经济环境下，人们的绝大部分经营活动都是为了取得经济利益。体育场馆体育项目的设置，是为了以自己的特色服务来吸引人们，满足人们在体育方面的需求，但其根本目的是为了提高自身的经济效益。需注意的是，体育项目的经济效益体现在两方面：直接经济效益和间接经济效益。

目前，大部分体育场馆是单独收费的，例如保龄球、台球等项目。这些项目的经济效益是直接产生的，比较容易统计。然而，消费档次较低的人，也希望得到体育享受，但他们希望在到达体育场馆之后少收费，可以采取会员制或售卡的形式留住这些消费者。

（2）社会效益原则。

在强调加强社会主义精神文明建设的今天，体育场馆经营项目的设置不但要注重经济效益，而且应该注重社会效益。积极响应政府有关部门提出的加强全民健身运动、提倡健康的娱乐活动的号召，为树立良好的社会风气而作出贡献，尽量满足社会对体育活动的需求。

现在，有很多体育场馆的经营都对外开放，低价或适当少收费，取得了很好的经济效益和社会效益，既得到了较好的门票收入，又提高了体育场馆的知名度，并为稳定体育场馆的消费者作出了贡献。

（3）满足人们正当需求的原则。

随着现代文明的日益进步，体育场馆设施和服务水平的不断改善，人们对体育运动的期望也在不断提高，即不仅参加运动方面的要求得到改善，而且要求在体育场馆里运动是一种享受。

人们对体育享受的意识在不断增强，他们把体育锻炼不单看成是健身，而且把它当做丰富生活、增加知识的途径。可以看出，人们越来越重视体育活动和体育活动对身心健康的作用。因此，体育场馆的设置应当满足人们的这一正当要求。

那么，哪些体育活动能满足人们的正当要求呢？概括起来有这样几个方面：一是要有趣味性；二是要有健身性；三是要有高雅性；四是要有新奇性；五是要有刺激性。其中，刺激性要注意掌握限度。

(4) 因地、因馆、因时制宜的原则。

体育场馆的建设，总是根据自身地理位置、环境条件、人数和人的层次等不同特点而决策的。体育场馆的设施配置应尽量达到人们的期望值，以满足不同人们的不同需求。因此，体育场馆的设置以及各个体育项目的配置，都应因地、因馆、因时不同而有所不同。受场馆限制，不可设置占地面积很大的乡村高尔夫球场；如果希望打高尔夫球的人们多，可考虑建模拟高尔夫球场或城市高尔夫球场等；寒冷地区的体育场馆一般不宜建室外游泳池，等等。

(二) 体育项目设置的主要依据

(1) 市场需求。

从市场总体来看，消费者的需求不可能得到完全满足，总会有一些未被满足的需求。另外，消费者的需求也会随着市场的发展、环境的变化、时间的推移而不断变化。市场需求会随人口数量、经济收入、文化水平、竞争规模、商品供应量和价格、资源开发等因素的变化而变化。过去，我国体育场馆能够提供的体育项目很少，满足不了人们的需求。为了满足人们的需求，体育场馆应考虑：设置台球、保龄球、高尔夫球、网球等体育项目。所以说，体育项目的设置首先是为了满足市场需求。在具体确定市场需求时，还要分析每个服务项目的市场需求量，即服务项目利用率的高低，要防止某个项目的规模和接待能力过大或不足而影响经济效益。

(2) 资金能力。

体育项目的设置应该依据投资者投入的资金量力而行。建设一个综合娱乐项目所需要的资金可能与建一座相当规模的酒店差不多，但建一个体育场馆附近的适度规模的体育经营项目用不了那么多的资金。因此投资者、设计者要心中有数，这是体育项目设置的依据之一。

(3) 消费者消费层次。

体育项目的设置，要在调查研究的基础上根据消费者层次及其相应需求来决定。也就是说，市场定位要准。要注意工薪阶层与商务阶层的需求不同，要根据不同人们的不同需求设置相应的体育项目。

(4) 体育场馆的接待能力。

一般情况下，从体育场馆的接待能力可以推算出每个体育项目需要的接待能力，从而决定体育项目的设置规模。

(5) 体育项目经营的社会环境。

外部社会环境对体育项目的经营能够产生非常大的影响，因此在设置体育项目时，应该把社会环境作为依据之一。与体育项目经营联系较为密切的社会环境有地区经济环境、人文环境、社会政治环境等。

① 地区经济环境。地区经济环境的发展水平决定了当地人们体育消费的能力。体

育消费是指人们在满足衣、食、住、行等基本生活需求之后的，用以提高身体素质、保持身心健康的消费。也就是说只有人们的收入水平达到一定程度后才具有体育消费的能力。同时，如果某地区经济发展规模大、速度快、潜力大，那就意味着该地区的经济活动会日益活跃，经贸商务活动会越来越频繁，外来经商、洽谈、投资的人会越来越多。这也必然会导致对体育需求的增加，预示着体育经营在该地区具有广阔的前景。因此，设置体育项目应该与本地区的经济发展水平相适应，与人们的支付能力相适应。

② 人文环境。这是指社会各种文化现象，包括文化传统、教育水平、社会习俗、宗教信仰、价值观念、审美情趣等。不同地区、不同民族的习俗、爱好、情趣会有很多差异，即使同一地区的人们，由于文化、年龄、习惯、性别等方面的不同，他们的体育需求也会不同。喜欢哪一类型的体育项目，与人们的习惯爱好有关系，例如有的人喜欢室内项目，有的人喜欢室外项目，与人们的价值观念有关系。因此，体育项目应该与本地区的人文环境相适应。

③ 社会政治环境。这应该从两方面来认识，一方面是需要政治稳定、社会治安状况良好。这是体育业经营发展的前提条件。体育消费是基本生活以外的消费，它对治安环境条件的变化特别敏感。另一方面是需要良好的政策环境。宽松的政策无疑会促进体育业的发展。另外，还必须注意遵守国家和地方的有关法规。因此，在设置体育项目时，应该认真学习研究有关的政策法规，还应向当地的文化、体育、公安、消防、工商、税务等部门充分咨询，在国家政策法规允许的范围内设置体育项目。

二、体育场馆群众体育活动的价格制定

体育场馆群众体育活动项目的价格制定具有很大的可比性，但主要有以下几种定价方法。

（1）成本加成定价法。

这种方法是首先确定每一个产品的变动成本，加上平均分摊的固定成本，然后再加上一定比率的利润，以及相关税金等构成产品的价格。

这种定价方法简便易行，因此应用历史较长，应用面较广。其中成本费用包括投资总额分摊、人工费用、日常管理费、维修费及其他物料消耗费。其中的利润是指毛利，即收入减成本的差额。税率应按税务政策规定的比率计算，一般体育项目的营业税税率为10%～12%，个别项目的税率高达22%。

（2）完全成本定价法。

这种方法是以体育项目的完全成本为基础，再加上一定的利润和税金而制定出价格的方法。

这种方法计算的结果与第一种方法接近，二者的区别是所用的条件不同，前者用利润作为条件之一，而后者是用利润率作为条件之一。

（3）目标收益定价法。

这种方法是根据体育场馆总成本和估算的销售量，确定一个目标收益率作为定价的计算方法。这种方法在新建的体育场馆中应用较多，因为新建的体育场馆都有投资偿还期，所以要在价格中保证到期能偿还贷款。

例如，假设某体育馆的高尔夫球馆投资3000万元人民币，预计投资收益率为每年10%，体育馆可同时接待300人，估计每天销售额为5万元，一年按营业360天计，请根据上述条件求出该高尔夫球馆每张门票的价格。

前面所述的几种定价方法依据的条件中，比较固定的因素多，如成本、税率、投资额等，考虑活的因素较少。下面的几种定价方法则较多考虑变化的因素、心理的因素等，有利于适应不断变化的市场。

（4）区分需求定价法。

同一产品不同时间、不同地点、不同人们、不同情况可以制定不同的价格：

① 对不同的体育消费者的差别定价。

② 同一产品（如游泳池）集体票和散客票不一样，成人和儿童不一样。

③ 不同购买时间差别定价，即不同营业季节价格不同；不同日期（周末或重要节日与平日）价格不同；不同时段价格不同，如上下午价格不同；购买时间长短不同价格也不同，如保龄球包道两小时以下和两小时以上价格就不同。

④ 不同场所差别定价，如室内游泳池和室外游泳池，室内网球场和室外网球场，其地点不同，价格也不同。

⑤ 不同付款方式的差别定价。是现金付款还是支票付款？是一次性付款还是分期付款？是预先付款还是赊账？情况不同，价格也不同。

⑥ 行业或系统内外的差别定价。行业内部可以协议优惠甚至免费，如保龄球协会会员享受优惠价。

（5）随行就市定价法。

这种方法一般适用于"完全竞争市场"。完全竞争市场是指本行业存在众多的体育场馆，经营相同的产品，各自在商场上占有的份额都不大，每个体育场馆的加入和退出对市场价格没有太大的影响。在这种情况下，产品价格由市场整个供给量与需求量来决定，每个体育场馆的产品价格只能随行就市，跟着市场流行的价格水平走。

（6）控制供应量定价法。

这种方法适用于一家体育场馆控制了某项体育服务产品的几乎全部供应量，而且市场上几乎没有其他可以替代产品的情况。在这种情况下，可以通过控制供应量来定价，可以高价以减少消费者，也可以低价以扩大消费群体。

（7）利用声誉定价法。

这种定价法是以注重社会地位、身份的目标客人的需求特征为基础，故意把价格定得很高，借以显示客人的高贵，体育场馆以此来抬高自己在客人心目中的声望。到这种场所消费的客人要求消费环境好、设备档次高、服务质量好、消费群体的层次高。在很大程度上，体育场馆的价格是反应体育活动质量和消费者地位的一种标志。针对这种心理，一些体育场馆会将价格定得高一些。这种方法在高档体育场馆中常用，如某些网球场、高尔夫球场等。

（8）变动成本定价法。

由于市场竞争激烈，为使体育场馆不至于破产，个别体育场馆采取以变动成本为基础制定价格的方法。也就是不计固定成本及折旧等，这样做是为了应付竞争而采用的保本经营的方法。

三、体育场馆群众体育活动会员卡的设置

会员卡是会员在使用体育场馆各项设施或要求体育场馆提供各种服务时，用作识别身份、登陆或消费结算的凭证。会员卡可分为个人会员和团体会员。持有体育场馆会员卡的消费者可前往俱乐部及所属设施消费。会员在接受体育场馆所提供的服务后，应出示会员卡。当会员卡遗失时，原持有者应于一定期限内向体育场馆提出申请补发，并支付补发费用。

会员卡的设置要考虑群众体育活动项目的目标对象、活动场地的时间安排等情况。同时注意体育场馆的会员卡是针对每个项目的，即一张会员卡只能参与其中一个体育项目，而健身俱乐部则是消费者持有一张会员卡可以参与俱乐部中的所有项目（参见表8-2）。

表8-2 某全民健身中心游泳馆办卡须知

名称	金额（元）	使用说明
金卡 VIP	1588	本人使用，年内有效，每日一次，不限时。可转让一次，两次一对一教学
银卡	988	本人使用，半年内有效，每日一次，不限时。可转让一次，一次一对一教学
贵宾卡	688	本人使用，季度内有效，每日一次，不限时
年卡	1338	年内有效80次，每日不限人次，限时90分钟
季卡	428	季度内有效20次，每日不限人次，限时90分钟
游泳票	28	当日有效，限时90分钟
儿童卡	100	1.4米以下10次，季度内有效，每日一次，限时90分钟
学生卡	150	持学生证10次，季度内有效，每日一次，限时90分钟

续上表

名称	金额（元）	使用说明
少儿培训卡	360	月内有效，12节课，限时90分钟，高中以下
成人培训卡	420	月内有效，12节课，限时90分钟，高中以上
全民健身日票	15	每周一、三、五上午9:00—11:00，限时90分钟
赠： 　购金卡VIP、年卡获赠周雅菲签名腕表一只；购卡满380元获赠泳帽一顶。 送礼套餐： 　游泳卡：300元/张，每张卡20次，每四张卡一组，每次购足四张，半年内有效。 　独立培训卡：260元/张，每张卡12节课，可选购与上卡配套，季度内有效			
注： 　1. 游泳每次限时90分钟（包括更衣、淋浴时间），超时不足30分钟补半票，超60分钟补全票。 　2. 冲水每次限时30分钟，每超时30分钟补全票，依此类推。 　3. 各类卡均可等值续卡。 　4. 办卡时填报个人信息的均可挂失，遗失补卡工本费10元。 　5. 如遇全民健身等大型活动，场馆暂停对外开放			

四、体育场馆群众体育活动的培训

在体育场馆中，对参加活动的人员进行培训，是体育场馆群众体育活动中一个重要的部分。

按照培训的对象可分为成年人和青少年。

按照培训的模式可分为集体和个人。

按照场馆培训部门的运作模式可分为场馆自己找教练培训和与培训机构合作。

按照培训项目的内容可分为启蒙式、提高型、技术型培训等。

美国的万乔维亚中心球场就积极开展体育培训服务，例如76人队训练营始创于1985年，一开始是为青少年学习运动基础知识和与球员近距离接触而设的。营员每天不但可以有两个小时的指导，还可以划船、游泳、钓鱼、打迷你高尔夫、打乒乓球和沙滩排球等。到1988年，六周一期的夜间训练营每周有营员200人，而日间训练营也在费城的四个社区和郊区开展起来，并且在17个点为7到13岁的孩子提供学习机会。

附：广州体育馆群体运动项目及价格

表8-3 乒乓球、羽毛球收费标准

经营时间		乒乓球收费标准	羽毛球收费标准	
周一至周五	9:00—18:00	20元/小时	20元/小时	1. 一次预定100小时羽毛球场，即加送15小时，另送停车票100张。 2. 一次预定50小时羽毛球场，即加送5小时
	18:00—22:00	25元/小时	25元/小时	
双休日、节假日	9:00—22:00	25元/小时	35元/小时	

表8-4 篮球收费标准

经营时间		收费标准（票面）	备注
周一至周五	9:00—18:00	280元/小时	全场
		150元/小时	半场
	18:00—22:00	320元/小时	全场
		200元/小时	半场
双休日、节假日	9:00—22:00	320元/小时	全场
		200元/小时	半场

表8-5 瑜伽养生馆收费标准

开设课程	上课时间	收费标准（票面）	备注
瑜伽 健身球操 普拉提 亲子瑜伽	周二至周五晚上 周六上午、下午	成人：50元/次 学生优惠：45元/次 月卡：350元/月；季卡：900元/季； 双季卡：1625元/双季；年卡：2600元/年； 50次卡：1800元/50次；亲子瑜伽：500元/10次	1. 各种卡类在有效期内可参加除亲子瑜伽外的全部课程。 2. 50次卡不设有效期。 3. 亲子瑜伽每次课程可携带一名6岁以下儿童

第五节 体育场馆的无形资产经营

关于场馆无形资产的概念，根据国内场馆无形资产开发的成功经验，并结合体育无形资产的相关研究，将其界定为不具有实物形态，但是可以持续地为场馆所有者和经营者带来经济效益的资源。

其显著特点是无形性、依附性以及在交易中所有权与使用权的分离。对场馆无形资产的开发是指为了充分运用场馆的无形资产，提高场馆无形资产利用率所采取的一系列技术、经济措施与活动。开发的目的就是尽可能地挖掘和利用各种场馆的无形资产，为场馆汲取更多的资金，向社会提供体育产品，满足社会的体育需要，从而推动体育的发展。

目前已开发的场馆无形资产类型主要有场馆广告发布权、场馆冠名权等。对场馆无形资产的开发具有拓宽场馆经营中汲取资金的渠道、转变场馆经营者的经营观念及为场馆与投资商获得"双赢"等现实意义。

一、场馆广告发布权

（一）场馆广告发布权的概念

场馆广告发布权是广告主通过租用或购买等付费方式有偿使用场馆设施内、外以及周围的广告空间资源的权利。广告主通过发布广告的方式来宣传自己和提升企业形象，以期达到塑造和强化品牌、提高消费者忠诚度以及提高经销商信心等目的的一种商业行为。

对场馆设施进行广告发布权的开发，是场馆设施经营者将场馆设施内、外以及周围可进行发布广告的空间资源进行优化配置，使静态资源富于活力，通过市场运营，从而达到资产增值，促进场馆设施的可持续发展。当场馆设施的经营者将广告发布权有偿转让给广告主时，由于转让的仅是场馆设施广告空间资源的使用权利，广告发布权就变成了非物质商品。广告发布权的权益方主要是场馆设施和广告主。从资产特征看，广告发布权属于无形资产。

目前已开发的场馆设施的广告空间主要有场馆设施内外墙壁、地面、扶梯、过道、围栏、护栏、灯柱及楼顶等位置，还可以在体育场馆的座椅背上进行广告开发。最近还有学者提出在场馆设施的建设时期中的广告发布，即在场馆设施建设期中，用巨幅户外广告将建设中的场馆设施通体包裹，一方面遮丑、时尚，另一方面开发其广告发布权的潜在经济价值。

（二）我国场馆广告发布权开发的意义

目前我国场馆设施的广告发布权开发具有盘活场馆设施存量无形资产、拓宽场馆设施经营中汲取资金的渠道、转变场馆设施经营者的经营观念以及传播城市文化、塑造城市形象等积极的意义。

（1）盘活场馆设施存量无形资产，使场馆设施的无形资产的开发得到重视。

广告发布权在场馆设施无形资产中占有重要的比例。由于过去对场馆设施无形资产认识的不足，致使大量的无形资产被忽视甚至被浪费。广告发布权的开发将使人们重新认识到场馆设施无形资产所具有的巨大潜在经济价值，通过自主开发、合作开发、委托经营、居间模式等方式对场馆设施广告发布权的开发，可以使场馆设施存量无形资产得以盘活，使场馆设施的无形资产价值得到发挥，同时也使场馆设施无形资产的开发得到重视。

（2）拓展经营范围，拓宽收入渠道。

将场馆设施广告发布权的开发运用于实践，不仅有利于场馆设施发挥自身的多种功能，有利于提供体育以外的社会服务，同时它也有助于吸引民间资本共同参与场馆设施的管理与运营，拓宽场馆设施运营汲取资金的渠道，改变近些年来场馆设施的经营方式多以单纯租赁为主、经营范围过于狭窄、收入渠道单一的局面。

（3）有利于转变场馆经营者的经营观念。

场馆设施广告发布权开发的实践要求场馆经营者的经营观念必须从过去单一经营方式转向场馆设施多元化经营，做到对场馆经营方式进行市场细分——由实体经营开始向有形、无形资产相结合的多元化方式经营。

（4）有助于传播城市文化，塑造城市形象。

一般巨幅户外广告的主要目的是提升企业形象、塑造和强化品牌，因此它的主要内容通常是宣传某个品牌或企业历史，属于城市文化的一部分。而场馆设施本身是"具有担负着大众健康职能"的公益设施，具有"城市名片"之称。另外，时尚的广告设计创意、与时俱进的高科技户外广告版面制作、鲜艳夺目的冲击性画面，也使城市变得炫彩纷呈。场馆设施的广告发布权开发不仅能为场馆设施增加一笔可观的收入，还丰富了城市景观，塑造了城市形象。通过广告发布权开发，能为所在城市进行商业文化和人文文化的宣传，实现经济效益与社会效益的双赢，这也恰好符合了现今所倡导的城市经营理念。

（三）场馆设施广告发布权开发方式

根据我国部分综合性大型赛事场馆设施广告发布权开发经营成功运作的经验，我国综合性大型赛事场馆设施广告发布权开发主要有以下几种方式。

（1）自主开发。

所谓自主开发主要是指场馆设施经营者开发一个下属的市场部门，投入资金、组织技术力量进行场馆设施的广告发布权的开发。这种模式的广告发布权开发由场馆设施经营者自主决定利益的分配和权益的归属。它对场馆设施无形资产的保护与增值具有积极的意义。一般具有较优厚的户外广告市场资源并有专业的广告技术人员的场馆设施较适合进行自主开发。自主开发具有形式灵活的优点。但也可能因缺乏经验、客户资源不足、获得广告特许经营权困难等原因而导致经营效率低下。

（2）合作开发。

合作开发是指场馆设施经营者同一个或一个以上的企业或个人共同投资、共同参与进行场馆设施的广告发布权开发。其模式可细分为场馆设施经营者与企业的合作开发和场馆设施经营者与个人的合作开发。以开发场馆设施广告发布权为目标，组建专门的经济实体，由专门的实体进行负责，合作各方依据合同从该实体的利润中获得红利。合作开发与独立开发相比，其益处在于可以减少场馆设施经营者的财政压力和投资风险，同时又可因受合作双方权益的牵制而促使双方争取更好的经营业绩。当场馆设施不具有优厚的户外广告市场资源和专业的广告技术人员时可以考虑此种开发方式。

（3）委托经营。

场馆设施的广告发布权委托经营就是将场馆设施的广告发布权委托给受托方，按照预先规定的合同进行经营管理。根据受托方的不同，将此种经营方式分为内部委托与外部委托经营两种。内部委托是将场馆设施的广告发布权委托给下属广告公司承担业务，外部委托是将场馆设施的广告发布权委托给专业的广告公司，按照预先规定的合同进行经营管理。委托经营可以改善企业的经营管理，提高企业的赢利能力，与自主开发不同的是受托广告公司具有独立的法人，自行运作，与合作开发不同的是场馆设施经营者无权进行干预，只作为提供者为其提供场馆设施的广告空间资源，并以董事或股东的形式享受广告公司带来的盈利分红。南京奥林匹克体育中心广告发布权开发的成功运作采用的就是委托经营的方式。

（4）居间模式。

居间模式又称为中间模式。场馆设施为寻求户外广告市场资源，还可借助中间模式。中间模式类似于我国现行的中介公司，主要是作为中介联系场馆设施广告发布与广告主，起到桥梁的作用，并从中收取一定的费用。

（四）我国场馆设施广告发布权开发经营过程中应注意的问题

场馆设施广告发布权的开发有利于场馆设施发挥自身的多种功能，有利于提供体育以外的社会服务，但是在开发过程中笔者认为以下几个问题必须注意：

首先，场馆设施经营者进行广告发布权的开发，其目的是为了获取经济收益，因此在选择场馆设施广告发布权开发方式时，必须注重经济效益优先。但我国场馆设施属城市公益设施，在进行广告发布权开发时还应注意对广告的甄选，注意所发布的广告是否有利于城市文化发展的需要，是否有利于人们健康生活的追求。对于影响居民文化生活、破坏城市发展和文明进步以及法律严格禁止的广告应给予坚决的抵制，严把质量关。

其次，任何商业开发都是有风险的，场馆设施的广告发布权开发也是一样。因此，在整个场馆设施进行广告发布权开发经营实施前，必须制定相应的风险规避措施。要通过科学的论证，对风险进行有效的评估。

再次，在场馆设施的广告发布权开发经营中，可持续发展也是一个不可或缺、需要考虑的因素。场馆设施的广告发布权开发经营的可持续发展，就是在场馆设施的广告发布权开发过程中，必须充分考虑开发之后的经营和管理是否能够良好、持续发展下去，而不会造成资金和资源的巨大浪费。

最后，由于场馆设施开展多种经营，必须以保证体育运动服务特别是运动竞赛表演服务为前提。当多种经营在场地、设施、人员等方面与体育运动发生矛盾时，多种经营应当无条件服从和服务于体育运动服务的需要。因此，当广告发布权开发在场地、设施、人员等方面与大型体育赛事发生矛盾时，广告发布权开发应当无条件服从和服务于体育运动服务的需要。

（五）我国场馆设施广告发布权开发的建议

当前，广告发布权的开发运营在我国场馆设施应用中还有一定的困难，主要表现在以下几方面：对场馆设施的广告发布权开发运营的认识不够；政府过度的干预；对综合性大型赛事场馆设施发布广告的效果存有疑问；可借鉴的成功经验少，理论依据不足。

针对上述一系列的困难，我们将从以下几个方面提出对我国场馆设施广告发布权开发的建议。

（1）重视以广告发布权为核心的场馆设施无形资产运营。

目前国内场馆设施无形资产的管理与运营仍被忽视，以广告发布权为核心的场馆设施无形资产的价值未能得到充分的发挥，致使大量的场馆设施资源无法被有效利用，场馆设施的无形资产流失严重。体育场馆的经营者从单纯租赁者向资本经营者的根本转换是场馆设施得以生存的必然趋势，所以，场馆设施的经营者必须解放经营观念，在管理运营场馆设施的有形资产的同时，注重对场馆设施经营方式的市场细分和延伸——重视以广告发布权为核心的场馆设施无形资产的运营。

首先，树立起以广告发布权为核心的场馆设施无形资产经营观念。根据市场的需求和场馆设施自身的优势，积极开发可进行广告发布的空间资源，通过招标、竞拍、外包等方式，吸引广告发布权开发的投资者或与国内广告发布权开发比较成熟的广告公司进行合作，明确责权利关系，开拓场馆设施广告发布权开发市场。

其次，根据专家意见，制订场馆设施广告发布权规划的实施方案。场馆设施广告发布权开发设置规划的编制应采取听证会的形式，征求行业协会、广告经营者、专家及社会公众的带有普适性的、行业性的和战略性的意见。规划制定与实施方案同步进行，以抢占广告发布权市场先机，谋求最大程度预期利益和长远利益。

（2）对场馆设施的广告发布权实行专业化开发。

场馆设施广告发布权的开发是专业性很强的工作，包括市场分析、风险分析、广告策划、业务沟通等方面。

我国场馆设施经营者可同时结合各地的实际情况，借鉴国际广告发布权开发运作方式经营管理场馆设施的广告发布权。

首先，引进专业化广告发布权开发人才。因为专业化人才是确保场馆设施广告发布权开发实现科学化经营与管理的前提。引进的专业化广告发布权开发人才必须谙熟市场法规政策，既精通广告发布权的管理与运营，又懂体育产业的运作模式，能将广告发布权的经营开发与体育产业运作模式交融。同时，还要定期为专业人才提供相应的专业培训机会，以适应不断变化的广告发布权开发市场需要。

其次，组建专业的管理实体。因为专业的管理实体是确保场馆设施的广告发布权的开发，实现科学化经营与管理的关键。此专业管理实体主要以引进的专业化广告发布权开发人才为主体，且此专业管理实体必须具备市场化、经营化、制度化等特征，严格按照企业 ISO9000 体系中的质量管理体系对场馆设施进行专业化管理与经营。

最后，结合当地的实际情况，采用适合市场需要的开发模式。场馆设施的广告发布权开发可根据市场的需要采取多种运作方法灵活管理，将自主开发、合作经营、委托经营、居间模式4种方式按照市场的需要，以自由组合的方式对场馆设施广告发布权进行深度开发，以期实现场馆设施广告发布权市场资源的优势互补与整合。

（3）场馆设施广告发布权的开发必须与城市和谐发展相匹配。

场馆设施的广告发布权在我国之所以难以被广大群众接受，有破坏公共物品形象之嫌，主要还是与场馆设施广告发布权开发时的广告的甄选密切相关。具有"城市名片"之称的场馆设施在进行广告发布权开发时，广告的甄选主要应从广告的对象、广告的内容、广告的表现形式等几个方面考虑。对于影响居民文化生活、破坏城市发展和与城市文明进步相悖的广告以及法律严格禁止的广告应给予坚决的抵制；对于可塑造城市形象，传递城市文化或企业文化的公益广告应给予优先考虑。在广告的制作上，坚持"高标准、高档次"的原则，让鲜艳夺目的冲击性画面给人以美的感受，从而增加广告信息的到达率和重复率。

（4）政府应转变观念，减少干预，对场馆广告发布权的开发予以扶持。

在场馆设施广告发布权开发方面，政府应转变传统观念，鼓励场馆设施运营者进行以广告发布权为核心的场馆设施无形资产的运营，减少对场馆设施无形资产开发的干预。具体到场馆设施广告发布权开发方面，政府的干预应该以维护市场的有序和有效运行，改善市场主体的权利为指导，而不能过度地限制市场主体经营自主的权利，尤其不能剥夺市场主体的决策权，更不能直接替市场主体作出决策。对市场主体进行行为限制有其必要，但应该有限度。对场馆广告发布权的开发，政府应充分发挥政府的宏观主导作用，减少对微观领域的过分干预，在充分给予场馆设施广告发布权经营自主权利的同时，还应给予更多的支持，如提供政策服务平台等，放权给市场，提高其运行效率。其次设立行业标准，加强政府监管。政府针对场馆设施广告发布权开发的广告许可、市场准入、质量管理等一系列问题，可通过建立统一的管理体系加强管理，将场馆广告发布权的管理与经营推上符合市场经济运行规则的法制化管理轨道，以避免出现非法无序现象，为场馆广告发布权的发展创造一个宽松有序的成长空间。

二、场馆冠名权开发

(一) 体育场馆冠名权的概念

冠名权其最初的含义是冠名者通过支付一定金钱后获得的为某一座建筑物、设施等以他的名字命名的权利。

随着社会经济的发展,冠名权逐步演变为主体可以开发利用的重要的无形资产。体育场馆冠名权是指体育场馆业主将其所拥有的具有社会认知性(能引起人们关注)的体育建筑物、设施的命名权予以有偿转让,从而给转让双方都带来直接经济利益或商业机会的权利。通过开发、运用受人关注的体育场馆建筑物的名称,既为享有体育场馆冠名权的主体带来较大的经济利益,同时又为冠名企业带来品牌宣传的巨大广告效果,并以此为平台,使冠名企业最终达到占领市场,促进产品销售的目的。

(二) 场馆冠名权开发的商业价值

体育场馆是进行各种体育活动的主要场所,与社区体育建立了极为密切的关系,在大众的心目中有着良好的形象,蕴藏着巨大的商业开发价值,而通过体育场馆的冠名可以交互式的环境,使人们对冠名商标产生深刻的印象,并能够展示冠名者自身的特征,是体育场馆商业价值中的重要组成部分之一,为其实现"以馆养馆"和谋求自身长足发展提供了一个重要的资金来源。

传媒专家认为,对于冠名企业来说,如果购买一个大型体育场馆的冠名权20年,意味着这家企业的品牌名称将可以通过报刊、广播、电视、互联网等媒体,跟潜在顾客接触超过10亿次,这种传播效果是传统的商业广告所无法比拟的。英国著名的体育营销专家帕尔森(Pearson)也同样认为,与一般普通的体育赞助相比,体育场馆冠名权能够产生两位数的投资回报:"与其他可供比较的体育赞助支出相比,我们发现体育场馆冠名权的投资回报为10:1。"对于中小企业来说,通过体育场馆冠名,使自己一夜成名、家喻户晓已成为可能;即使是具有较好市场影响力的大中型企业也开始注意到通过体育场馆的冠名来改善自身的公众形象,提高知名度。因此,体育场馆冠名权的开发和利用逐渐成为越来越多的企业体育营销战略的重要组成部分。

(三) 国内外大型体育场馆冠名权的发展

1. 国外大型体育场馆冠名权发展现状

美国布法罗里奇体育场馆是最早进行冠名权开发的体育场馆。1973年,布法罗里奇体育场馆将其冠名权以150万美元的价格售出,合同期为25年。1987年,美国花旗银行出资买下了洛杉矶运动场的冠名权,从此掀起了20世纪90年代企业冠名运动场馆的热潮。1990年以前,只有4个企业球队的场地由企业冠名,到1999年底就增长到了70个。10年间有66家企业将自己的名字用在了原有的或新建的体育场馆上。1993年以后,体育场馆冠名权的销售价格已经上升了200倍之多。2000年,美国休斯敦德克萨斯体育场馆冠名权以3亿美元的价格，被美国万金能源集团收购，合同期为30年。目前全球体育场馆赞助（冠名权）市场估计为40亿美元，美国占75%。目前美国体育场馆的冠名价格平均在2亿美元左右（见表8-6）。

表8-6 美英部分大公司购买大型体育场馆冠名权情况

场馆名称	冠名者	国籍	合同时限（年）	合同金额（亿美元）
美国休斯敦万金体育场	万金能源集团	英国	32	3.00
美国德克萨斯人橄榄球队主场菲迪克斯兰多佛体育场	菲迪克斯	美国	27	2.05
美国印第安人橄榄球主场美国航空中心体育场	美国航空公司	美国	30	1.95
NBA达拉斯小牛队主场飞利浦竞技场	飞利浦公司	美国	20	1.82
NBA亚特兰大大鹰队主场因外斯克体育场	因外斯克公司	美国	20	1.20
美国丹佛野马橄榄球主场BT Cellnet	Cellnet	英国	10	0.49
英国米德尔斯堡足球俱乐部主场锐步体育场	锐步体育用品公司	英国	10	0.42

2. 国内大型体育场馆冠名权发展现状

根据全国体育场地普查办公室正式公布的统计结果：截止到2003年12月31日，我国现有体育场地850 080个，标准体育场地有547 178个，其中，体育场地、体育馆、游泳馆、跳水馆等大型体育场馆5680个。随着2008年北京奥运会的成功举办以及2010年广州亚运会的举办，我国迎来了体育场馆的建设高潮。同时体育场馆冠名权的开发也蕴藏着巨大的商机，它不仅激活了沉睡的资本，也是做大体育产业的有益尝试。拍卖体育场馆的冠名权不仅为体育场馆的升级换代提供了必要的资金，而且给体育产业的发展拓展了思路。

因此，我们应当借鉴国外体育场馆冠名的成功经验，努力开发我国体育场馆冠名市场。可以预计，在经济普遍发展，经济体育感召力不断扩大等因素的影响下，我国体育场馆冠名权市场必将有良好的前景，特别是大型体育场馆可以充分利用这一契机，创造更多的体育场馆冠名权机会，以便分享更多收入，减少运营成本，减轻政府负担。

目前，由于我国体育场馆的改革正处于初级阶段，因此我国公共体育场馆冠名权开发呈现出以下特点：

（1）已经冠名场馆数量少，赞助数额不高，合同期限较短。

我国拥有冠名合同的体育场馆多是中小型的，规模较小，大多是市一级的体育场馆。真正规模大、具有全国甚至是世界影响的体育馆大多没有冠名合同。同时，我国大部分体育场馆冠名合同金额同国外发达国家相比相对较低，而且许多合同期限短，甚至只有几个月的合同，时间主要集中在大赛前后，比赛结束后立即撤销冠名。

（2）国有性质的体育场馆的冠名权开发受到政府部门的限制。

因为大型的体育场馆大多属于国有性质，体育场馆的经营与管理是在政府部门的指导下进行的，这些体育场馆的冠名权开发需要获得政府部门的审批才可以进行。政府部门对待体育场馆冠名权的态度在很大程度上制约着体育场馆冠名权的开发程度。

（3）体育场馆主管部门的服务质量有待改进，未形成相关的行业标准。

我国部分体育场馆在签订冠名合同以后，对冠名商的服务未给予足够的重视，或场馆开放时间较短、频率较低，或很少举办各种比赛和各种活动。有的场馆对馆名未作及时的维护，导致标志牌褪色、脱落，严重影响其视觉形象和冠名品牌的推广。

（4）企业对冠名体育场馆的认识不足，积极性不高。

除了当前的体育场馆冠名服务水平不高，企业没有收到预期的宣传效果之外，还存在部分场馆要价过高，导致企业冠名成本超过使用其他广告载体的成本。同时，体育场馆自身的宣传力度不够，企业对其冠名的商业价值认识不充分，甚至对体育产业存在一定的偏见，从而影响了企业对体育场馆冠名的积极性。

（四）场馆冠名权开发的实施措施

（1）加强对体育场馆的宣传力度，使企业把购买大型体育场馆冠名权作为提升品牌影响力的切入点。

体育场馆要加强宣传力度，利用平面、立体等多维的宣传手段和一切时机，向外界主动宣传、推介体育场馆的优势和特点，扩大体育场馆的知名度，增加媒体曝光率，让更多的企业认识到体育场馆冠名权所蕴藏的巨大广告效应和商业价值。随着现代传媒的快速发展，传统广告成本的增加，职业体育和竞技体育赞助，投资市场竞争日益激烈，越来越多的企业家为了更有效地触及目标市场，也都迫切需要寻找新的赞助投资切入点。体育场馆冠名权作为一块尚未充分利用的处女地，对商家具有很大的吸引力，呈现出广阔的开发前景。在这种情况下，大型体育场馆不要一味地坐等客人上门，而要通过不遗余力地大力宣传，把自己主动推介到市场上去，建立起和企业交流、谈判、沟通的渠道。

（2）发挥中介机构作用，通过专业化运作，吸引国内外资金流入体育场馆冠名。

体育场馆冠名权的运营是一项非常繁杂专业的事务，涉及体育、经济、法律、广告、传媒等多门学科，需要专门的中介机构来从事这方面的工作。中介机构一般都消息灵通，接触面广，关系网络密集，对市场行情走势以及双方心理都有比较准确的判断，是体育场馆冠名权营销的"润滑剂"。而我国由于体育市场化起步较晚，中介机构或经纪人水平不高，且数量较少。这就要求体育场馆要开拓思路，充分利用我国加入世贸组织的优势条件，与世界各国的中介机构、经纪人建立广泛的联系，通过专业化运作吸引国内外资金。

（3）精心准备，规范操作，保证体育场馆冠名权拍卖的法律有效性。

体育场馆要精心做好体育场馆冠名权拍卖的各项前期准备工作。首先，要成立体育场馆冠名权拍卖领导小组，对体育场馆冠名权拍卖工作进行统一领导；其次，组织人员进行全方位的市场调研和详细的资料查询，了解各类体育场馆冠名权的拍卖价格，根据市场行情，合理确定体育场馆冠名权的底价；再次，详细制作体育场馆冠名权拍卖的一揽子相关文件，包括：体育场馆冠名权招商拍卖计划书，聘请专业拍卖公司承办拍卖事项的协议书，尤其要制作好规范完备的、具有法律效力的体育场馆冠名权拍卖合同文本，用法律文件规定好双方的权利义务关系；最后，聘请专业拍卖公司承办拍卖。

（4）妥善处理体育场馆冠名权的法律纠纷。

我国的场馆冠名合同，是形式上的授权许可合同与本质上的广告合同的结合，是一种无名合同。在具体操作上只能根据双方当事人的意思自治，并适用《合同法》总则的有关规定。但《合同法》总则比较抽象，不能充分提供操作性较强的调整场馆冠名合同纠纷的法律依据。冠名赞助合同签订时，如果双方没有将违约责任等合同内容约定详细，一旦出现法律纠纷，将会因为法律依据缺乏导致法院判决的困难；或者给一方带来不公正的重大损失。因此，体育场馆的经营者和冠名赞助商双方，要积极借鉴《授权许可合同》与《广告合同》这两种比较成熟的合同形式，诚实守信，依法理事，妥善处理体育场馆冠名权的法律纠纷。

第六节　体育场馆的其他经营

体育场馆除了举办大型的体育赛事、文化娱乐活动，以及开放为群众健身场所外，还要积极探索其他的经营内容，以提高体育场馆的利用率，进而提高体育场馆的营业利润。

体育场馆的经营要本着多元化的经营理念。美国学者高尔特认为："多元化经营是个别企业供给市场不同质的产品和劳务的增多。"一般来说，多元化经营主要包括：产品、项目的多元化，市场的多元化，投资区域的多元化，资产的多元化四大类。体育场馆经营的多元化主要指项目经营的多元化。因此，我们要积极开发体育场馆其他的经营项目。

一、场馆内部休闲设施的商业开发

体育场馆为了更好地方便赛时观众的观赛和赛后群众的健身，内部一般都建有休闲设施。如高级座位、包厢、超市、体育用品商店、餐厅、酒吧、茶吧等，这些内部的设施在赛时或赛后都可以得到利用，充分体现了其商业价值。

（一）影响场馆内部休闲设施商业开发的因素

（1）体育场馆所处的地理位置及交通状况。

体育场馆如果建设在市区中心，交通便利，周围的客流量较大，消费群较大，周围有稳定的居住区，则可以考虑开设超市、体育用品商店、餐厅等配套服务设施。如果体育场馆远离居住区，周围的客流量较小，交通不便利，那么，体育场馆内部休闲设施的商业开发就要做好规划和定位。

一般来说，对于老体育场馆而言，往往处于市区中心位置，地理条件较好，商圈较成熟；而对于新建设的体育场馆，往往地理位置较偏远，远离居住区，没有形成消费环境。

（2）体育场馆内部配套设施以及配套服务的开发程度。

若体育场馆内体育赛事活动、文化、娱乐活动、会展服务，群众健身活动开展得比较频繁并且比较成功，同时体育场馆的内部配套设施齐全，服务质量较高，则会带动体育场馆内部其他休闲设施的商业开发，形成联动效果。

（3）体育场馆物业情况。

在体育场馆规划的时候，都会考虑到未来的经营情况，都会预留休闲设施的配套物业。而体育场馆预留的物业情况则会制约体育场馆内部休闲设施的商业开发项目。例如，想要在场馆内部开设超市，则需要考虑场馆内部的建筑面积、形状、日照、方位等因素。

（二）场馆内部休闲设施的商业开发项目

1. 超市与体育用品商店

多数场馆建设的时候就预留了市场化运作的空间，体育场馆要充分利用其物业优势，与企业携手合作，共同开发超市及体育用品商店等商业经营活动。体育场馆需要利用开发好内部设施的商业价值，以赢取更大的社会和经济效益。

例如盐城体育馆联姻了华润苏果，盐城体育馆将一层腾空，租赁给苏果办超市，每年可收回数百万元的租金，华润苏果购物广场（面积在1.8万平方米左右）已于2005年11月26日在盐城体育馆隆重开业，为体育场馆注入了商业活力。

同时，体育运动的广泛开展和深入普及，促进了体育用品的消费。在体育场馆开设体育用品商店一方面可以方便赛时或赛后群众对体育用品购买的需求，另一方面可以提高体育场馆的物业利用率。

体育用品是人们从事体育运动最基本的物质条件，是保证人们有效进行体育竞赛和健身锻炼的物质基础。体育用品的生产、流通和体育用品的消费与体育运动的发展有着相互影响、相互作用和相互制约的内在必然联系。一方面，体育用品生产的不断扩大，体育用品品种的不断增多，质量、性能的不断提高，体育用品流通秩序的进一步改善，有助于体育用品消费数量的增加，使从事体育运动的物质条件不断改善，进而推动体育运动不断发展。另一方面，体育运动的广泛开展和深入普及，以及越来越多的人参加体育运动，就会在数量、质量和性能等方面对体育用品提出更多、更高、更新的要求，这必然推动体育用品生产、流通和体育用品消费的发展。

随着我国市场经济的不断发展，物质文明和精神文明建设的深入进行，追求健康文明的生活方式将成为社会生活的主导力量。人民群众生活水平的进一步提高，会有更多的人参加体育锻炼、体育休闲、娱乐和体育康复活动，体育用品的消费也会不断增加。因此，体育运动的不断发展，群众体育运动的广泛开展和深入普及，为我们发展体育用品连锁经营提供了广泛的社会消费群体。

2. 餐饮

体育场馆在建设初期，就需要考虑未来的经营状况，在规划上做到科学，适应城市功能，以体育场馆为主，做到交通、餐饮、娱乐等场所相配套，不至于在举办比赛之后闲置，发挥体育场馆在其他方面的功能。

很多欧洲足球俱乐部的新赛场就是通过这种方式显著提高其比赛日的收入的。例如：在阿姆斯特丹 Arena 体育场举办阿贾克斯足球赛，大约有50%的比赛日收入是通过商业对商业的方式得到的，而这些仅占场馆面积不到10%的设施，都是通过VIP和商业人士在高档餐饮、服务和坐席的额外消费中得到的。

3. 停车场

为了提高体育场馆内部停车场的利用率，可以从以下两个方面进行经营：

（1）提供活动期间的临时停车服务。

体育场馆内部的停车场，主要是为体育赛事期间，文化、娱乐活动期间的观众或者群众提供临时停车服务。此外，还为前来进行群众健身活动的顾客提供临时停车服务。

（2）积极开发赛后的长期停车服务。

除了提供活动期间的临时停车服务外，要积极地开发赛后的长期停车服务。体育场馆的内部停车场可以努力开发客户资源，为体育场馆附近的写字楼、居民区等区域的群众提供较长期限的停车服务。这样，一方面可以服务周边群众，另一方面可以提高体育场馆内部停车场在赛后的利用率。

4. 利用场馆资源，开发旅游项目

体育场馆的建设与当地城市旅游资源相结合，是场馆开发利用的途径之一。在体育场馆规划阶段,就要将体育场馆建设与整个城市的旅游资源开发协调起来,利用好场馆资源开发旅游项目,既能促进当地旅游业的发展,又能保证场馆的运营。

知识拓展

忘不了老特拉福德球场

作为世界上最知名的球队曼联俱乐部的主场,老特拉福德这个名字已经不仅仅是一个球场,更是无数球迷心目中的一个"圣地"。老特拉福德除了是曼联俱乐部的主场外,旅游业也为它带来了滚滚财源。在没有比赛和训练的日子中,球迷可以进球场看看那片神圣的草地,也可以到球场的博物馆中回顾一下曼联的光辉历史,还可以到纪念品店中买上一件球衣或是印着曼联标志的各种纪念品。最后,玩累了的游客可以在球场旁的咖啡馆中喝上一杯咖啡,说不定会有服务员告诉你:"你的座位小贝曾经坐过。"老特拉福德球场能依靠旅游业赢利,其中主要是靠着曼联的名气。但如果老特拉福德球场只是一座光秃秃的坐落在曼城近郊的球场,也未必能吸引如此多的游客。如何更好地开发和利用名牌效应,英国人在这方面还是很有一套的。在球场方圆两三公里之内,所有的建筑物、广告牌都漆成了鲜红色,这让球迷还没看到球场,就已经陷入了"红魔"的狂热气氛之中。一路上的餐厅和咖啡馆中,你都能看到曼联球员的照片和签名。更有甚者,还有人摆出了真人大小的球员雕像在路边,一不留神,游客就会在路的拐角和"小贝"撞个满怀。而在曼联俱乐部的专卖店内,还有英国人最擅长做的"蜡像",看不到偶像的球迷不必失望,和蜡像合个影也不枉到此一游了。当然,这一切都是收费的,一个印有曼联标志的咖啡杯就能卖到上百元人民币,而要在曼联的10号球衣上印上阁下的名字,同样也是这个价钱。虽然价钱有点贵,但在这种气氛之下,球迷们还是会乐意掏钱的,因为这些纪念品,出了球场就再也找不到了。老特拉福德球场的名气不是所有的场馆都能克隆的。但是,在经营上,老特拉福德球场处处突出自己、宣扬自己"独此一家"的思路,还是颇值得其他场馆参考的。

二、场馆器材租赁

体育场馆在举办大型赛事、会议以及一些商业演出之外,大部分时间都是闲置的。同时,随着群众性体育活动的广泛开展,普通民众体育健身意识普遍增强,体育场馆应当增强为群众健身运动服务的公益作用。

体育场馆不仅可以开发场地租赁方面的经营,提供给普通民众健身的场地,还可以开发场馆器材租赁方面的经营。

体育场馆器材的租赁可以根据该租赁的器材是否属于体育器材分为体育器材租赁和

非体育器材租赁。

体育器材是指竞技体育比赛和健身锻炼所使用的各种器械、装备及用品的总称。体育器材与体育运动相互依存，相互促进。体育运动的普及和运动项目的多样化使体育器材的种类、规格等都得到发展。同样，质量优良、性能稳定、安全可靠的体育器材不但可以保证竞技比赛在公正和激烈的情况下进行，而且还为促进运动水平的提高创造了必要的物质条件。体育器材，如田径器材、举重器材、各种球门、球架、挡板、计时记分装备等，都可以用来租赁经营。此外，各种日常健身类器材，如健身器等也可以作为体育器材用来租赁经营。

体育器材要根据消费需求来开发满足群众运动的租赁服务，有些体育器材，例如体操类器材，因为缺乏消费需求而无法开发租赁经营，而羽毛球、乒乓球类器材的市场需求较大，应当大力开发租赁经营。

非体育器材，例如，灯光、音响、舞台等器材、设备也可以开发租赁经营，为大型体育赛事、文艺演出以及会展活动提供服务。

三、体育场馆管理输出服务

所谓管理输出，此处特指外部管理咨询团队接管某委托企业的部分或全部经营管理权，企业所有权和产权性质不变，由该管理咨询团队按照与委托企业确定的协议条件行使经营管理权，并完成双方协议中确定的委托期间的经营管理目标。该外部管理咨询团队因输出了人力、智力和管理，以及使用了企业的声誉和资质等无形资本而从委托方获得收益。

体育场馆可以开发管理输出服务，将自身积累的体育场馆的经营管理经验输出，这样做一方面可以将自身的经营管理经验用于指导其他的体育场馆经营；另一方面可以增加体育场馆的经济效益。

目前，体育场馆已经开始重视开发管理输出服务，并且已经出现了专业的体育场馆管理公司，但由于部分体育场馆属于事业单位或者国有企业，只关注自身的场馆经营，对管理输出服务的意识不够。对于体育场馆管理输出服务的开发还有待进一步深化和发展。

知识拓展

美国大型体育场馆一般都拥有自己的市场营销部门或者是由专门的市场营销公司提供全方位的市场营销服务，包括附赠式有奖销售、季票、赞助、命名权出售、赛事的组织等，奉行"以球迷消费为核心，提供全方位服务"的营销理念，更加重视细分营销市场。如万乔维亚体育中心的促销活动，除了营销大量的与球队有关的特许商品，包括球迷们穿的印有所喜爱球队队名、别名或标志的运动服、戴的围巾、手套等以及队旗、球星卡、招贴画等，还针对成年男子群体推出的由 The Dave&Buster's 赞助的 Guys Night Out（包括4张票、4杯啤酒、4个热狗、4份啦啦队泳装年历、馆内商店优惠券以及与啦啦队的见面），针对女性密友推出由 Salon L，Etoile and Spa 赞助的 ladies Night Out（2张票、2份沙拉、2杯酒、2件队服和2张 SalonL' EtoileandSpa 的招待券）和针对四口之家推出的 FamilyFunPaekS（4张票、4杯饮料和4个热狗），仔细研究这三种营销组合，可以说已经把针对美国社会和家庭情况的市场细分战略发挥到了极致。

美国大型体育场馆还非常注重网络营销，各大体育场馆都设有自己的网站，借助互联网发布商业信息、及时发布场馆信息、进行广告宣传，这样可以低成本、高效率地满足消费者需求。网络营销具有传统营销所不能比拟的优势，能够将产品说明、促销、顾客意见调查、广告、公共关系、顾客服务等各项营销活动通过文字、声音、图片及视讯等手段有机整合在一起，进行一对一的沟通，真正达到整合营销所追求的综合效果。正因为网络营销具备诸多优点，它一出现便对传统营销方式构成了强大的冲击，因而希望自身业务持续发展的大型体育场馆都必须重新审视营销活动的各个方面：从广告宣传、销售策略、合同签订、货物发运、付款方式到售后服务，并考虑将营销战略的重点转移到互联网上。

案例分析

案例一：

北京奥运场馆赛后的开发利用

北京奥运会共新建12个奥运场馆及8个临时场馆，改建11个场馆。新建的12个场馆赛后利用大体可以分成三种情况："鸟巢"、"水立方"、国家体育馆等标志性场馆在赛后经过较短时间的整修，从2008年9月25日起全面对社会开放。国家射击馆和国家自行车馆赛后作为国家队训练基地，为我国实施奥运战略提供支持。建在大学校园内的奥运场馆目前大多处于改建阶段，改建后一方面用于满足高水平赛事的需要，另一方面为大学生及周边居民的运动健身提供服务。五棵松体育馆在赛后曾短期对外经营，后进行系统改造，目前工程已基本完成，赛后开发和经营活动将步入正轨。顺义奥林匹克水上公园目前仍在进行整修和改建。北京主要奥运会场馆犹如张弓待发的箭，在赛后运营方面正酝酿更大的突破。

奥运会主题旅游运作的成功与否是一个主办城市能否有效延续奥运影响的关键。北京奥运会的成功举办凝结了全国人民的心血，激发起全国人民持续的奥运热情。奥运会结束以后，北京市政府为了满足广大人民群众参观奥运场馆、体验奥运激情的愿望，要求奥林匹克公园内三个标志性奥运场馆，从2008年9月25日起必须全面向社会开放。同时北京市政府也对奥运场馆参观门票价格进行了严格的限制："鸟巢"参观门票为50元/人，"水立方"为30元/人，国家体育馆为20元/人。按照市政府的要求，朝阳区积极在环保、市政、安保等诸方面配合奥运会主题旅游，奥林匹克公园三个标志性场馆迅速进行系统检测和整修。从2008年10月1日至2009年4月底，"鸟巢"和"水立方"接待游客已超过576万名。

北京奥运会三个标志性场馆在大型活动的开发运作方面也初见成效。"鸟巢"在2009年"五一"期间举办的"成龙演唱会"和6月30日举办的"魅力中国"大型音乐会获得了巨大的成功。此外，"鸟巢"还将策划以极限运动为主要内容的"日场秀"，每天表演1～2场，并将打造"类似开幕式"的夜场演出；推出张艺谋执导的"图兰朵大型实景歌剧"、世界"赛车王中王争霸赛"等大型演艺和赛事活动。

从2008年9月30日起，"水立方"隆重推出了"梦幻水立方"大型水幕声光音乐会。首轮演出历时近4个月，演出场次达到60余场。音乐会采用激光、数码影像、水景、雾效等高科技手段，将水景秀、灯光秀、音乐秀紧密结合，为广大观众呈现出了"美轮美奂的视听奇观"，开创了在奥运场馆内举行驻场文艺演出的先河，成为北京文化创意产业的一大亮点。此外，"水立方"还举办了各种大型社会及商业活动十余场。

"水立方"在奥运会举办前就对场馆的总体功能进行了定位，即"以运动培训、文化娱乐、健身休闲为一体的多功能国际化时尚中心"。在此基础上，"水立方"依据场馆的建筑设计对场馆进行了科学功能分区和布局，主要服务产品包括：游泳跳水俱乐部、网球俱乐部、嬉水乐园、08大道商业街、99俱乐部（高级体育会所）、观光旅游、体育培训、会展服务、大型体育赛事、大型文化演艺活动、世界风情酒吧等。其中主要的产品在场馆重新整修后在2010年6月全面推出。

截至2009年7月底，国家体育馆已举办30多场次大型文化与体育活动，包括全国公安系统奥运安保工作保障大会、朝阳区建区50周年庆典、中国残疾人联合会"集善嘉年华"义演、万宝龙年会、安利中国华北西南大区"光荣与梦想"年会、奥迪新品推介会、芝华士产品推介会等。这些活动不仅为国家体育馆带来了不菲的收入，同时也极大地提高了国家体育馆的知名度。

现代奥运场馆运营管理的历史证明，奥运场馆无形资产具有独特的价值。"鸟巢"无形资产开发工作在奥运会之前即已开始运作。2007年12月24日，"鸟巢"用剩余钢材精心制作的"'鸟巢'第一榀钢雕"模型正式面世。该模型是以"鸟巢"钢结构的第一榀桁架为主体造型，按1:100的比例精制而成。该模型全球首期销售5000个，投入市场不久就全部售完。奥运会筹备期间，"鸟巢"还对场馆坐椅广告权进行了开发，中石化以3000余万元人民币的价格购买了"鸟巢"观众坐椅的广告权。奥运会结束后，以"鸟巢"元素开发设计的纪念品包括"鸟巢"模型、徽章、钥匙扣、帽夹、项链、手机链、摆件模型、服装、陶瓷等8大类近50余款产品销售火爆。目前特许产品销售已经成为"鸟巢"仅次于奥运主题旅游和大型活动运作的第三大收入渠道。

"水立方"于2007年11月与特许经营商签署了15个类别的合作协议，主要有游泳用品系列、贵金属系列、烟具系列、非贵金属系列、酒产品系列、文具系列、手机系列、陶瓷系列、厨具系列、日用品系列、印刷品系列、钟表系列、服装系列、家具系列、模型系列等。2008年4月，"水立方"模型、手机、工艺摆件、纪念徽章和邮品上市。奥运会结束后，"水立方"正式对公众开放，"鸟巢"、"水立方"成为北京旅游新热点，大大刺激了特许商品的进一步开放。截至2009年3月，"水立方"已经开发的特许商品有22大类300余种，不但实现了丰厚的商业利润，同时为"水立方"品牌的建设打下了良好的市场基础。

根据以上案例分析如下问题：
1. 北京奥运场馆举办的大型活动有哪些？各有什么特点？
2. 北京奥运场馆在无形资产经营方面的类型以及具体内容有哪些？
3. 北京奥运场馆的商业经营内容有哪些？

案例二：

麦迪逊广场花园（Madison Square Garden）的经营项目

麦迪逊广场花园（Madison Square Garden）位于全美最大的火车站之一的宾夕法尼亚车站上面，许多乘坐火车来纽约的外地游客，第一眼看到的就是有一百多年历史的麦迪逊广场花园。作为纽约的门面，它不仅是体育娱乐活动的殿堂，而且更是美国的文化符号之一。

1961年，拥有宾州火车站所有权的宾夕法尼亚铁路公司面临财政困难，决定出售宾州火车站的领空权，这正与急于寻找地皮建设新体育馆的花园公司一拍即合。于是，在1963年10月28日，原先露天的宾州火车站被推倒，1968年2月，麦迪逊广场花园全部完工，地下是火车站，地上是体育馆的整体建筑，整项工程制造了曼哈顿岛，同时也是世界上的一道独特的风景。"麦迪逊广场花园"一直使用到今天，是NBA最老的体育馆，当时造价为一亿两千三百万美元。市值过80亿美元的Cablevision集团拥有麦迪逊广场花园及其相关地产100%的权益，以及纽约尼克斯篮球队、纽约巡骑兵冰球队、"自由女神"女子篮球队、纽约无线电台音乐厅、麦迪逊广场花园电视网有线频道以及纽约和芝加哥地区体育电视网的全部股份。麦迪逊广场花园实际上并不是简单的一个球场，而是一座由大厦与球馆组成的综合性建筑物，因此有利于场馆的多功能利用。现在的麦迪逊广场花园由五层座位组成，最低的那一层就是冰球和篮球比赛中围绕在场边的座位（需要时，这里还可以提供更低的座位，称为圆形大厅），紧接着是看台，最后面则是包厢。拥有2万个座位的麦迪逊广场花园是美国著名的室内体育馆，这里不仅是纽约尼克斯和纽约自由队的主场，还是流浪者冰球队的主场，另外这里也举办过大学篮球赛、田径赛和网球锦标赛。这里同时还是一座拥有5600个座位的戏院，曾被称为"派拉蒙"，是纽约市举办各种音乐会、戏剧、拳击比赛等的重要场所。这座建于1968年的球馆目前已经是全美国业务最繁忙的头牌球馆。据统计，这里一年需要承办大约320场赛事，观众流量则要达到400万之多，如此之高的利用率主要是由于其秉承"以体为主，多种经营"的经营理念，由表8-7可知其体育活动约占全年活动的60%，非体育活动约占40%。

表8-7 2008年10月—2009年5月麦迪逊广场花园大型活动日程

活动类型	场次
大型体育赛事	18
演唱会	16
杂技表演	7
商展	10
巡骑兵	43
颁奖晚会	8
情景剧	3
集会及典礼	6
尼克斯	47
娱乐赛	5
儿童剧	15
餐会	13
舞蹈表演	4
大型会议	11
其他赛事	100

注：其他赛事包括大学篮球赛、田径、网球锦标赛、拳击、摔跤、室内自行车环形赛等。

（1）组织体育赛事。

麦迪逊广场花园是纽约尼克斯篮球队、纽约巡骑兵冰球队、纽约自由女篮、圣约翰大学、红色风暴大学篮球队等球队的主场。据统计，这几支球队每年在此大约有200场比赛。有时也成为拳击锦标赛的会场，这里曾经一度被称为"拳坛圣地"。

（2）文化娱乐活动。

在体育场馆的附属设施中，通过开展娱乐活动来增加收入，如音乐会、演唱会的门票等。活动还包括牛仔大赛（Rodeo）、威斯敏斯特狗展、猫展等，这些都可以提高场馆的盈利。

（3）其他的活动。

除文体活动之外，麦迪逊花园广场同时也是政治集会（如2004年共和党全国大会、1976年、1980年及1992年民主党全国大会）、大型典礼活动（如每年一度的纽约市警察学院毕业典礼、格莱美颁奖典礼、年度乡村音乐颁奖典礼）等大型室内活动的举办地，而且还可以举行大型会议。

（4）其他收入。

其他收入包括：广告资源租赁，如场馆内外广告发布、周边地区广告位等各种广告形式的租赁；展览会的场租，如办公用房、商品零售用房、与体育有关的休闲服务业用房等；体育旅游，如体育名人堂、名人留念砖、体育用品、纪念品、体育展览等。而且在麦迪逊广场花园还提供餐饮服务、住宿等配套设施服务。

问题：
1. 麦迪逊广场花园成功的秘诀是什么？
2. 结合案例分析大型体育场馆如何进行多元化经营？

本章小结

体育场馆的经营包括体育场馆商业物业经营、体育场馆大型活动场地租赁经营、体育场馆群众体育活动的经营、体育场馆的无形资产经营、体育场馆的其他经营。

体育场馆商业物业经营应当从国家法律、政策，体育场馆所处的地理位置及其周边环境，体育场馆建设的目的以及功能，消费者的需求四个方面来考虑体育场馆商业物业的分布规划。并且根据宏观区位和极差地租、土地条件、临街性和道路类别、物流密度、体育场馆物业自身的状况、市场因素六个方面来确定物业租金价格。做好招商推广工作，制定招商推广规划，最终达成体育场馆物业租赁协议。

体育场馆大型活动场地租赁经营主要包括大型活动的项目设置、大型活动场地租赁价格的制定、大型活动场地租赁的推广、大型活动场地服务与保障流程等内容。

体育场馆群众体育活动的开展内容包括体育场馆群众体育活动的项目设置、体育场馆群众体育活动的价格制定、体育场馆群众体育活动会员卡的设置、体育场馆群众体育活动的培训等内容。

体育场馆无形资产的开发是指为了充分运用场馆的无形资产、提高场馆无形资产利用率所采取的一系列技术、经济措施与活动。开发的目的就是尽可能地挖掘和利用各种场馆的无形资产为场馆汲取更多的资金，向社会提供体育产品，满足社会的体育需要，从而推动体育的发展。目前已开发的场馆无形资产类型主要有场馆广告发布权、场馆冠名权等。

体育场馆的其他经营包括：场馆内部休闲设施的商业开发（具体有：超市与体育用品商店，餐饮、停车场、旅游项目开发等）、场馆器材租赁、体育场馆管理输出服务。

【复习思考题】

1. 体育场馆商业物业分布规划应当考虑哪些因素？
2. 物业租金价格形成的影响因素有哪些？
3. 招商推广的方式有哪些？
4. 大型活动项目的类型有哪些？
5. 大型活动场地服务与保障流程包括哪几个方面？不同类型的活动场地服务与保障各具哪些特点？
6. 群众体育活动项目设置的基本原则有哪些？
7. 体育场馆群众体育活动价格制定的方法有哪些？
8. 我国场馆广告发布权开发的意义是什么？
9. 场馆冠名权开发的实施措施有哪些？
10. 体育场馆的其他经营包括哪些内容？

【实训环节】

1. 实训标题：
《大型活动场地服务与保障方案》
2. 实训目标：
通过《大型活动场地服务与保障方案》的撰写，使学生掌握大型活动场地服务与保障的一般流程，同时注意不同活动的具体特点。
3. 实训内容与要求：
（1）实训内容：通过本章所讲内容，以小组为单位，选取本地区一到两个体育场馆进行参观，了解该场馆在大型活动举办时各个部门的任务及场馆平面位置图，然后有针对性地为该场馆设计一套大型活动场地服务与保障方案。

(2) 实训要求：
① 选取大型活动中的某一类活动进行撰写。
② 方案撰写要有针对性，针对所参观体育场馆的特点进行。

4. 完成步骤：
(1) 以小组为单位选取该地区某一体育场馆进行实地参观，了解其整体布局。
(2) 收集该场馆的部门设置和具体的工作职责。
(3) 根据所搜集到的信息策划一次大型体育活动。
(4) 对策划的这次大型体育活动进行场地服务与保障方案撰写。

5. 结果与总结分析。
以小组为单位进行宣讲，其他小组与教师为其打分评价。

附录

体育场馆服务与保障经典案例集

案例一：大型体育赛事活动案例

李宁·2009年苏迪曼杯世界羽毛球混合团体锦标赛保障方案

由国际羽联授权、中国羽协主办、广州市体育局与广州市羽毛球协会承办的"李宁·2009年苏迪曼世界羽毛球混合团体锦标赛"将于2009年5月10日—17日在广州体育馆举行。为确保该项活动的圆满成功，特制订本方案。

一、基本情况

（一）活动规模

1. 有来自世界34个国家和地区的官员、教练员、运动员、工作人员和新闻记者参加此次盛会。

2. 场馆比赛时，观众最大规模约6400人。

（二）活动日程安排

（略）。

（三）场地安排

1. 本次赛事使用场地包括1号馆、2号馆、场馆外廊、南门广场和各停车场。

2. 各场地功能：1号馆用于正式比赛，其中电视将会直播1号馆的赛况；2号馆用于赛前训练；南门广场用于体育文化大篷车的推广展示；2号馆外廊作为李宁公司活动区和工作人员餐饮区；1号馆内廊商铺启用；公交车场东侧用于停放电视转播车辆和搭建央视服务区，其余用于运动员上下车；地下停车场用于工作小车和观众小车的停放；露天车场用于部分小车和大巴的停放。

3. 1号馆比赛期间，共设观众通道10组：1号门（1组）、9号门（4组）、11号门（1组）、13号门（2组）、15号门（2组）；媒体通道1组：16号门、运动员通道、汽车通道。具体开关门时间以主办方通知为准。

（四）本公司的主要任务和责任

1. 负责按照市羽协的要求完成灯光、音响吊装、媒体区域搭建和比赛场地铺设布置等工作。

2. 协助组委会办理公安、消防报批手续。

3. 赛事准备和举办期间提供各停车场给本次活动持证车辆及特种车辆停放，其他无证车辆按规定收取费用。

4. 负责比赛区域、观众座席和功能房等的循环清洁卫生工作。

5. 保障活动期间水、电和空调的正常使用及场地供电保障的协调工作。

6. 负责公司日常保安与消防工作，配合组委会安保部制订相关的保障方案，根据组委会分配的任务，负责相关的安保工作。

7. 负责组委会场馆志愿服务人员的管理及岗位培训工作。

8. 负责配合各相关单位做好比赛器材、设施的进场安装工作。

9. 负责配合各相关单位做好临时设施的搭建工作。

二、公司领导分工

总经理负责本次活动的全面工作。副总经理负责活动的现场组织管理工作。公司其他领导按分工管理相关部门和工作。

三、各部门主要工作职责和任务

（一）行政部

1. 协助组委会办理公安、消防报批手续。

2. 负责与组委会的信息沟通，并按照公司领导的指令落实督办各项工作。

3. 负责清洁卫生管理工作。协调江迅清洁公司增加人员，定岗定责，督促其确保赛事所用场地、功能房及各相关区域的整洁。督促其做好比赛区域每天三次的清洁工作：下午赛前的大清洁、下午赛后的大清洁、晚上赛后的小清洁工作。

4. 协调公交站场管理中心和电车公司按照要求停放车辆。协调各租户单位做好卫生、治安及消防管理工作，确保广州体育馆环境整洁，秩序良好。

5. 协调绿化公司抓紧做好美化体育公园环境工作；妥善安排绿化员工的休息场所。

6. 负责对场馆器材部的志愿服务人员进行管理及上岗前培训工作。

7. 负责员工纪律督导工作。

8. 负责部门加班申请的审核工作以及员工工作餐及加班工作餐的跟进工作。

9. 协助有关行政接待工作。

10. 负责应急临时广播。

11. 协助财务部做好无证车辆的收费工作。

12. 完成组委会接待部的相关工作，包括运动员的酒店接待、组委会物资管理和组委会工作餐管理的工作。

13. 配合场地与功能房的布置，做好公司库存物品的出仓、入仓管理工作。

（二）市场经营部

1. 负责与组委会竞赛部的协调沟通，及时掌握各项赛程和日程安排，将有关信息报告公司领导和通知公司各部门。
2. 负责配合各相关单位做好比赛器材、设施的进场安装工作。
3. 负责配合各相关单位做好比赛与训练区域、各功能房以及通道、电视转播区域的划定和布置工作。
4. 针对本次活动，调整现有的场地服务人员，熟悉各功能房的分布及使用单位的情况，做好场地的服务保障工作。
5. 负责活动场地的管理工作，对场地卫生保洁、各工作区域的消防应急通道、贵宾室、功能房的管理情况进行监管，发现问题及时与相关部门和单位进行沟通处理。
6. 负责做好验票、带位工作。
7. 认真准备好活动需要的各种功能房、仓库和各种物品，及时与主办单位办理交接管理手续。
8. 协助保安部做好主办单位有关物资撤场时的放行工作。
9. 负责活动全部结束后的场馆清理，督促主办单位清除馆内外的宣传广告、杂物等。
10. 负责配齐贵宾室、公安指挥部、主场馆会议室所需的家具、用具和饮水机、纸杯。
11. 负责提醒主承办方在活动期间注意保护场馆及设备设施。

（三）财务部

1. 负责向活动主承办单位收取场租、有偿服务费用和违约金。
2. 负责做好无证车辆的组织收费工作。

（四）保安部

1. 负责场馆区域的社会治安、安全保卫和防火安全工作。协助组委会制订本次活动安全保卫方案。
2. 配合组委会安保部、公安部门做好中国队赛前的集训及正式比赛期间的安保工作。
3. 负责组织车辆的指挥导泊、保管和维持车场的治安秩序的工作。做好比赛期间收费停车场的管理工作，要按满员的情况提前做好停车场管理方案。
4. 5月9日前，对1、2号场馆圈梁、各类通道及消防设施进行一次大检查，疏通安全通道和紧急出口，组织消防安全检查和跟进落实消防整改措施。
5. 负责组委会现场工作期间的消防安全监督，人员、物资、器材出入馆管理。负责活动期间全馆区域的消防巡查。

6. 负责对铁马、对讲机等保安器材、用具、手提式扩声器进行一次清理，不能使用的要及时商请设备工程部修理或外送修理。

7. 负责消防控制中心的监控、管理。

8. 负责播放录音广播和组织临时广播。临时广播内容必须经公司领导同意。

9. 配合做好组委会安保部及公安机关交办的其他工作，负责公安值勤人员的工作协调。

10. 负责对新入职的保安人员进行防火、治安等相关工作的培训。

11. 负责做好主办单位有关物资撤场时的放行工作。

（五）设备工程部

1. 负责在比赛开始前对各场馆和各工作区域的电源、空调、灯光、音响、消防监控系统、灭火设施设备、应急照明和紧急出口指示、水系统进行一次全面检查，确保各设备系统工作正常、稳定。

2. 负责本次活动供电保障的综合协调，落实本次活动的供电保障方案和措施，审定所有用电方案和灯光等设备吊装方案，监督用电和吊挂的安全检查，处理和纠正违规行为。

3. 配合中央电视台做好赛事转播的保障工作，按央视要求提供电源、信息等接口。

4. 负责比赛期间的设备保障工作，保证安全运行，不出故障。负责临时用电的安排、检查与监督工作。

5. 保证活动期间场馆正常用电和按时提供空调（根据市场部的空调通知单开启各场馆及各工作区域的空调）。

6. 负责各工作区域的电话安装与调试，网络设施设备管理与服务。制订网络、通信保障紧急情况处置预案，组织好赛事期间的相关抢修工作。

7. 负责派员在消防监控室值班。

8. 活动开始前组织一次应急供电演习。

9. 负责在活动开始前对主场馆的空调滤网、通风口进行清洗和维护保养。

10. 协调供电和空调、消防监控和场馆改造建设等单位进馆检测有关设备和参与活动的保障工作。

11. 负责提供两个LED屏幕供主办方使用。

12. 配合组委会做好相关的服务工作，针对本次活动对本部门现有人员进行细分工，责任到人。

13. 负责按图纸对露天停车场画线。

四、几点要求

（一）各级各类人员要高度重视本次活动的组织管理工作，充分认识本次活动是一次全世界关注的国际大赛，是广州亚运会的一个测试赛，具有规格高、规模大、要进行现场直播等特点，国家部委领导和省市领导都高度重视，要求非常严格。如果保障工作出现纰漏，不仅会给公司和集团造成不良影响，而且会给国家、广东省、广州市造成严重的政治影响。因此，要认真回顾和总结世乒赛的经验教训，突出竞赛工作中心，抓住安全工作重点，发扬好的方面，克服去年工作中存在的问题和不足，使服务质量和水平在去年基础上更进一步。统筹兼顾安排好各项工作，防止顾此失彼；不仅要完成好各项工作任务，而且要以高效、微笑的优质服务让主承办单位满意；要教育、提醒员工在工作中使用敬语，注意个人形象；尊重外国代表团的风俗与禁忌。

（二）各级管理人员要精心策划、严密组织好每项工作。对关键部位和关键问题，各级主管要亲自把关、亲力亲为，对可能出现的问题和困难要有多套应急处置方（预）案，具体工作要有具体的落实措施，防止因工作计划不周、检查不力、落实不好导致误时误事和人为差错。

（三）安全工作要按照"谁主管、谁负责"的原则，严格落实岗位责任制，各部门在活动开始前要组织全面系统的安全检查。安全工作的全面检查由保安部经理组织，例行安全检查由保安部主任组织，消防巡查由保安员负责。特别要注意加强贵宾室、监控室、能源中心、仓库、出纳（售票）室、小卖部、电房、泵房、锅炉房等重要场所和易燃易爆物品、电源导线接口、电源箱、各种管道阀门、排风井口的检查管理和监督，对人员、车辆、物资出入馆违章、违法问题要坚决制止和纠正。

（四）各部门要加强员工纪律督导检查，表扬先进，鞭策后进，及时纠正工作中存在的问题和不足，对于玩忽职守、私自带人、发生重大差错等问题的员工要严肃处理。

（五）各部门要加强工作的沟通和协调，遇到工作交叉和难以协调的问题，必须服从大局利益。工作中出现的特殊情况和重要问题要及时请示报告公司领导。突发事件的处理遵照公司的有关文件规定执行。

（六）着装要求：

员工上岗前必须按规定穿着工作服，佩带工号牌及组委会统一制作的工作证，不得穿着其他服装。

（七）合理安排员工工作时间，在确保完成任务的前提下，一定要照顾好员工的休息、饮食，维持员工队伍持续旺盛的精力。

（八）实际操作中与本方案发生冲突问题时，以公司领导现场指挥和市场经营部的协调为工作依据。

案例分析

场馆的赛事服务工作，表面上看起来千头万绪，但只要我们按照任务和范围掌握服务性工作，明确各岗位的职责与工作标准，为各自做好本职工作打下良好的基础。本方案是一次大型的国际性赛事，方案包括赛事的服务与保障的目的、赛事的基本情况（规模、活动日程安排、场地安排、主要任务和责任）、领导的分工、各部门工作职责和任务（包括行政部、市场经营部、财务部、安保部、设备工程部的具体工作要求）。

案例二：大型活动项目组织案例

大卫·高柏菲广州演出活动组织方案

为确保大卫·高柏菲广州演出活动圆满成功，确保该活动收到良好的社会效益和经济效益，特制定本方案。

一、组织机构及人员安排

总指挥：公司总经理

副总指挥：公司副总经理

总联络员：公司副总经理

保安部主任：公司保安部经理

设备保障主任：工程设备部经理

后勤保障部主任：行政办公室主任

主馆内廊巡场：6人（含领班1人）

区域内引导员：L、K、M、N区8人（含领班1人）　1、2、3、4区8人（含领班1人）　其他区24人（含领班2人）

后台服务人员：3人（含领班1人）

贵宾服务：2人

医务：1人

物品保管：1人（手电筒、对讲机）

门锁管理：1人

合计：89人

保安部：

主任：公司保安部经理

交通组织：

地下停车场：5人

临时停车场：6人

贵宾停车场：4人

馆内保安：8人
舞台：3人
舞台隔离带：4人
场地内：2人
主馆22.6米层内廊通道 6人
馆外保安：6人
检票口：8人
南门广场对面马路：2人
临时停车场路：2人
大众活动中心：2人
训练馆：2人
机动：3人（保安部主任）
合计：63人

二、工作程序

（一）检票口的设置

本次演出设9组检票口，分别是主馆正南门5组，东、西面各2组，正南门开5个单边门，其他4组检票口各开2个单门共13扇。当遇到入场高峰，观众入场不通畅时，将9组检票口的门全部打开，共26扇。

（二）导视标志设置

入场引导标志：各检票口标志、各区域通道口标志、区域内标志、大厅标志、洗手间标志、其他禁止通行标志。

散场引导标志：通向临时停车场、停车楼、贵宾停车位、出租车位、公交站方向的人流疏散标志。

入场和散场标志已由深圳佳仕堂广告公司制作。

（三）演出前的准备

场馆服务处各岗位人员携带所需工具于演出开始前1小时30分钟进入指定岗位，检查门、座椅、标志牌的设置，各通道的门由专人负责把锁打开，做好观众入场的准备工作。

保安处除了保证正常执勤，于演出开始前1小时30分钟，进入指定岗位并处于工作状态，检查管辖范围的通道是否通畅、消防系统设备设施是否处于良好状态，消除不安全因素，清理、驱赶场内无关人员离场，清除场内不明外来物。发现问题及时向部门主管报告。

设备运行处于演出开始前1小时30分钟进入指定岗位，复查电源供应情况和音响灯光效果，重点是各种安全保护装置状态情况。提前开启空调，保证演出开始前30分钟场内温度降至26℃。

（四）观众入场

1. 场馆服务部人员做检票和观众引导工作。
2. 保安处做好观众停车引导，维持馆内外秩序，协助公安部门处理无票、假票人员。

（五）演出开始

1. 场馆服务处检票人员坚守岗位，防止无票人员进入场馆，将迟到的观众引导到规定位置。巡场人员督促流动观众入座，区域内引导员对已入座观众的违规行为（如禁止吸咽）进行规阻和制止。开启观众区门锁，使各出入口门锁处于应急开启状态。
2. 保安处坚守岗位，防范和处理突发事件。设备运行处监控设备运行情况，及时排除设备故障，保障各种设备正常运转。

（六）演出进行中

1. 场馆服务处保证各通道及出入口有人员坚守岗位，在发生突发事件时引导观众疏散。主管巡场检查各个岗位。
2. 保安部人员坚守岗位。
3. 设备运行处监控设备运行情况。

（七）演出结束前半个小时

场馆服务处、保安处人员到达引导观众散场的岗位，做好观众散场引导工作，检查散场标志牌摆放和通道情况。

（八）观众退场

打开所有通道大门，各部门积极引导观众顺序离场。保安部协助公安部门组织车流、人流疏散。各主要通道要有足够的人员维持秩序。

通往地下车库的人行天桥及车库内严禁烟火，发现吸烟人员要立即制止。

（九）观众完全离场后

1. 服务处负责检查馆内观众是否有遗留物品，关闭空调、灯光、音响及其他设备，检查设备是否完好，对设备组织进行日常保养。记录当场的水、电消耗情况。
2. 各部门负责收管各种工具。
3. 各部门负责人讲评当场工作情况，对存在的问题研究出解决的措施，完善下一场的工作。

三、重要问题、突发事件处置

（一）责任范围

1. 服务处

假票、重票、争执、观众不遵守场内规定（如站起来影响其他观众、吸烟等）、场内人员发生急症。

2. 保安处

发生火警、爆炸、斗殴、初起火灾、发现盗窃和危及场内人员、设备安全的其他情况。

3. 设备处

停电，空调、音响、灯光、大屏幕故障。

（二）处置措施

1. 发现火警或爆炸时应立即报告现场公安人员，并采取断然措施保护人民生命和国家财产安全。

2. 火警：按《火警处置方案》实施处理。

3. 发生盗窃：由保安人员将犯罪嫌疑人扭送现场公安人员处理。

4. 需要紧急疏散人员时：

通道大门附近人员打开通道大门，各类人员要保持高度冷静，在公安部门和公司领导统一指挥下，引导观众有序离开，同时要有广播、大屏幕的声音和文字引导，注意控制观众的情绪。

5. 停电及其他设备故障：

设备运行处加强设备检查工作和预防，提前与电力局联系，保障电力供应。发生局部停电时，由设备处采取应急措施先行解决问题，并组织应急抢修人员，及时排除故障。

发生全场停电时，设备处应及时向供电部门报告情况，请示解决办法。场内各类管理人员要劝导观众保持冷静和安静，根据公安部门和公司领导指示做好处置工作。通知引导员、保安要听从指挥部命令，疏导观众离场。

6. 场内人员发生急症和伤情，服务部应立即组织医务人员进行救治，必要时应立即联系就近医疗，派车将伤病员送院救治。

7. 假票问题：由引导员和交巡场人员，领到公安值班室处理。

8. 重票问题：由各区引导员向观众道歉，耐心做好解释劝导工作，寻找适当位置妥善安排好观众，对当天有票无座位的观众可安排在次日进场观看演出。

9. 不遵守场内规定：由区内引导员劝止，如果不能有效处置，交由保安处理。

（三）警报使用

发生危及场内人员生命安全的特殊情况时，应立即发出警报。非上述情况，各类人员不准用任何形式发出警报，需要发出警报时应立即向现场民警和公司领导报告。

四、通信联络

（一）联络工具主要使用对讲机、手机、大屏幕，特殊情况下可使用场内广播。

（二）场内工作人员手机应设置在振动状态，对讲机应尽量调低音量，对话时应简洁明快、小声。观众席周围的工作人员原则上不配对讲机，以防止噪音影响观众观看节目。

五、人员招聘与培训演练

（一）人力资源部应根据公司领导批准的用人方案，于7月6日前完成临时工作人员招聘工作。

（二）各部门负责内部和临时招聘的人员的分工及培训，做到岗位明确，责任落实，情况熟悉，措施有力。

（三）公司于7月8日上午组织综合演练，演练内容包括正常情况下的各种工作程序、人员岗位布置、熟悉工作要求规定和紧急情况处置。

六、后勤保障工作

（一）演出方人员住××度假村，有关住宿、饮食、交通问题由酒店统配，我方人员负责协调监控。

（二）负责演出活动期间外来参观人员和省、市领导的接待工作。

（三）负责演出期间公安执勤人员、员工和临时工作人员的饮水供应。

（四）负责征订派发员工工作餐（人力资源部负责）。

（五）保持有适当库存现金，以便应付急需。

（六）车辆统一由行政办公室负责管理派遣。

（七）每天必须保证1台车辆在场馆内待命，以应付紧急情况。

（八）人力资源部负责统配有关员工福利的工作。

七、交通组织

交通组织工作在市交警支队统一组织下实施。

本方案未尽事宜，由公司各职能部门按照部门工作职责实施。

【案例分析】

本方案是一次大型的国际演出表演活动，演出活动的服务与保障与赛事的服务与保障工作有一定的区别，工作程序包括：①检票口的设置；②导视标志设置；③演出前的准备；④观众入场；⑤演出开始；⑥演出进行中；⑦演出结束前半个小时；⑧观众退场；⑨观众完全离场后，特别是对待一些重要问题、突发事件的处置如爆炸、火警、发生盗窃，犯罪嫌疑人，需要紧急疏散人员等问题的及时处理，保障演出的安全顺利进行。

案例三：大型商业演出活动案例

"莎拉布莱曼中国巡演广州站"活动保障方案

艾美科技（北京）有限公司广州分公司定于 2009 年 3 月 30 日 19：30—22：30 在广州体育馆 1 号馆举办"莎拉布莱曼中国巡演广州站"活动。为确保本次活动圆满成功，特制订本方案。

一、基本情况

（一）活动规模

参加演唱会观众约 8500 人。

（二）活动日程安排

（三）场地安排

1. 本次活动使用场地包括 1 号馆、各停车场。

2. 出入口设置：

正式演出时开启 12 组观众及工作人员通道，包括：1 号门（1 组，供工作人员出入）、8 号门（1 组，供媒体进入）、9 号门（3 组）、11 号门（2 组）、13 号门（2 组）、15 号门（2 组）、汽车通道（1 组）。

演出当晚，1 号门（1 组）需保持常开；18：20 开启 1 号馆 9 号门（2 组），备开其余出入口；视观众到达情况，由主办方确认全部出入口开门时间（必要时可能提前至 18：00 开门）；由主办方确定关门时间。用铁马围蔽 9 号门外围，设置为吸烟区。

3. 停车场安排：

贵宾停车场，可按普通停车场使用。地下停车场免费停放持证观众小汽车（仅限 30 台），无证观众的车辆按规定收取停车费用。露天停车场，免费停放持证大巴车（仅限 15 台），无证观众的车辆按规定收取停车费用。公交车场作为人行通道和演职人员集散地点，只能停放特种车辆，包括警用车辆和救护车。贵宾车场可按普通车场使用。

4. 围蔽方案：用铁马围蔽 9 号门外围，进行两次验票。场内围蔽按公安部门要求执行。

（四）本公司的主要任务和责任

1. 于 2009 年 3 月 27—30 日，提供合同规定的相关场地用于本次活动。

2. 制定本公司的保障方案。

3. 活动期间提供相关停车场给参加活动的车辆停放，持证车辆免收停车费，无证车辆按规定收取停车费。

4. 负责协助后台管理工作和场馆的日常清洁卫生工作。
5. 负责提供晚会用化妆间、功能房若干。
6. 保障活动期间水、电和空调的正常使用,并协助主办方装、拆台工作。
7. 负责带位人员培训等工作。
8. 负责场地供电保障工作。
9. 负责按合同和主办方要求开启空调。
10. 负责提供两个LED大屏幕供主办方使用。

二、公司领导分工

总经理负责本次活动的全面工作。
副总经理负责活动的现场组织管理。
公司其他领导按分工管理相关部门和工作。

三、各部门主要工作职责和任务

(一) 行政部

1. 负责草拟本公司关于此次活动的保障方案。
2. 负责江迅公司清洁工作的督导,督促江迅公司做好场馆内外循环保洁工作。指导江迅公司在吸烟区摆放垃圾桶。
3. 协调电车公司配合本次晚会,车流高峰期间不要进出露天停车场。协调公交车场的2路公交车于3月30日0:00—31日24:00移至露天停车场上下客。
4. 负责部门加班申请的审核工作。
5. 负责员工纪律督导工作。
6. 负责应急临时广播。
7. 负责临时工作证件的发放和管理。
8. 负责组织活动当晚所需的志愿者。
9. 配合财务部对无证车辆收取停车费。
10. 负责活动当晚本公司聘请的临时工作人员从1号门进出场馆的管理及协调工作。

(二) 市场经营部

1. 负责综合协调工作,记录与主办方召开的有关会议精神。
2. 负责组织协调本次活动的社会配套服务工作,根据主办方要求布置功能房和安检门的桌椅。
3. 负责活动场地的管理工作,对场地卫生保洁、演职人员工作区域的消防应急通道、功能房的管理情况进行监管,发现问题及时与相关部门和单位进行沟通处理,监督主承办单位遵守场馆有关规定和对场馆损坏责任人进行处罚。

4. 负责培训、组织带位工作。

5. 协助保安部做好主办单位有关物资撤场时的放行工作。

6. 负责活动全部结束后的场馆清理，督促主办单位清除馆内外的宣传广告、杂物等。

7. 负责配齐公安指挥部等所需的家具、用具和饮水机、纸杯。

8. 认真准备好活动需要的各种功能房、仓库和各种物品，及时与主承办单位办理交接管理手续。

9. 负责提醒主承办方在活动期间注意保护场馆及设备设施。

10. 负责按主办方要求开关门。

11. 协调有关长租汽车公司在活动当晚，车辆只能在活动结束后才能进入露天停车场。

12. 3月30日派人员留守协调主办方的舞台搭建物资入场等各项工作。

（三）财务部

1. 负责向活动主承办单位收取场租、有偿服务费用和违约金。

2. 负责在活动当晚露天停车场和地下停车场对无证车辆收取停车费的组织工作。

（四）保安部

1. 负责场馆区域的社会治安、安全保卫和防火安全巡查工作。

2. 3月27日前，对场馆、通道及消防设施进行一次大检查，配合公安部门做好活动区域的安检工作，疏通安全通道和紧急出口，组织消防安全检查和跟进落实消防整改措施。

3. 负责主办单位现场工作期间的消防安全监督，人员、物资、器材出入馆管理，负责活动期间的消防巡查。

4. 负责对铁马、对讲机等保安器材、用具、手提式扩声器进行一次清理，不能使用的要及时商请设备工程部修理或外送修理。

5. 负责消防控制中心的监控、管理。配合保安公司做好相关工作。

6. 负责播放录音广播和组织临时广播。临时广播内容必须经公司领导同意。

7. 负责配合公安值勤人员的工作，包括安检门设置、馆内外设置围蔽区、公安指挥部视频监控系统操作等。

8. 负责对新入职的保安人员进行防火、治安等相关工作进行培训，活动开始前组织一次消防演习和突发事件处置演习。

9. 负责对舞台制作动火方案进行审查，做好消防检查和管理工作。

10. 加强场馆日常管理。

11. 对驻馆单位的治安、消防安全管理工作进行检查并抓好整改落实的跟进工作，向驻馆单位通报活动的基本情况并提出配合要求。

12. 负责各停车场的管理，配合财务部做好收费组织工作，负责地下停车场、蓝天一街出入车辆证、卡回收工作。

13. 配合市场部协调人员，做好3月30日舞台搭建期间的车辆引导调度工作，从3月29日下午开始控制好露天停车场和公交停车场，确保货运车队到达后有足够场地停车和装卸货物。

（五）设备工程部

1. 负责在活动开始前对主场馆、训练馆的电源、空调、灯光、音响、消防监控系统、灭火设施设备、应急照明和紧急出口指示、给排水系统进行一次全面检查，确保各设备系统工作正常、稳定。

2. 负责本次活动供电保障的综合协调，落实本次活动的供电保障方案和措施，审定主承办单位用电方案和舞美灯光吊装方案，监督用电和吊挂的安全检查，处理和纠正违规行为。

3. 保证活动期间场馆正常用电和按时提供空调（根据市场部的空调通知单开启主场馆空调）。

4. 负责公安指挥部电话的安装与调试。

5. 负责派员和组织维保单位在消防监控室值班。

6. 负责提供安检门的电源，特别要注意8号门的用电。

7. 活动开始前组织一次应急供电演习。

8. 负责在活动开始前对主场馆的空调滤网进行一次清洗和消毒工作。

9. 协调供电和空调、消防监控等单位进馆检测有关设备和参与活动的保障工作。

10. 负责按图纸方案对露天停车场进行画线工作，特别注意划出专门区域停放主办方舞台装卸车辆。

11. 负责提供两个LED大屏幕供主办方使用。

12. 负责上马道工作人员及物资的控制和管理工作。

13. 配合市场部协调人员，做好3月30日舞台搭建期间的照明、用电及其安全等工作。

三、几点要求

（一）各级各类人员要高度重视本次活动的组织管理工作，充分考虑到演出方舞台搭建时间紧、任务重的情况，如果保障工作出现纰漏，不仅影响这次活动的圆满举办，而且会给公司今后举办此类型的大型活动造成严重的影响。因此，要认真回顾和总结与本次晚会类似的"VITAS演唱会"、"艾薇儿演唱会"等外国知名歌手个人演唱会的经验教训，把握好工作重点，统筹兼顾安排好各项工作，防止顾此失彼；不仅要完成好各项工作任务，而且要以高效、微笑的优质服务让主承办单位满意。

（二）各级管理人员要精心策划、严密组织好每项工作。对舞台搭建的配合协调工作一定要组织管理到位，部门经理要亲自把关、亲力亲为，确保舞台搭建、观众座位摆放等工作任务在安检之前全部就绪。对其他可能出现的问题和困难要有多套应急处置方（预）案，具体工作要有具体的落实措施，防止因工作协调不够、计划不周、检查不力、落实不好导致误时误事和人为差错。

（三）安全工作要按照"谁主管、谁负责"的原则，严格落实岗位责任制，各部门在活动开始前要组织全面系统的安全检查。公司安全工作的全面检查由保安部经理组织，例行安全检查由保安部主任组织，消防巡查由保安员负责。特别要注意加强贵宾室、监控室、能源中心、仓库、出纳（售票）室、小卖部、电房、泵房、锅炉房等重要场所和易燃易爆物品、电源导线接口、电源箱、各种管道阀门、排风井口的检查管理和监督，关键部位要专人管理，能上锁的要上锁，不能上锁的要加贴封条。对人员、车辆、物资出入馆违章、违法问题要坚决制止和纠正。

（四）各部门要加强员工纪律督导检查，表扬先进，鞭策后进，及时纠正工作中存在的问题和不足，对于玩忽职守、私自带人、发生重大差错等问题的员工要严肃处理。

（五）统筹安排好场馆其他经营管理工作，特别是对游泳馆、羽毛球馆的经营工作要安排好人员，保证正常经营工作不受影响。

（六）各部门要加强工作的沟通和协调，遇到工作交叉和难以协调的问题，必须服从大局利益。工作中出现的特殊情况和重要问题要及时请示报告公司领导。突发事件的处理遵照公司的有关文件规定执行。

（七）实际操作中与本方案发生冲突问题时，以公司领导现场指挥和市场经营部的协调为工作依据。

案例分析

本方案是一次大型的国际演唱会，方案包括演出的服务与保障的目的、演出的基本情况（规模、活动日程安排、场地安排、主要任务和责任）、领导的分工、各部门工作职责和任务包括行政部、市场经营部、财务部、安保部、设备工程部的具体工作要求。总体上来看，所有参加工作的人员，他的每一项工作都属于直接或间接的服务性工作。场馆的工作人员要明确各岗位的职责与工作标准，为各自做好本职工作打下良好的基础。

案例四：大型会展活动案例

"沃尔玛中国2009新年准备会议"保障方案

沃尔玛（中国）投资有限公司定于2009年3月11—12日在广州体育馆1号馆、2号馆举行"沃尔玛中国2009新年准备会议"，该活动是该公司的企业内部会展活动。为确保本次活动圆满成功，特制订本方案。

一、基本情况

（一）活动规模：参加活动观众约3000人。

（二）活动日程安排

（三）场地安排

1. 本次活动使用场地包括1号馆、2号馆、会议中心、各停车场。1号馆东外廊（3～7号门区间）设为用餐区域，由主办方对该区域进行布置、管理。

2. 出入口设置：正式活动时，由主办方保安人员对所有开启的出入口进行验票及把守。

（1）1号馆：

1号馆9号门为主入口，供观众入场；1号门为领导、嘉宾及工作人员通道。

1号门（1组，供工作人员出入）需保持常开，由我司保安员协同主办方保安人员把守。

3月11—12日7:00备开9号门（全部），1号门（2组）；由主办方确认关闭9号门时间。

11日10:30—14:00开启3～7号门供观众出入，由主办方确认关门时间。

11日18:00—19:00用餐时间，开启3～7号门供观众出入，由主办方确认关门时间。

会议结束前（具体时间由主办方通知），开启9号门作为观众出口。

用铁马围蔽9号门外围，设置为吸烟区。

（2）2号馆：

3月11—12日7:00开启5号门作为观众入口；活动结束前（具体时间由主办方通知）开启5号门作为观众出口。

3. 停车场安排：

贵宾停车场免费停放领导、嘉宾车辆（仅限50台），厂领导、嘉宾车辆在蓝天一街下客后，驶至贵宾停车场停放。地下停车场免费停放持证观众小汽车（仅限251台），无证车辆按规定收取停车费用。

露天停车场免费停放持证大巴车和运输车（最大停车量不超过100台），无证车辆按规定收取停车费用。

公交车场只能停放特种车辆，包括警用车辆、救护车和明星保姆车。

（四）本公司的主要任务和责任

1. 于2009年3月9—12日，提供合同规定的相关场地用于本次活动。
2. 制定本公司的保障方案。
3. 活动期间提供相关停车场给参加活动的车辆停放，持证车辆免收停车费，无证车辆按规定收取停车费。
4. 负责协助后台管理工作和场馆的日常清洁卫生工作。
5. 负责提供活动用功能房若干。
6. 保障活动期间水、电和空调的正常使用，并协助主办方装拆台工作。
7. 负责场地供电保障工作。
8. 负责按合同和主办方要求开启空调。

二、公司领导分工

总经理负责本次活动的全面工作。

副总经理负责活动的现场组织管理。公司其他领导按分工管理相关部门和工作。

三、各部门主要工作职责和任务

（一）行政部

1. 负责草拟本公司关于此次活动的保障方案。
2. 负责江迅公司清洁工作的督导，督促江迅公司在布展期间做好场馆内外的循环保洁工作。3月11—12日抽调江迅公司八名清洁人员交由主办方调度。指导江迅公司在吸烟区摆放垃圾桶。
3. 督促主办方与垃圾清运公司及时清运垃圾。
4. 协调电车公司配合本次晚会，车流高峰期间不要进出露天停车场。协调公交车场的2路公交车于3月11日20:30—22:00、3月12日17:00—19:00移至露天停车场上下客。
5. 负责员工纪律督导工作。
6. 负责部门加班申请的审核工作。
7. 负责临时工作证件的发放和管理。
8. 负责应急临时广播。

（二）市场经营部

1. 负责综合协调工作，记录与主办方召开的有关会议精神并撰写会议纪要。

2. 负责组织协调本次活动的社会配套服务工作，根据主办方要求布置功能房和安检门的桌椅。

3. 负责活动场地的管理工作，对场地卫生保洁、演职人员工作区域的消防应急通道、功能房的管理情况进行监管，发现问题及时与相关部门和单位进行沟通处理，监督主承办单位遵守场馆有关规定和对场馆损坏责任人进行执罚。

4. 协助保安部做好主办单位有关物资撤场时的放行工作。

5. 负责活动全部结束后的场馆清理，督促主办单位清除馆内外的宣传广告、杂物等。

6. 负责配齐公安指挥部、派出所等所需的家具、用具和饮水机、纸杯。

7. 负责提醒主承办方在活动期间注意保护场馆及设备设施。

8. 认真准备好活动需要的各种功能房、仓库和各种物品，及时与主承办单位办理交接管理手续。

9. 负责按时开、关门。

10. 协调有关长租汽车公司在活动当天停留在露天停车场的车辆需停放整齐。

11. 负责备开贵宾室及其管理工作。

（三）财务部

负责向活动主承办单位收取场租、有偿服务费用和违约金。

（四）保安部

1. 负责场馆区域的社会治安、安全保卫和防火安全巡查工作。

2. 3月8日前，对场馆、通道及消防设施进行一次大检查，配合公安部门做好活动区域的安检工作，疏通安全通道和紧急出口，组织消防安全检查和跟进落实消防整改措施。

3. 负责主办单位现场工作期间的消防安全监督、人员、物资、器材出入馆管理，负责活动期间的消防巡查及门禁管理，及时关闭无人看守的通道。

4. 负责对铁马、对讲机等保安器材、用具、手提式扩声器进行一次清理，不能使用的要及时商请设备工程部修理或外送修理。

5. 负责消防控制中心的监控、管理。配合保安公司做好相关工作。

6. 负责播放录音广播和组织临时广播。临时广播内容必须经公司领导同意。

7. 负责配合公安值勤人员的工作，包括安检门设置、馆内外设置围蔽区、公安指挥部视频监控系统操作等。

8. 负责对新入职的保安人员进行防火、治安等相关培训工作，活动开始前组织一次消防演习和突发事件处置演习。

9. 负责对舞台制作动火方案进行审查，做好消防检查和管理工作。

10. 加强场馆日常管理。

11. 对驻馆单位的治安、消防安全管理工作进行检查并抓好整改落实的跟进工作，向驻馆单位通报活动的基本情况并提出配合要求。

12. 负责各停车场的管理，做好地下停车场无证车辆的收费工作，负责地下停车场、蓝天一街出入车辆证、卡回收工作。

13. 负责配合主办方在相关时段开通由运动员通道至2号馆北电梯通道的门禁。

（五）设备工程部

1. 负责在活动开始前对主场馆、训练馆的电源、空调、灯光、音响、消防监控系统、灭火设施设备、应急照明和紧急出口指示、给排水系统进行一次全面检查，确保各设备系统工作正常、稳定。

2. 负责本次活动供电保障的综合协调，落实本次活动的供电保障方案和措施，审定主承办单位用电方案和舞美灯光吊装方案，监督用电和吊挂的安全检查，处理和纠正违规行为。

3. 保证活动期间场馆正常用电和按时提供空调（根据市场部的空调通知单开启主场馆空调）。

4. 负责公安指挥部电话的安装与调试。

5. 负责派员和组织维保单位在消防监控室值班。

6. 负责提供安检门的电源。

7. 活动开始前组织一次应急供电演习。

8. 负责在活动开始前对主场馆的空调滤网进行一次清洗和消毒工作。

9. 协调供电和空调、消防监控等单位进馆检测有关设备。

四、几点要求

（一）各级各类人员要高度重视本次活动的组织管理工作，充分认识到本次活动使用两个场馆，涉及面宽，客户单位是第一次到体育馆举办活动，情况不熟悉。如果保障工作出现纰漏，不仅影响这次活动的圆满举办，而且会影响该客户对广州体育馆和公司的信心。因此，要认真回顾和总结与本次活动类似的"玫琳凯表彰会"和"新时代健康产品表彰会"等企业内部活动的经验教训，把握好工作重点，统筹兼顾安排好各项工作，防止顾此失彼；不仅要完成好各项工作任务，而且要以高效、微笑的优质服务让主承办单位满意。

（二）各级管理人员要精心策划、严密组织好每项工作。对关键工作、关键部位和关键问题，各级主管要亲自把关、亲力亲为，对可能出现的问题和困难要有多套应急处置方（预）案，具体工作要有具体的落实措施，防止因工作计划不周、检查不力、落实不好导致误时误事和人为差错。

（三）安全工作要按照"谁主管、谁负责"的原则，严格落实岗位责任制，各部门在活动开始前要组织全面系统的安全检查。公司安全工作的全面检查由保安部经理组织，例行安全检查由保安部主任组织，消防巡查由保安员负责。特别要注意加强贵宾室、监控室、能源中心、仓库、出纳（售票）室、小卖部、电房、泵房、锅炉房等重要场所和易燃易爆物品、电源导线接口、电源箱、各种管道阀门、排风井口的检查管理和监督，关键部位要专人管理，能上锁的要上锁，不能上锁的要加贴封条。对人员、车辆、物资出入馆违章、违法问题要坚决制止和纠正。

（四）各部门要加强员工纪律督导检查，表扬先进，鞭策后进，及时纠正工作中存在的问题和不足，对于玩忽职守、私自带人、发生重大差错等问题的员工要严肃处理。

（五）统筹安排好场馆其他经营管理工作，特别是对游泳馆、羽毛球馆的经营工作要安排好人员，保证正常经营工作不受影响。

（六）各部门要加强工作的沟通和协调，遇到工作交叉和难以协调的问题，必须服从大局利益。工作中出现的特殊情况和重要问题要及时请示或报告公司领导。突发事件的处理遵照公司的有关文件规定执行。

（七）实际操作中与本方案发生冲突问题时，以公司领导现场指挥和市场经营部的协调为工作依据。

案例分析

　　本方案是一次大型的会展，会展在一些大型的体育场馆举办得很多，根据不同的会议要求，服务和保障的工作也有不同，主要方案包括服务与保障的目的、会议的基本情况（规模、活动日程安排、场地安排、主要任务和责任）、领导的分工、各部门工作职责和任务（包括行政部、市场经营部、财务部、安保部、设备工程部的具体工作要求）。总体上来看，所有参加工作的人员，他的每一项工作都属于直接或间接的服务性工作。场馆的工作人员要明确各岗位的职责与工作标准，为各自做好本职工作打下良好的基础。每次活动结束，清完场后，由当日的活动主管领导对当日活动的情况进行小结，目的在于发扬成绩，纠正错误，克服不足。

参 考 文 献

[1] 冯建中. 我国体育场地发展现状与对策研究. http://www.sport.gov.cn
[2] 对我国综合性体育场馆经营管理现状、发展趋势和管理对策的研究. http://www.sport.gov.cn
[3] 周西宽. 体育基本理论教程 [M]. 北京：人民体育出版社，2004.
[4] 赵钢，雷厉. 体育场馆经营管理概论 [M]. 北京：北京体育大学出版社，2007.
[5] 杨远波. 体育场馆经营导论 [M]. 成都：西安财经大学出版社，2006.
[6] 钟天朗. 体育经营管理——理论与实务 [M]. 上海：复旦大学出版社，2004.
[7] 晓光，宁川. 新营销 [M]. 北京：中国纺织出版社，2004.
[8] 胡建绩，陆雄文，姚继麟. 企业经营战略管理 [M]. 上海：复旦大学出版社，1995.
[9] 顾国祥，王方华. 市场学 [M]. 上海：复旦大学出版社，1995.
[10] 朱成钢. 市场营销学 [M]. 上海：立信会计出版社，1999.
[11] 吴健安. 市场营销学 [M]. 北京：高等教育出版社，2000.
[12] 国家体育总局政策法规司. 体育产业现状、趋势与对策 [C]. 北京：人民体育出版社，2001.
[13] 张德鹏，董洁，何磊. 企业营销创新的主要障碍 [J]. 科技进步与对策，2001（11）：59～60.
[14] 周晚朗. 试析营销创新 [J]. 社会科学家，2002（4）：65～68.
[15] 邹开军. 企业营销创新初探 [J]. 中南财经政法大学学报，2004（4）：122～124.
[16] 吴运生. 营销组合的完善与创新——如何评价4P营销组合 [J]. 商业研究，2001（5）：14～16.
[17] 吴健安. 市场营销学 [M]. 合肥：安徽人民出版社，1994.
[18] 凯勒. 战略品牌管理 [M]. 北京：中国人民大学出版社，1998.
[19] 赵国柱，胡祖光，王俊豪. 当代市场营销学 [M]. 杭州：浙江大学出版社，1993.
[20] 张振，陈信康. 市场营销管理 [M]. 上海：上海财经大学出版社，1996.
[21] 欧国立. 现代市场营销学——理论、实务与案例 [M]. 北京：科学技术出版社，1994.
[22] 甘碧群，盛和鸣. 市场学通论 [M]. 武汉：武汉大学出版社，1996.
[23] 陈阳. 经营博弈 [M]. 北京：中国经济出版社，2001.
[24] 谭刚. 大型公共体育场馆公益与经营效益评估指标体系研究 [D]. 华南师范大学，2004.
[25] 张俊丽，赵启明. 十一届全运会体育场馆建设及赛后管理模式研究 [J]. 安徽体育科技，2006（6）.
[26] 兰少军. 浅析体育场馆投融资方式的多元化 [J]. 中央财经大学学报，2005（4）.
[27] 钟天郎. 体育经营管理理论与实务 [M]. 上海：复旦大学出版社，2004.
[28] 余惠清，张宏. 浅析大型体育场馆的经营与管理 [J]. 广州体育学院学报，2002（3）.
[29] 林显鹏. 现代奥运会体育场馆建设及赛后利用研究 [J]. 奥运场馆管理，2007（10）.
[30] 汤起宇，杨思瞳. 大型体育场馆赛后经营利用探略 [J]. 山东体育学院学报，2004（3）.
[31] 孙汉超，秦椿林. 实用体育管理学 [M]. 北京：人民体育出版社，2003.
[32] 林显鹏. 2008年北京奥运会场馆建设及赛后利用研究 [J]. 科学决策月刊，2007（8）.
[33] 张仁寿，丁小伦. 国外大型体育场馆的运营模式与经验借鉴 [J]. 广东经济，2006（11）.

[34] 林显鹏,刘云发. 国外社区体育中心的建设与经营管理研究——兼论我国体育场馆建设与发展思路 [J]. 体育科学, 2005 (12).
[35] 物业管理师之房屋及设施设备管理讲义. 中国物业服务教育网 http://www.pmedu.net
[36] 经验维修与规范维修之间的辩证关系 http://www.cacs.net.cn/html/7695_1.htm
[37] TPM - 全员生产维护 http://sbgl.jdzj.com/Article/200612/20061223111332_2286.html
[38] RCM 和 TPM http://sbgl.jdzj.com/Article/200612/20061223110731_2282.html
[39] RCM 的原理及分析过程   http://sbgl.jdzj.com/Article/200612/20061223105540_2278.html
[40] 设备、设施的安全管理   http://sbgl.jdzj.com/Article/200612/20061231225116_2452.html
[41] 从备件 ABC 分类管理到备件 3A 库存模型应用
http://sbgl.jdzj.com/Article/200712/20071208210541_3109.html
[42] 设备管理准确定位之维修管理.
http://sbgl.jdzj.com/Article/200811/20081110200235_22545.html
[43] RCM 简介   http://sbgl.jdzj.com/Article/200611/20061111124148_1286.html
[44] 设备点检制介绍   http://sbgl.jdzj.com/tech/200904/20090428154518_25602.html
[45] 合成材料面层跑道保养与维修   http://www.tjqc.net/tj_detail.asp?ID=1552&ClassID=5
[46] 杨远波. 体育场馆经营导论 [M]. 成都: 西南财经大学出版社, 2006.
[47] 刘冬梅. 美国大型体育场馆经营管理成功经验的案例分析及其对我国的启示 [D]. 武汉: 华中师范大学, 2009.
[48] 于敬凤, 孙岩, 陈元欣. 综合性大型体育赛事场馆设施广告发布权的开发. 体育科研, 2008 (29): (4).
[49] 史历峰. 在建奥运场馆"户外"价值无限 [J]. 广告人, 2007 (1): 128~129.
[50] 宋秀丽等. 中外体育场馆冠名权开发比较 [J]. 体育学刊. 2006 (2): 47~51.
[51] 南京威迪体育广告公司 [EB]. http://www.wd9988.com/wuti.html.
[52] 舒兆良. 2008 年北京奥运会体育场馆赛后经营运作谋略 [EB].
http://finance.sina.com.cn/hy/20050418/17301527578.shtml. 2007 - 07 - 15.
[53] http://www.cpmt.cn/readarticle.asp?art_id=169.
[54] http://www.chinanews.com.cn/ty/ty-qtfa/news/2009/08-06/1806537.shtml.
[55] 一流场馆待盛会 [N]. 南方都市报, 2008 - 09 - 23.
[56] 张鸿雁. 广电物业: 服务创口碑是亚运营销立足之本. http://money.163.com/09/0630/16/5D20NCTE00253FHA.html, 2009 - 06 - 30.
[57] 易国庆. 服务外包 制胜之道——武汉体育中心服务外包纪实 [J]. 环珠体育市场, 2008 (4).
[58] 潇琦. 什么样的物业管理才能与水立方相配? [J]. 北京房地产, 2005 (8).
[59] 李子洪.《奥林匹克公园中心区建设期的物业管理》[J]. 北京房地产, 2007 (2).
[60] 信息亚运触手可及 电信全程助力广州亚组委 [N]. 羊城晚报, 2009 - 12 - 31.
[61] 秦灵华主编. 常见合同实用大全. 北京: 电子工业出版社, 2008 (1).